U0494744

知识分子的精神家园

医疗建筑大师 黄锡璆

王鸿鹏/著

光明日报出版社

序 弘扬大师精神 践行央企使命

中国中元国际工程有限公司

在迎来中国中元国际工程有限公司（以下简称中国中元）成立70周年之际，《医疗建筑大师黄锡璆》一书即将出版发行。这是中国中元成立70周年庆典活动的一份礼赞，也是党建工作和企业文化建设可喜可贺的一项成果。

黄锡璆现为中国中元国际工程有限公司首席总建筑师。几十年来，他爱党爱国，勤勉博学，淡泊名利，敬业奉献，为推动中国医院建筑的现代化进程做出了突出贡献。他的职业生涯伴随中国中元的发展壮大，至今走过了60个春秋。他是中国中元功勋卓著的历史性人物。

1953年3月，为适应新中国机械工业大规模基本建设需要，由上海土建公司和太原设计院的一批技术力量组建了国家第一机械工业部设计总局，负责工业项目的勘察设计和管理工作。这就是中国中元的前身。从此，我国工业勘察设计事业从无到有，铿锵起步。

1957年，年仅16岁的黄锡璆怀着建设新中国的满腔热情从印尼归来，以优异的成绩考入南京工学院建筑系（现为东南大学）。1964年，黄锡璆毕业被分配到第一机械工业部设计总局，积极投身于我国轰轰烈烈的"三线"建设中。从此，他与建筑设计结下不解之缘。与许多知识分子一样，他在十年动荡中有过一段时间的迷茫和困惑，但他对党的向往和事业追求，忠贞不渝，笃行如初。

1978年，党的十一届三中全会胜利召开，知识分子焕发了事业的青春。黄锡璆先后被评为单位的"先进工作者""劳动模范"，并光荣地加入中国共产党，终于实现了夙愿。1984年，黄锡璆被公派比利时鲁汶大学进修。他勤奋刻苦，获得医疗建筑学博士学位，并被留学生党组织评为"优秀留学人员"。1988年初，面对留在国外发展的诸多机会，黄锡璆毫不犹豫地选择回国。此时，作为机械工业部所属设计单位的中国中元经过体制机制改革转型，完成了由事业性质单位向企业化管理的过渡。黄锡璆凭借先进的设计理念，结合我国国情，在医疗设施设计专业空白地带奋力开拓市场。正是他的远见与坚守，带领团队异军突起，为中国中元的业务平台打开了一片新天地。20世纪90年代，中国中元不断拓宽服务领域，逐渐发展成以工业、民用、能源为主的三大业务板块。

迈入新世纪，按照全国勘察设计体制改革的统一部署，设计院转变为科技型企业，中国中元进入中国机械装备（集团）公司（现为中国机械工业集团有限公司）。2003年年底，"中国中元国际工程有限公司"正式成立，形成了以工程设计为龙头，可为工程建设提供全方位服务，实现多元化经营的发展新格局。公司顺势而为，按照"重组、转型、调整、提高"的工作步骤，以"中国中元"为统一品牌，实施资源整合，着力打造为工程建设提供全方位服务的完整链条。成立了医疗建筑设计研究院、机场物流设计研究院、工业工程设计研究院、民用建筑设计研究院、能源与环境工程设计研究院六大业务平台，企业规模迅速扩张。其中，黄锡璆开创的医疗建筑设计领域呈现爆发式增长，跃升为公司整个业务的龙头板块。中国中元迎来前所未有的高速发展期。黄锡璆本可以退休安享晚年，但是，为把毕生所学更多地应用于我国现代化医疗设施的设计建造，为培养更多的人才，接续奋斗，他一如既往地奋战在勘察设计第一线，为中国中元医疗建筑业务发展呕心沥血，默默奉献。几十年来，黄锡璆主持设计了120

多所医院，指导设计了130多所医院，包括许多惠及民生的重大项目、应急工程以及我国在"一带一路"沿线非洲、东南亚等地国家的援外工程。其中，佛山市第一人民医院被称为我国现代化医院的标志性建筑；小汤山"非典"应急医院被称为"世界奇迹"；在武汉"火神山"医院建设中及时提供技术支持，发挥了关键性作用。医疗设施建筑行业是事关国计民生的重要领域，也是为生命健康提供安全保障的独特行业。黄锡璆开创性地提出了"绿色医院""安全医院""智慧医院"等建设理念，引领了我国医疗设施建设发展方向。他主持编制了我国医疗设施建设一系列设计指导性技术文件和国家标准，填补了我国医疗建筑领域的许多空白，并培养出许多医疗建筑设计人才和骨干力量。同时他作为国际建筑师协会公共卫生建筑学组成员和世界银行贷款项目专家，积极参与国际学术交流活动，为我国赢得了话语权，提高了国际影响力。

"功崇惟志，业广惟勤。"作为一名共产党员，黄锡璆同志始终牢记党的宗旨，把自己的理想追求与社会需要、国家发展相结合，把个人梦融入中国梦，最大限度地为社会、为国家贡献自我价值，书写了卓尔不凡的人生华章。他先后当选为党的十五大代表，荣获"全国先进工作者""全国优秀共产党员""全国抗击新冠肺炎疫情先进个人""央企楷模""国机精神楷模"等多项荣誉；被评为"全国勘察设计大师"，被誉为中国现代医院奠基人、大国工匠。黄锡璆是老一代知识分子的优秀代表，也是新时代的先进模范人物。他的事迹经由国内各大媒体宣传报道，赢得社会各界高度赞誉，甚至成为年轻人追捧的"网红"。

作为中央企业一员，中国中元党委始终以党的政治建设为引领，坚持不懈用习近平新时代中国特色社会主义思想凝心铸魂，确立了"价值导向，创新驱动，责任担当，追求卓越"的核心价值观和"卓越无止境"的企业精神，持续深化思想政治工作和精神文明建设，突出价值引领，弘扬时代新风，为奋进新征程、建功新时代提供了坚强思想保证和强大精神力量。为弘扬和传承黄锡璆同志的"大师精神""工匠精神"，激励一代代中国中元人奋发有为，更好地践行央企初心使命，中国中元党委决定，结合公司成立70周年庆典系列活动，出版这部以黄锡璆同志生平事迹为主题的传记文学。这部作品以深情饱满的笔墨书写了黄锡璆少年归来、矢志报国的曲折经历。通过讲述他如何把一幅幅图纸变成美好现实的动人故事，展示了一位归国华侨的家国情怀和祖国至上、生命至上的崇高追求，呈现了一名共产党员初心不改、忠诚事业的坚定信仰，彰显了这位行业领军人物的时代风采。作品在坚持人物传记真实性的前提下，用质朴的语言，呈现了一位立体的、鲜活的、有血有肉有风骨的"医疗建筑大师"，让我们看到了一个既和蔼可亲、博学儒雅，又坚持原则、敢于担当，既有中国传统美德和民族气质，又具鲜明时代特征的人物形象。同时，书中还清晰地展现了中国中元在党的领导下砥砺发展的历史脉络和卓越成绩。这部作品将成为我们深入学习贯彻习近平新时代中国特色社会主义思想主题教育的一部生动教材。

　　风好扬帆起，奋进正当时。中国中元党委在党的二十大精神指引下，站在新起点，迈上新征程，迎来更为辽阔的发展前景和空间。一代代中国中元人将以黄锡璆同志为榜样，把个人的理想追求融入党和国家事业发展之中，肩负起国家建设重任与使命，踔厉奋发、勇毅前行，为建设中国式现代化、实现中华民族伟大复兴的目标贡献智慧和力量。

2023 年 9 月

目 录

第一章　少年归来　/ 001

跨过罗湖桥　/ 003
出生爪哇岛　/ 005
心系故土　/ 010
赤子按下红手印　/ 017

第二章　青春校园　/ 021

一碗绿豆汤的温暖　/ 023
"大师的治学精神终身受益"　/ 027
信仰是这样铸就的　/ 030
"周总理的教诲受用一生"　/ 033
"我的第一志愿"　/ 037

第三章　磨砺成长　/ 039

融入温暖的大家庭　/ 041
投身"三线"建设　/ 046
难忘的泸州茜草坝　/ 050
在磨砺中不断成长　/ 052
转战京津唐　/ 056

第四章　家国情怀　/ 059

父母的教诲与心愿　/ 061
参加援巴项目设计　/ 065
颐和园的爱情对话　/ 068
有家的幸福叫温暖　/ 074
有一种信仰叫守望　/ 078
迎来春天，光荣入党　/ 082

第五章　留学岁月　/ 087

机遇眷顾有心人　/ 089
"他是个优秀的归侨生"　/ 094
异国寒窗苦　/ 099
破格的博士　/ 103
留学生支部鉴定　/ 108

第六章　海归博士追梦路　/ 113

挥汗海南热土　/ 115
"老少边贫"总关情　/ 117
是金子总会发光　/ 122
面对高薪聘请　/ 125
甘当绿叶托新蕾　/ 132

第七章　心中有幅最美的画　/ 135

小平留下一句话　/ 137
博士心中有个梦　/ 141
市场冲浪论英雄　/ 143
一口吃个大胖子　/ 146
百年大计，设计为先　/ 149
地下车库建不建？　/ 152
设计方案艰难出炉　/ 156

围观"中国风" / 161
传染科的传奇 / 167
铭石暖意 / 170

第八章 "旧貌换新"的神奇魔变 / 177

"让他设计才放心" / 179
"旧貌"变新颜 / 184
"魔变"的奥秘 / 188
长沙人：为了心中的"中心医院" / 193
外国专家的赞叹 / 199

第九章 难忘的国际合作与交往 / 203

里加留下的感叹号 / 205
无言的结局 / 208
"买卖"不成友情在 / 211
东京大学研修的难忘经历 / 214
与韩国专家的交流与友谊 / 217
成功举办 UIA-PHG 学术年会 / 219
乔治·曼教授的中国缘 / 224
沙特医院项目的尝试 / 227
探询伊朗医院项目市场 / 231
"老柯"与"小黄"的忘年交 / 234

第十章 "世界奇迹"小汤山 / 239

北京告急 / 241
使命担当 / 246
安全不能失守 / 250
七天七夜 / 255
世界奇迹 / 261
小汤山再续前缘 / 267

第十一章　情暖生命驿站 / 271

助力中医之花盛开 / 273
改造项目为何搁浅？ / 281
破解难题，服务奥运 / 285
"他是我的良师益友" / 289
与厦门分院的合作 / 293
车祸发生之后 / 297
面对殊荣的真情告白 / 302

第十二章　"一带一路"上送"福音" / 309

佛得角之行 / 311
非洲大地上的友谊之碑 / 316
"中国医院"是我们的福音 / 322
老挝阿公：这座医院太好了！ / 325
金边立体"生命通道" / 331

第十三章　"火神山"背后的78分钟 / 337

一份"请战书" / 339
武汉急电 / 343
中国中元78分钟 / 347
大师的不眠之夜 / 351
再现世界奇迹 / 355
年轻人热捧的"网红" / 359

第十四章　何人不起故园情 / 367

梅州人的"黄塘梦" / 369
客家之子拳拳心 / 373
"都察院"的百年述说 / 379
故乡的情思与追忆 / 385
赤子心温暖父老乡亲 / 389

第十五章　大师的"人间烟火"　/ 395

衣食住行　/ 397
喜欢写生　/ 400
书是最爱　/ 402
学而不厌，诲人不倦　/ 404
"有情有义"　/ 409

第十六章　国家需要，随时出发　/ 411

国机精神楷模　/ 413
老书记的赞美诗　/ 416
国之所需，吾之所向　/ 419

附录1：黄锡璆金句　/ 424
附录2：黄锡璆年表　/ 435
后记　/ 443

第一章

少年归来

父辈因生活所迫背井离乡下南洋。他打小就体味到寄人篱下的苦涩，感受到"海外孤儿"与命运抗争的艰辛。父辈们的家国情怀与中华优秀文化成长环境，滋养了他的赤子之心。

新中国诞生的喜讯传来。"回国学本领，参加祖国建设！"他毫不犹豫地在"出生纸"上按下"永不返回"的红手印。

在踏上祖国土地的那一刻，他觉得整个身心与脚下的大地融在一起。

跨过罗湖桥

出生爪哇岛

心系故土

赤子按下红手印

跨过罗湖桥

满载着青春憧憬与热望的"芝万宜"号邮轮由印尼泗水码头启航,一路北上,穿过南中国海,在风急浪涌的大海上漂流了五天五夜,终于迎着东方的黎明,在一声汽笛的长鸣中停靠在香港九龙码头港外。2000多名青少年学子带着随身行李,拥下舷梯,换乘舢板上岸。

在潮水般的人群中,有一位戴着眼镜的少年,身材略显瘦弱,肩上背着书包,两手提着皮箱和旅行袋,随着人流吃力地踏上罗湖桥。

英国殖民统治下的香港与中国深圳隔着一条宽不过50米的深圳河。架在深圳河上的罗湖桥是一座铁路桥,桥面由排列整齐的枕木铺成,仅有十几米宽。行人只能沿铁轨两边走过,但它却是中国内地连接香港以及世界的重要通道。

戴眼镜的少年随着人群走进安检站,出示证件,接受安检,办理通关手续。

新中国诞生后,成立了深圳公安检查站。罗湖桥成为新中国唯一的"南大门"。桥的两端分别由中、英两方的军警把守,严格检查着过往旅客的证件和行李。桥的这头仍然挂着英国米字旗,桥的那头高高飘扬着鲜艳的五星红旗。

当年千千万万从海外归来建设新中国的华人华侨,包括中国"两弹一星"事业的奠基人邓稼先、钱学森、郭永怀、华罗庚以及老舍等一大批科学家和各界知名人士，都是从罗湖桥入境的。

这座历经深圳河两岸风雨沧桑、跨越百年历史长河的大桥，也见证了无数海外中华儿女回到祖国怀抱的欢欣。

搭乘"芝万宜"号邮轮归来的青年学生们，也许他们并不知道自己跟随着许多科学家和名人的足迹终于跨过罗湖桥，但他们知道无数个归来的海外游子怀着同样的心愿从这里踏上了祖国的土地。

"我们入境了！"他们忘记了旅途的劳顿，一个个兴奋不已，望着眼前的一切，目光里满是好奇和欣喜。以往的祖国是在想象之中，此刻，就在眼前——高高飘扬的五星红旗。有人情不自禁地喊起来："我们回到祖国了！""我们到家了！"也有人激动得热泪盈眶。

前来接待的侨务部门工作人员和华侨补习学校的老师们伸出双手，热情地迎接远方归来的游子。

戴眼镜的少年走过罗湖桥，望着眼前的一切，心中不由得深情呼唤了一声："终于回家了！"

那一刻，他觉得，自己的整个身心与脚下的大地融在一起。这一天是1957年6月11日，农历五月十四，星期二。他是谁？从哪里来？他有什么样的故事？

他的名字叫黄锡璆。

黄锡璆有很多故事，感人的，有趣的，鲜为人知的。

而这些故事要从那个遥远的"千岛之国"说起……

出生爪哇岛

1941年5月19日,印度尼西亚爪哇岛任抹小城的一个华侨家庭里,欢天喜地迎接着一个小生命的降临。

孩子的父亲叫黄实华,母亲叫张碧英,他们都是广东梅县客家人。20世纪二三十年代的中国,动荡不安,战火频仍,没有一片安宁之地。地处粤北山区的梅县人多地少,为生活所迫,他们和许多人一样不得不远走他乡,过番下南洋,寻求生路。

黄实华夫妻俩已有两女一男,这次又添了一个男孩,甚是欢喜。中国家庭历来遵循和延续宗族的姓氏和辈分,起名字比较讲究。给刚出生的儿子起名时,黄实华脑海里闪现出《楚辞·九歌》里的诗句:"抚长剑兮玉珥,璆锵鸣兮琳琅。"璆、琳琅,皆美玉也,诗中又有"怀瑾握瑜"一说。他对妻子说:"取名'璆'字吧,既有平安吉祥的寓意,又含明德修身的道理。"按照黄氏族谱,孩子属"锡"字辈。于是,黄实华为儿子取名"黄锡璆"。他要用这个名字为儿子定义美好的人生。

黄实华乃清末官宦之后,书香门第。祖父黄仲蓉是清代道光三年(1823)癸未科进士授翰林院编修,后任广西道监察御史。

黄氏家族一度兴盛,由于后辈游手好闲,家道中落,不复当初。后因国运不济,战乱迭起,不少黄氏家族后人与许多梅州客家人一样,为生活所迫,过番下南洋,流落异国他乡。

在梅县黄家是大户人家，黄实华排行老四。都居住在祖父黄仲蓉留下的并排多座围屋的一组里。围屋的门额题着"都察院"。20世纪初时局不稳，年轻人纷纷外出谋生，成家立业的兄弟们不得不另谋出路。先是五弟黄琳华闯南洋来到印度尼西亚爪哇岛。第二年，黄实华也辞别亲人过番来到这里。后来，亲戚互相拉扯扶持，黄实华大姐的孩子、三哥的孩子和内弟几家人也来到印尼爪哇岛落脚谋生。

印度尼西亚位于烟波浩渺的印度洋和太平洋之间，拥有17508个大小岛屿，号称"千岛之国"。爪哇岛就是这千岛之中的第四大岛，位于印度尼西亚西南部。南临印度洋南端，北朝南中国海，全岛面积126700平方千米。

爪哇岛靠近赤道，属热带气候，年平均气温15℃～27℃，分旱季与雨季，雨量充沛。得天独厚的自然条件使这里的植物繁茂，草木常青，椰子、咖啡、丁香、烟叶、橡胶、甘蔗等热带作物丰富，是群岛中人口密度最高、经济最发达的岛屿。印尼首都雅加达与广州隔着3300多千米的太平洋海域，是我国海上丝绸之路南线的重要连接点。这里自古以来聚集了一代代下南洋侨居的华夏儿女。

黄实华和弟弟在爪哇岛历经了不少创业的艰难。他们合伙打拼，先在别人店里当伙计，后来自己开小商铺，做生意，辗转多地。经过几年的积攒，弟弟在泗水市办了卷烟厂，他在任抹市开了杂货店，各自落脚。待生活稳定下来，他们又把妻子、孩子接来，一家团聚，衣食无忧，日子安定。

黄锡璆的出生给这个六口之家增添了生机，但是，命运并没像父母期许的那样用美好拥抱他的童年。不满周岁时，黄锡璆得了痢疾，一度病危，被送到外埠一家糖厂医院里隔离，差点儿被病魔夺去生命。

不久，"二战"烽火燃至印尼，日本侵略军登陆爪哇岛，印尼沦为日本占领区。殖民者挑起民族矛盾，华人商店被抢，人身受辱，厄运随时降临。历史上，印度尼西亚长期被荷兰占据。早在东印度公司海外拓展时期，就遭荷兰入侵占领，最终成为荷兰王国的殖民地。贸易业、银行、橡胶、棕榈、椰子种植园以及大型炼油厂、制糖厂、锡煤矿产开采，大都控制在荷兰等西方国家的手里，甚至群岛的岛际航运业也为荷兰的航运公司所垄断。

华侨背井离乡，下南洋谋生路，多数人只能走街串巷卖豆腐、卖烧鸡，或做木匠、开酱园，或经营服装、杂货等，靠做小生意维持生计，自食其力。无论走到哪里，华侨都保持着中华民族吃苦耐劳、勤奋隐忍的美德，也传承着古老的传统文化。他们融入当地社会，与原住民长期和谐相处，充分施展在异国他乡的生存智慧。他们勤劳节俭，又善于经营，当地生活成本比较低，经过努力拼搏和积攒，生活逐渐好转。

黄锡璆记得，父亲经营的杂货铺，有当地的大米、绿豆、糖果、香烟，也有产自锡兰（斯里兰卡）的茶叶，还有来自瑞典的火柴等。以批发为主，兼做零售。家境殷实，生活比较宽裕。

华侨历来重视文化教育，在创业谋生的同时，赓续诗书礼仪、爱国爱家的中华血脉。早在1910年，当地华人、华侨就筹资办起了华侨学校。

黄实华经商之余，热心于华侨社团活动，参与华侨学校的校董工作。他在国内高中毕业，下南洋之前，曾是梅县一所小学的校长。

"我记得，我叔叔还跟我说过，他劝我父亲到泗水。泗水城市大，人口多，可以把生意做得更大。父亲热衷于任抹华侨社团活动，生意上求稳，不愿到泗水去。"黄锡璆回忆说。

"七七"卢沟桥事变，中华民族全面抗战爆发。日本入侵东南亚搞所谓的"大东亚共荣圈"，海外华侨奋起反抗，掀起抗日救国热潮。有不少青年华侨回国参军、参加机工队，开车运送抗日物资。著名的侨领陈嘉庚成立南侨总会，组织募捐活动。在华侨社团的号召下，侨胞们慷慨解囊，支援国家抗日。

第一章 少年归来

黄实华参加抗战赈灾，曾遭日军逮捕关押。黄锡璆回忆，父亲给孩子取名总喜欢带有特殊意义。1943年，他的二弟弟出生，父亲取名"锡纪"，想是为纪念这次遭遇；日本投降后不久，小弟弟出生，父亲取名"锡勋"，想必也隐含胜利之意。

"二战"结束后，印尼宣布独立，但荷兰政府心有不甘，企图重新恢复殖民统治。印尼政局不稳，时有动乱。华人华侨时常遭受威胁，人身安全没有保障。这些在黄锡璆年幼的心灵里就有深刻感受。

虽然远在印尼，但他们没有忘记"唐山"，没有忘记自己是"唐人"——"堂堂的中国人"。

游子常怀故园心，"何日归家洗客袍？"大洋彼岸的祖国"唐山"，常常出现在父辈亲友的乡音之中。父亲与叔叔、堂叔们经营的商铺门头上也各分别悬挂着"振华号""光华号""荣华号"匾额商号，流露出流落他乡、记挂祖国、期盼希望的心愿。

在任抹市华人华侨集资创办的中华学校里，都是采用中国内地、香港或新加坡华人出版社出版的国语教材教学。任抹市的华人华侨小学后来扩建增加初中，改名为任抹中华中小学。学校开设了印尼语、英语课，以适应当地社会需要。黄实华一直担任该校的董事。

身为客家人，黄实华更是把求知视为人生的头等大事。在故乡广东梅县，自古就有"宁愿挑担卖柴做苦工，也要供子弟去学宫"的优良传统。

梅州人对文化教育的看重，有着悠久的传统，得到过不少往来名人的"点赞"。南宋绍兴年间，梅州的知州方渐曾这样评价当地的文风："梅人无植产，恃以为生者读书一事耳。"清乾隆十五年知州王之政在署前大街专门竖立了"人文秀区"的牌坊，称赞当地爱学重教、人才辈出的好传统。

下南洋的客家人与来自国内其他地区的侨贤，在颠沛流离的漂泊中，始终秉持尊师重教的乡风，坚守中国传统道德文化。黄实华作为侨校的董事，每年的开学季，都会与其他校董轮次给学生们讲话，鼓励学生努力学习，学有所成，将来报效祖国、服务家乡。

华人华侨都把孩子们送进华侨学校读书。黄锡璆入学时，就学人数急剧增加。校舍不够用，学制分为春季班及夏季班，错开班级，增收学员。他记得，小学从"牛羊草花、狗猫鸡鸭"开始认字；到初中，国文老师教学生背诵古诗词，还讲解毛主席的《沁园春·雪》。朗朗如歌的诗词古韵、伟人的博大胸怀和豪迈气魄，浸润着黄锡璆的少年世界。

黄实华对子女们宽厚、疼爱，但家教是比较严格的。在家里，他要孩子们讲国语或者客家话，只有与印尼朋友、邻居交流时，才允许讲印尼话。他要求孩子们规矩做人，努力读书。平时忙于各种事务，每到学期期末考试，他都要检查孩子们的成绩单。

孩子们放学回到家里，母亲也会督促他们的学习。做完作业后，母亲会让孩子们打开收音机一块听华语或客家语广播，阅读华侨创办的报刊。母亲初中毕业，是那个年代少有的知识女性，后来被选为当地华侨妇女社团的负责人，经常组织参与活动。

正是在这样的环境中生活成长，黄锡璆渐渐懂得了侨胞魂牵梦绕的故土曾经有过的辉煌、遭受的苦难和正在发生的故事……

心系故土

1949年10月，新中国诞生的消息传遍世界，印尼华人华侨欢欣鼓舞，奔走相告。在中国共产党的领导下，中国人民终于推翻了帝国主义、封建主义、官僚资本主义三座大山，迎来扬眉吐气的日子。

"祖国解放了，国家有希望了。回国学习本领，参加祖国建设！"在新中国的感召下，一批又一批印尼华侨青年、学生纷纷回国。

1951年，身为当地侨领的黄实华积极鼓励孩子们回国。他的大侄子黄锡坚已先期回到广州上学。随后，他安排大女儿黄婉英、大儿子黄锡志与五弟黄琳华的三个孩子结伴回国。1954年，他又把二女儿黄励英送回国内。

新中国成立初期抗美援朝，西方的反华势力勾结各种敌对势力，利用电讯广播和报刊污蔑、攻击、丑化中国共产党领导的新中国，阻挠进步侨胞的爱国活动。

印尼的华侨学校也出现了分化。有人拥护新中国，在学校里挂起五星红旗；有的人不明真相，仍在学校挂"青天白日"旗。进步侨胞宣传新中国的巨大变化，越来越多的侨胞拥护中国共产党，向往新中国，进步力量迅速壮大。据说，当时印尼各大岛屿的华校有上千家，近20万学生，绝大多数师生追求进步，坚定地站到新中国一边。

黄锡璆所在的学校很快出现了一边倒，校园操场每周举行周会升五星红旗,唱《义勇军进行曲》。国内抗美援朝,侨校师生们自觉不去观看宣传美帝的电影。

中国与印尼建交后,我国驻印尼使馆通过华侨组织举办电影巡映、图片展览和国内歌舞杂技团巡回演出,向广大侨胞介绍国内的发展变化,展示各条战线上取得的成就和人民群众的精神面貌。《新中国的诞生》《边疆战士》《通向拉萨的幸福道路》等纪录片,在华侨经营的电影院里免费放映,华人华侨纷纷前往观看。

▲ 黄实华(中)陪同中国驻印尼使馆总领事赵仲时(右)视察侨情时,在华侨社团召开的会议上

黄锡珍清楚地记得,纪录片《新中国的诞生》生动地记录了1949年10月1日,在天安门城楼上,毛主席庄严地宣布:"中华人民共和国中央人民政府今天成立了!"侨胞们看到这段镜头,禁不住热泪盈眶,掌声雷动。《边疆战士》反映了驻新疆部队巩固国防,建设边疆,把戈壁变成绿洲,生产建设取得的伟大成绩。《通向拉萨的幸福道路》则是解放军挺进西藏和战士们在崇山峻岭之间修筑康藏(雅安至拉萨)公路的情景。

> 二呀么二郎山，
> 哪怕你高万丈，
> 解放军铁打的汉，
> 下决心坚如钢，
> 要把那公路，
> 修到那西藏。
> ……

黄锡璆至今还能唱出几句。

新中国日新月异，正在发生着天翻地覆的变化。这些反映祖国建设成就的纪录片，在华侨社会，尤其是青年学子间引起了热烈反响。在雅加达举办的新中国建设成就展览和中国杂技团的巡回演出，引起当地民众轰动。华人华侨爱国热情高涨。这些给黄锡璆留下终生难忘的印象。

父亲为家里订阅了许多进步报刊，有当地出版的《新报》《生活报》《大公商报》等华人社团创办的进步报刊，也有国内出版的《人民画报》《新观察》《苏联画报》（中文版）。黄锡璆从《人民画报》上看到了毛主席的照片，他记得《人民画报》第一期封面上是一幅毛主席的半身像。

黄锡璆在印尼上中学时，就开始阅读《卓娅和舒拉的故事》《钢铁是怎样炼成的》《牛虻》《无脚飞将军》《暴风骤雨》《太阳照在桑干河上》《小二黑结婚》《家》《春》《秋》等许多国内出版的文学作品以及翻译的苏联作品。家中楼上书柜里存有一套20卷本的《鲁迅全集》。

那时国内翻译的苏联文学作品风靡千岛侨界，尤其苏联作家尼古拉·奥斯特洛夫斯基所著的长篇小说《钢铁是怎样炼成的》（人民文学出版社1952年出版），在华侨青年中流传很广，影响很大。黄锡璆依稀记得，小说通过讲述保尔·柯察金的故事告诉人们，一个人只有在革命的艰

▲ 黄锡璆（右一）与母亲、姐姐、弟弟阅读国内报刊

难困苦中战胜敌人、战胜自己，把自己的追求和祖国、人民的利益联系在一起，才会创造出奇迹，才会成长为钢铁战士。

黄锡璆被书中的故事所吸引，被保尔·柯察金不怕困难、不怕牺牲的革命精神深深打动。那时华侨青年都喜欢摘录一些名人的名言警句，自我激励。黄锡璆也把保尔的一段名言抄录在笔记本上：

> 人最宝贵的东西是生命。生命于我们只有一次而已。一个人的生命应当是这样度过的：当他回首往事时，不因虚度年华而悔恨，也不因碌碌无为而羞耻。这样，他在临死的时候就能够说："我整个的生命和全部精力，都已经献给世界上最壮丽的事业——为人类的解放而做的斗争。"

第一章　少年归来

医疗建筑大师 黄锡璆

黄锡璆说,《钢铁是怎样炼成的》是对他影响最大的文学作品之一。

在印尼生活的少年时代,家国情怀在黄锡璆心中深深扎根。华侨学生不仅热切关注祖国的发展,而且刻苦读书、努力学习。大家心里都有一个信念,为将来回国学知识。学校里成立了篮球队、羽毛球队,积极开展文体活动。黄锡璆参加了同学们自发组织的歌咏队和时事学习小组。他还记得他们曾学习了艾思奇的《大众哲学》。

"学校每周有周会,全体穿校服升国旗、唱国歌;校长、教导主任还给大家讲话。宣讲尊师重教、团结进步,使我们深受影响。"黄锡璆说。回忆那时的学习生活,他清楚地记得,任抹的华人华侨有广肇会馆、玉融

▲ 学校组织国庆活动时,老师与校董在中华小学搭建的彩门前的合影

公会、客属会馆、大众社等许多同乡会。每年国庆节，中华侨团总会联合组织庆祝活动。

会馆学校张灯结彩、彩旗招展，举办庆祝大会，组织文艺演出。"有一年，侨团组织了一支四五十人的腰鼓队。前面舞长龙，后面舞着红绸扭秧歌，在大街上游行，锣鼓喧天，热闹非凡。"

梦里识故乡。从家庭环境到学校教育、社团氛围，丰富多彩的学习活动，让黄锡璆深受教益。他心中渐渐勾勒出一幅立体的"祖国画卷"，使他魂牵梦萦。

1955年4月下旬，国务院总理周恩来率领中华人民共和国代表团参加了在印度尼西亚万隆召开的万隆会议。

黄锡璆回忆说，父亲曾作为当地华侨代表到万隆参加欢迎周恩来总理的集会。万隆会议召开之初，有一些亚非国家对共产党领导的新中国有误解，会议气氛一度紧张。周总理机智应对延后发言。他推迟并在发言时将发言稿分发给与会者，即席脱稿讲话。他说："中国代表团是来求团结而不是来吵架的。我们不在这里讨论价值观。我们和广大亚非国家都受帝国主义、殖民主义压迫的，反帝、争取民族独立是我们共同的愿望。"他的讲话立刻引起了许多国家代表的共鸣，纷纷鼓掌赞同。

周总理力挽狂澜，一下子扭转了局面。他以卓越的外交才能在万隆会议上彰显出大国外交风范，也使他赢得很高的国际声望。

在中国代表团的积极推动下，与会成员一致通过了以和平共处五项原则为基础的十项指导国际关系的原则，使得以美国为首的反华势力阴谋彻底破产，从而加强了亚非国家间的合作，掀起亚非各国团结一致反帝反殖民、争取民族独立的新浪潮。

万隆会议盛况迅速传遍各地，再一次点燃印尼华侨的爱国热情。"回祖国去，学习本领，参加祖国建设"的号召响遍千岛各地华埠。

因为任抹市的中华中小学只办到初中，黄锡璆初中毕业后，来到泗水新华中学高中班就读，借住在叔叔家中。泗水新华中学是当地有名的进步学校，校风严谨。学校除每周举行周会外，各班还要分时段早间出操，由老师指导开展齐步走、正步走等列队操练。

有一次，苏联最高苏维埃主席伏罗希洛夫访问印尼时，来到泗水市，学校还组织师生在市里通往机场的路旁夹道欢迎。

在一次周会上，回国参加国庆观礼回来的教务主任向师生介绍了国内见闻，鼓励同学们回国学习。一次上地理课，老师带着学生来到中华总商会大会议室里，在墙上的"一定要把淮河修好"的灯光显示图前，讲解治理淮河工程。那幅灯光显示图是国内举办"新中国成就展览会"上的展品，展览完毕后，作为一件礼物由使馆赠送给侨团。了解到国内各地热火朝天掀起社会主义建设高潮的情景，同学们深受感动和鼓舞。

黄锡璆心中的那幅"祖国画卷"——梦中憧憬的新中国，越来越清晰地展现在他的眼前，并深深地吸引着他。

赤子按下红手印

第一章 少年归来

高中二年级时，黄锡璆向父母提出回国的请求。父母本想把黄锡璆留在身边继承家业，将来也好有个照应。但黄锡璆看到大姐、大哥回国后，大学毕业即将参加工作，二姐也考上大学，非常羡慕。他期盼回国的心情更加热切。当时国内的生活条件比较差，父母也担心他能不能适应。但他认为，回国是参加建设的，不是去享福的，吃点儿苦又算得了什么呢？在那个满腔热血的年代，一心一意报效祖国是华侨青年的普遍心声和激情所在。

回忆爪哇岛的少年时代，黄锡璆说：

在抗日战争时期，老一代印尼华侨纷纷出钱出力支援抗战。有的华侨拿出自己一生的积蓄全部捐献给国家，还有很多人回国参加抗日部队或为部队运输抗战物资，为国效力，甚至献出宝贵生命。长辈经常讲他们的事迹，给我留下深刻难忘的印象。华侨学校的老师敬业热心，传授知识，教我们清白做人，认真做事。那些老师都有深厚的爱国之心，鼓励学生们有条件争取回国学习本领，参加祖国的建设。在这种环境的影响下，耳濡目染，我想回国的念头，一天比一天强烈。

1957年上半年，正在读高二的黄锡璆终于等到了回国的机会。尽管父母原来有想法，还是支持了他的选择。

当时印尼政府有规定，华人如要回国读书，必须在出生登记证明上签字，保证一辈子不再回印尼。少年黄锡璆来到当地政府移民局，毫不犹豫地在"出生纸"上写下"一辈子不再回来"的承诺，签上姓名，按下红手印。

几经周折，终于办妥了回国的手续。

1957年6月6日，那是难忘的一天。

黄锡璆辞别父母，与堂姐黄奋英、堂哥黄锡磐三人一起登上载有2000多名华侨青年的一艘邮轮，离开印尼，踏上回国旅程。

在20世纪五六十年代，海外华人华侨掀起回国热潮。千千万万从印尼回国读书、参加祖国建设的青年学子，大都搭乘"芝万宜"号等"芝"字号的大型邮轮。

▲ 16岁回国时的黄锡璆

他们怀着对祖国的赤胆忠心，迎风破浪，高歌远航，通过中国南海到达香港九龙码头。然后跨过罗湖铁路桥，踏上祖国的土地，投身于新中国的建设。这段特殊历程成为一代人刻骨铭心的青春记忆。

黄锡璆的一些同学十分羡慕他能够回国，但他们还没有回国的条件。父亲和五叔把他们三人送到泗水码头。由于安保限制，每位学生只能由一人送过海关，是父亲帮黄锡璆办理通关手续，送他上船的。

在停泊邮轮的码头上，挤满了回国的青年学生以及一些前来送行的亲朋好友。同学们按照顺序一个个通关。大件行李随船托运，小件随身携带。当他们踏上登船的舷梯时，一时之间，北上祖国的憧憬向往和与父母亲友的别离愁绪，相互交织，涌上心头……

▲ 黄实华与即将回国的黄锡璆（右）、侄女黄奋英、侄儿黄锡磐

  呜——随着一声汽笛长鸣，开往香港的"芝万宜"号邮轮，缓缓离岸。从此，同学们将开启全新的人生旅程。

  这一刻，他们在兴奋激动的同时，又有些依依不舍。兴奋激动的是，他们将回到心驰神往的祖国，实现建设祖国、报效祖国的梦想；依依不舍的是，他们离开了自己的亲友，不知何时才能再见面。许多人拥到船舷，不停地向亲友挥动着手臂。

> 再见吧，亲爱的妈妈，
> 请你吻别你的儿子吧！再见吧，妈妈！
> 别难过，莫悲伤，
> 祝福我们一路平安吧！
> 再见了，亲爱的故乡，胜利的星会照耀我们；

第一章 少年归来

再见吧，妈妈！
别难过，莫悲伤，
祝福我们一路平安吧！
……

热血沸腾的同学们唱起《共青团员之歌》，这是当时流传甚广的苏联歌曲。他们用慷慨激昂的歌声向亲友话别，也用歌声对这片熟悉的土地、父辈洒血汗拼搏扎根的地方、自己出生成长的地方说一声"再见"！

港口渐渐远去，青年学生们各自回到邮轮的船舱。原来黄锡璆的五叔为他们三人订了有床铺的舱位。因同行的同学中有一对姐妹没订上，黄锡璆和堂兄便把舱位让给了她们。他们俩被分到其中的一个甲板上，与五六十人合住大通铺。

也许是出发前几天过于忙碌紧张，开船后黄锡璆稍觉不适，午后竟然发起烧来。好在邮轮行至雅加达后，靠岸停留一天，可以休息。他们上岸后来到父辈的一个朋友家里。黄锡璆服药后卧床休息，身体逐渐好转。吃过晚饭，他们赶到码头，登上邮轮继续航行。"芝万宜"号邮轮先后途经苏门答腊岛和新加坡。此后便连日北上，进入中国南海。

黄锡璆与同行的亲友，有时结伴早起瞭望日出，感受一轮朝阳喷薄而出的壮观；有时凝望远方的蓝天碧海、悠悠白云，心中浮想联翩——

云飞浪卷，海天苍茫。在这条古老的航线上，历史上郑和曾率领浩荡船队走过，也有劳工、猪仔在机轮上驶过，更有无数下南洋的过番客驾船闯过。千百年来，中华民族的骄傲、血泪与希望在波涛汹涌的大洋中跌宕起伏，也在少年黄锡璆胸中激荡翻涌……

第二章

青春校园

  一碗绿豆汤,让他第一次感受到一个热乎乎的集体。沁人肺腑的香甜与温暖就是祖国的滋味。

  大师的人格风范、治学态度和周恩来总理的深情嘱咐,奠定了他一生的追求与信念。

  心怀梦想,刻苦学习。他向党组织递交了第一份入党申请书,立下"永远跟党走,一生为国家做事"的誓言。

一碗绿豆汤的温暖

"大师的治学精神终身受益"

信仰是这样铸就的

"周总理的教诲受用一生"

"我的第一志愿"

一碗绿豆汤的温暖

那是岭南的一个下午,阳光非常强烈。一趟列车从罗湖车站出发,满载着一批刚从印尼归来的年轻学子,在广州市石牌华侨补习学校附近的铁道线上停了下来。他们跳下火车,迈过铁轨,走上通往学校的田野小道。这时锣鼓喧天,鞭炮齐鸣,学校组织先期抵达的华侨学生前来欢迎新同学。问候声、鼓掌声,新老同学汇成一片欢乐的海洋。这种感觉是他从来没有过的一种体验。

前来欢迎的师生接过他们的行李,带他们走进校园。广州石牌华侨补习学校虽然简陋,师生的热情却让黄锡璆和同学们有一种回家的亲切感。前来迎接的同学接过行李放下,又端来一碗碗绿豆汤,递给每位一路劳顿新来的同学。口干舌燥的黄锡璆接过绿豆汤,碗底几颗开花的绿豆翻动着,一阵清香扑鼻。他轻轻地啜了一口,甜丝丝的滋润着喉舌,流进胸腔,一股温暖涌遍全身。

"我强烈感受到祖国集体给我的温暖,让人终生难忘。"回想起那段情景,黄锡璆深情地说。祖国的温暖是同志间那股发自内心的关爱、积极向上的力量与团结奋斗的氛围。

安顿下来以后,同学们相继参加补习课。华侨学生都要参加统一分配考试,根据个人的学历、学习成绩以及志愿分配到全国各地学校就读。

黄锡璆在补校学习一个月后就参加了入学考试。他本想到北京接着上高中，先期回国的哥哥和姐姐多在北京学习或工作，可以相互照应。

这时，父亲黄实华受到邀请参加观光团回到广州。他来到华侨补习学校了解儿子的情况，得知黄锡璆的想法，便带他去见华侨补校的校长。校长告诉他，到北京可以，但是要从高一念起，北京的中学不收插班生。

黄锡璆在印尼已经上完了高一，办理回国手续，又耽搁了半年的学业。他不愿意再耽误时间，决定去南京第五中学插班读高二。父亲看他态度坚决，很有主见，也就不再担心。

父亲问他愿不愿意回老家梅县看看祖屋，但因为开学在即，黄锡璆怕耽误学习，没有跟着父亲回去，一个人来到南京读书。堂姐黄奋英、堂哥黄锡磐被分配到了北京。

黄锡璆被分配到了南京第五中学高二班。9月的南京，整齐的街道两旁一行行梧桐树绿意盎然。黄锡璆迎来了新的学习生活。

南京第五中学是一所历史悠久的中学，归侨学生住在校内的宿舍。离开父母，告别饭来张口衣来伸手的生活，黄锡璆自己洗衣服、钉纽扣、吃集体伙食，生活打开自理模式，但他很快适应了新的环境。紧张而又丰富的集体生活也抚慰了黄锡璆离开亲人的孤独之感。20世纪50年代的新中国在抗美援朝之后，开展大规模建设，掀起了社会主义建设高潮。学校教育强调为无产阶级政治服务，与生产劳动相结合。黄锡璆对一切都感到新鲜。学生们不仅学习书本知识，还参加生产实践活动。学校组织学生走出校门开展学工学农学军活动。

学农是在南京江心洲村。江心洲是长江下游的冲积沙洲，因形状像青梅，又称梅子洲。如今，从这里北望南京长江大桥，南眺南京长江三桥，景色既有江南的秀美，也有大江大河的壮丽，已成为全国农业旅游示范点。但在20世纪50年代，江心洲还是条件一般的市郊农村，生产工具十分匮乏，不要说机械，甚至连耕牛也没有，犁地只能靠人力完成。

黄锡璆清楚地记得，师生们住在农舍里，睡在草垫子打的地铺上。班主任郭东平带着同学们参加劳动。有一次，大家帮助农民犁地。一位老农掌着木铧犁，18名同学分成两组，分别往斜前方拉犁耕地。不一会儿，同学们便筋疲力尽、汗流浃背，黄锡璆也气喘吁吁，但脚下的土地也随着他们的劳作焕然翻新。

同学们深深体会到农民耕作的不易，体会到"谁知盘中餐，粒粒皆辛苦"的艰辛付出和劳动的伟大。这一切对黄锡璆来说都是第一次，虽然辛苦，但他从中感受到了劳动创造的价值与意义。

学工是在靠近汉中路的一家玻璃厂。在车间里，只见工人们把一根很长的管子放进热腾腾的玻璃窑里面，蘸一点儿玻璃液，然后用力吹气，黏糊糊的玻璃液慢慢地鼓起来形成气泡的形状，不断膨胀。成型时外面罩住一个模子，形成瓶子形状的规格。黄锡璆发现玻璃液套入不同的模具吹制，就可塑造出不同的产品，变得透明坚硬。这样的经历让他增长了见识，对工人阶级的智慧有了新感受。

南京五中不仅组织学生学工学农，还组织学生进行军训。他们到南京步校（现南京陆军学校）进行队列训练、夜行军等军事科目，还给每人发了3发子弹实弹射击。第一次体验如何瞄准打靶，如何卧射、立射，黄锡璆对解放军严格纪律、团结紧张、服从指挥的战斗作风有了深刻的体验。解放军战士给他们上课讲战斗故事，中国人民志愿军抗美援朝、保家卫国的英雄事迹使他深受感动。

1958年，全国掀起大炼钢铁的热潮。同学们找到罗汉炉图纸，动手砌炼钢罗汉炉。他们一起拉板车，从市郊清凉山上拉回来一车车黏土，摊在学校实验楼前面的一条水泥路上晾晒，然后敲碎、磨细。有的同学把家里的筛子拿来筛选，重新和泥、堆砌，一层一层垒，终于将罗汉炉垒了起来。

炼钢要有材料，大家又到处搜集破铜烂铁。校长还动员去郊区拉白云石，这是一种炼钢的辅料。同学们热情高涨，一大早，大家带着食堂发给每人一个的半斤大馒头就出发了。午餐时，馒头中间夹了一块咸萝卜干，同学们以为是肉，吃到嘴里才发现不是，惹得大家边吃边笑。为了多运白云石，有的同学自带扁担箩筐，有的就用麻袋布包、书包，人挑肩扛，需要走很远才能把白云石运回学校。

一路上，同学们互帮互助。采石地离城区比想象的要远，原计划半天一个来回，但走到中山门的时候，天已经完全黑下来了。距离学校仍有很长一段路，大家又累又饿。这时，班长张刚及几位体力好的同学热心肠，让大家原地休息，几个人边走边跑，到学校拉了一辆板车回来，还从学校食堂弄来了小半桶葱花油炒饭。同学们蹲在路边摸着黑狼吞虎咽地把炒饭吃了个一干二净，将背包、箩筐里的白云石，一股脑儿放在板车上，一路快行，深夜才回到学校。

黄锡璆回忆说，他们班垒的罗汉炉，炼了半天并没炼出钢来。高二班的同学不知从哪儿弄来了汽油桶，在里面糊上黄泥，又请了南京炼钢厂的一个师傅来帮忙，终于看到炼钢炉里哗哗流出亮晶晶的钢水。同学们兴奋地喊起来："我们成功了！出钢了！"虽然成色不高，但成功不易。

同学们都很投入，干得热火朝天，仿佛有使不完的劲儿，就像那燃烧的炉火，释放着能量，奉献着热情。

同学们通过参加学工、学农、学军等生产劳动，经受了锻炼，练出了吃苦耐劳的意志和艰苦奋斗的精神，进一步认识到劳动创造价值、实践出真知。

在黄锡璆心中，这就是欣欣向荣的新中国。虽然条件艰苦，但日子朝气蓬勃，一切都充满了希望。

组织无微不至的关心、同学热情无私的帮助，使他追求进步、加入共青团的愿望日趋强烈。

在那个激情迸放的青春岁月，黄锡璆在南京市第五中学高三年级积极进步，经过努力，光荣地加入了中国共青团。

谈起十几岁的自己，黄锡璆嘴角泛起笑意，一如往时的少年。

"大师的治学精神终身受益"

1959年夏天,参加高考不久,黄锡璆如愿接到了南京工学院(现东南大学)建筑系的录取通知书。他立刻把这个好消息写信告诉远在印尼的父母和在国内工作的哥哥姐姐们。

南京工学院前身是1902年创建的三江师范学堂,后历经两江师范学堂、南京高等师范学校、国立东南大学、国立中央大学等重要历史时期。

1952年,全国高校院系调整,在国立中央大学本部原址(今东南大学四牌楼校区),建立南京工学院。

也许骨子里对建筑就有与生俱来的兴趣,

▲ 黄锡璆(后排左一)在南京工学院学习时期

第二章 青春校园

医疗建筑大师 黄锡璆

黄锡璆走进南京工学院，看到漂亮的校园，满心欢喜。校园的所有建筑围绕中轴线对称得非常严谨，在中轴线上依次分布着礼堂、图书馆和古生物馆（现为建筑学院）。他至今还记得大礼堂有绿铜皮覆盖的圆形拱顶，这几幢主要建筑都有希腊罗马文艺复兴风格的三角山花与廊拱。校区一角还有一棵苍老古拙的松树，据说是六朝时期种植的，被称为"六朝古松"。

这所历史悠久的学校，建筑系人才济济，聚集了一代建筑大师。让黄锡璆备感幸运和珍惜的是，他遇到了与梁思成并称为"中国建筑四杰"的杨廷宝、刘敦桢、童寯三位教授。学校秉持"止于至善"的精神追求，坚守"以科学名世，以人才报国"的办学理念，培养国之栋梁。正是在这样的校风校训和学术氛围的浸润中，黄锡璆开始了自己的建筑设计学习生涯。

有段时间，教学任务主要由青年老师担纲。为响应国家号召，加强一线、加速人才培养，一些曾在南京工学院长期任教的知名老教授如童寯等都投身教学一线，精心授课。黄锡璆学习的博物馆设计就是由童寯教授讲授的。

刘光华、齐康、钟训正、刘先觉、黄伟康、郭湖生等教授也是中国建筑学界著名的大师级人物。黄锡璆所在班的指导员鲍家声是本校毕业后留下任教的，他对班里同学包括几位归侨生都很关心。他在二年级时与几位老师带队赴上海开展专业现场教学、认识实习；到苏州园林参观并进行水彩写生。鲍家声后来成为南京大学建筑研究所所长、建筑学院名誉院长。

南京工学院注重学生的美术素养，强调基本功训练。李剑晨、崔豫章等美术大家教学生画水彩，还通过系里举办学术讲座、美术画展传授建筑设计比例、构图、色彩艺术理念。黄锡璆在校三年级时，系里举办了教师画展，展出了杨廷宝的水彩画、童寯的渲染画、齐康的钢笔画、钟训正的铅笔画等画作。学校不定期举办老师们的学术讲座。有一年，从美国回来的张其师老师途经欧洲时拍摄了大量建筑物照片，他专门做成幻灯片为同学们播放欣赏，同学们大开眼界，激发出苦练基本功、努力提高设计技艺的热情。在这种学术环境的熏染下，黄锡璆对于学习建筑设计专业的课程愈加热爱。这些知名学者、建筑学家的学术观念、治学精神也对黄锡璆产生了深深的影响。

那时候物资匮乏，大学的文具纸张也很紧缺。建筑系学生要学制图、画水彩画。好的绘图纸买不到，同学们就跑到书店买苏联进口的招贴画，用反面当画纸。水彩纸画坏了也舍不得扔，洗掉颜色晾干后再重复使用。黄锡璆在学校里学习写生与速写，养成了习惯，成为他一生的爱好，让他受益无穷。

除了良师的启迪之外，学校的学习氛围、同学们互帮互助的情景也成为黄锡璆记忆中一道道永远的亮色。

黄锡璆高中学的是英文。南京工学院只有电子工程、动力工程等课程，开放课程有英语、德语课。建筑系要求学俄语，俄汉的土木建筑词典很难买到。高年级的同学自己编辑俄汉建筑专业词典，自己刻蜡版，大家再凑钱油印，自愿购买。黄锡璆和同学们都非常勤奋、用功。

就这样，在捉襟见肘的学习生活中，他和同学们收获了知识、收获了友谊，也收获了每个成长的日子。

信仰是这样铸就的

国家遭遇三年困难时期,学校生活异常艰苦,好多同学因营养不良下肢浮肿。回忆起这段艰辛岁月,黄锡璆不胜感慨:"国家对归国华侨还是很照顾的,除了发给粮票外,每个月还有半斤糖票。尽管生活清苦,但是大家怀着希望,珍惜来之不易的机会,如饥似渴地努力学习。"

虽然条件艰苦,但对黄锡璆和同学们来说,能够进入大学学习已经是一件非常幸运的事。他们都十分珍惜这个来之不易的机会。

1962年那一年,物资供应紧张,许多物品都要定量供应,需要各种各样的票证。学校食堂里不要说肉,蔬菜也非常匮乏。很多同学腿部浮肿,上体育课时为了减少体能消耗,老师减少剧烈运动,教同学们打太极拳。由于粮食紧缺,经常是早上大家喝稀饭,就一勺酱或咸菜,中午吃炒冬瓜,晚上是煮冬瓜。学校食堂变着花样做冬瓜,偶尔瓜叶代粮。晚自修时会感到饥饿,但同学们都到图书馆抢座,或到自修室做功课,直到夜里统一熄灯才回宿舍。

虽然国家经济困难,但多数家庭困难的同学享受助学金及学费全免。黄锡璆属于自费生,不交学习费、住宿费,但伙食费要自己负担。五年大学期间,先后由大姐及大哥每个月寄20元钱,保障他的学习生活。

"我们一个月13.5元的生活费,到四年级给我们改善伙食,每个月15元伙食费。我对生活已经很满足了。"黄锡璆说。

尽管生活艰苦，但学校的教学、科研任务并没减轻。建筑系里，不同年资的老师坚持登台授课，加强一线教学，让学子们受益匪浅。童寯教授给同学们讲授博物馆设计，刘光华教授讲授住宅设计、医院设计。黄锡璆在做设计作业时，童寯教授、刘光华教授也曾给他做过辅导。

在校期间，杨廷宝、梁思成等代表中国建筑师学会，组团访问了古巴以及墨西哥。回国以后，杨廷宝教授在建筑系里给师生们做了学术报告，除了介绍古巴、墨西哥建筑之外，着重介绍了古巴吉隆滩革命纪念碑的国际设计竞赛。我国也有方案参与了竞赛，大大开阔了同学们的视野。

大学时代，让黄锡璆难忘的是，很多教授已经年过半百，依然坚守在教学一线。这些老教授用自己丰富的学识和人生阅历传道授业，不仅教学生知识，还给学生讲做人的道理，坚持职业操守、坚持真理、坚持科学精神。大师们的人生态度、理想主义精神都深深影响着黄锡璆。他回忆说：

西南联大那一批搞学问的人对我影响较大。我回国前就听到过他们动人的故事。抗战时那么艰苦，他们依然坚持教学、研究，掌握前沿知识，积淀深厚功底，有的还到国外留学深造，掌握世界一流的学问。他们在国外做出成绩，有许多人放弃优渥的条件，毅然回到国内。许多研制"两弹一星"的元勋，历经艰难，创造奇迹，为国家立下了汗马功劳。我内心里很敬佩他们。

大学里设有政治课，采用大课形式讲授党史、党的基础理论。黄锡璆学习了毛泽东主席的《实践论》《矛盾论》、刘少奇的《论共产党员的修养》等著作，接触到《共产党宣言》，阅读了介绍马克思写作《资本论》的有关文章，还抄录了马克思在法文版序言中的那段话：

在科学上没有平坦的大道，只有不畏劳苦沿着陡峭山路攀登的人，才有希望达到光辉的顶点。

大学时代的黄锡璆，通过学习党史和党的基本理论，开始接受马克思主义和毛泽东思想，对党的基本理论逐渐有了明确的认识。

他在班级团支部担任宣传委员，认真负责支部工作，还被推荐参加了南京市青年联合会的活动。

"尽管是困难时期，但学校的学术氛围很浓，老师教得认真，学生学习也很努力。"黄锡璆深情地回忆说，"许多爱国志士的家国情怀和奋斗精神对我影响很深，让我深受教育。在这种环境中受到熏陶和感染，立志像他们那样做人做事。"通过政治学习，参加团支部活动，他接受了党的基本理论教育，并写下了第一份入党申请书，表达了自己树立正确人生观、世界观的价值取向。

在大学里，许多学生都写了入党申请书，大家都积极要求进步，向组织靠拢。"我在大学期间写过几份申请，表达自己的愿望，尽管发展名额很少。"黄锡璆记得，在建筑系学习的五年中，全系就发展了一两个党员，但他仍然执着。

因为有海外关系，加入组织要接受更多的考验、更长的考察期。黄锡璆没有埋怨，而是正确对待。他想起回国前父亲的嘱咐："人生在世，做人要做正，要追求上进，人生不会一帆风顺，遇到挫折都是难免的，但不要灰心气馁，认定正确就要执着，才能成功。"

他暗暗下定决心，并时时提醒自己，既然家庭成分不好，那就更加努力，努力践行在入党申请书里立下的"永远跟党走，一生为国家做事"的誓言。

"周总理的教诲受用一生"

南工建筑系非常注重实践教学。大学二年级有认知实习课程，学校按教学计划组织同学去上海、苏州参观见习。

学校的经费紧张，大家需要自己带着铺盖卷外出实习，条件比较艰苦。系里征求大家的意见去不去，同学们都很踊跃，异口同声地表示："去！"

每人的实习费仅有42元。老师为了省钱，带着同学们乘船从南京到上海，联系住宿外滩靠里的元芳弄小学。晚上，学生们回家了，实习的同学把桌椅板凳摆起来，在地上铺上铺盖休息。第二天一早起来，卷起铺盖，再把桌椅摆回去。小学的老师们还向带队老师反映，小学生们抱怨，这些来实习的大哥哥、大姐姐把椅子摆的不是原来的位置。

新中国诞生初期的上海保留着早年东亚大都会的风貌，旧时曾被称为"东方梦巴黎"。那时候上海市的高层建筑是全国最多的，8层以上的建筑就有近10栋。上海外滩附近的和平饭店、南京路上的上海国际饭店、大光明影院等都是很有名的建筑。自1958年起，上海建设闵行一条街。许多工业从市区迁入闵行，并在很短时间内建成了总长14千米、路面宽约百米的"一号路"，这也是上海第一条六车道大马路。沿街建设了简约的、底为商铺的多层住宅建筑。同学们来这里参观，见习这条全国闻名的街道。

园林设计也是学校教学的内容。黄锡璆和同学们在老师的带领下，到苏州参观了一些古典园林，并进行水彩写生实习。

在苏州，他们住在苏州师范学院的礼堂里，晚上睡在带靠背的长条凳上。因为是夏天，同学们都自带蚊帐，避免了蚊虫的叮咬。

白天，实习老师带同学们去园林参观，给他们讲解留园、拙政园、狮子林这些古典园林的建筑布局和造园艺术。江南园林很有特点，空间组合小中见大、植物配置、亭台楼阁、小桥流水……造园要素都大有讲究。这次实习极大地开拓了同学们的视野。建筑系的学生来自祖国各地，对城市空间、建筑空间，对园林景观、建筑造型布局都还没有完整清晰的认识，这次实习加深了他们对专业的理解和热爱。

每到一地，老师和同学们都要精打细算，想着法子节约经费。坐公共汽车多走一站才上车，并提前一站下车，这样原本一角三分钱的车程，变成只要九分钱了。大家合计着宁肯多走一段路，也要省下几分钱。带队老师要经常预先规划好最"实惠"的路线。

在五年大学就读期间，除了参观实习外，还安排有施工实习。施工实习是到工地上干活，参与各个工种的劳动体验，并随工长了解工序安排。在建设工地上，砌砖墙要用绳子吊锤作为测量基准线。同学们不会干，力气也小，砌的砖墙像游龙一样，只能给师傅打下手。大家体会到干什么都不容易，都有技巧。他们先后参加绑钢筋、现场搅拌砂浆、运混凝土等。又通过实践劳动，对建筑工程从图纸转换为实体有了更多的了解。

黄锡璆的毕业设计是做火车站设计，由建筑系指导老师杨德安带队参观实习。他们一行人背着铺盖卷沿京沪线一路北上，到蚌埠、徐州、济南、天津、北京5个车站参观调研。

到北京时已进入冬季，实习的同学们住进北京铁路局招待所。入冬后，招待所生炉火取暖要另收炉火费，但盘算下来实习经费不够。为了省点儿费用，老师跟铁路局招待所的负责人协商，说是大家都带了铺盖，是不是把火撤了，可以不交烤火费？后来与相关部门协调，得到招待所工作人员的理解，免收了烤火费。

北京火车站是国庆十周年工程，带队老师杨德安领着同学们进入北京火车站参观。同学们四处张望，竟被人拦住。原来里面有公安人员巡查，问他们是干什么的。大家耐心解释，说是建筑系学生做毕业设计，来这里参观学习，已事先联系同意参观。

本来安排去参观铁路的编组调度室，那时候没有电脑，是用灯光显示车站各线路、各趟列车进出站编组情况。杨德安老师跟黄锡璆悄悄说："你不方便进去。"黄锡璆心里明白是指有海外关系不宜，就说："你们进去吧，我就不进去了。"

"其实也没有什么太特别的。"杨德安老师用安慰的口气说。也许杨老师敏锐地察觉到黄锡璆脸上瞬间掠过的一丝神情，顿起同情怜悯之心。他要给每个学生同样的尊严和权利。于是，他随即改变了安排，放弃参观车站调度室，组织大家一起去参观候车大厅、餐厅、电影院、入站口、出站口等车站其他设施。

这件事却让黄锡璆一生难忘，体会到杨老师的用心良苦。在那个寒冷的冬天里，他懂得了人与人之间相互尊重的可贵和相互理解的温暖。他懂得了有一种温暖叫善良。

五年的大学时光在匆匆忙忙中度过，迎来了毕业季。这天，南京高校应届毕业生集中在南京大学操场上席地而坐，聆听周恩来总理的报告录音讲话。这段录音是不久前周总理特地为北京市的应届高校毕业生做的一场报告。

黄锡璆清楚地记得，周恩来总理平易近人，语重心长地对同学们讲了3个多小时，讲话中他还以自己为例，说道他出身不好，关系比较复杂，而邓颖超关系比较单一。个人家庭出身不能选择，但道路能自己选择，鼓励大家正确对待。讲话浸润到聆听报告的青年人心间，深深地触动了黄锡璆的内心。

"周总理以自身的经历勉励大家正确处理生活关系、家庭关系、社会关系，树立正确的人生观、世界观。他还语重心长地鼓励同学们到艰苦的环境中磨炼意志，到祖国建设的一线锻炼成长。"黄锡璆深情地说："周总理的讲话平易近人，鼓舞着我们走出校门，积极投入建设祖国的热潮中。总理亲切的教诲，让我受用一生。"

"祖国的需要，就是我们的第一志愿。"成为20世纪60年代青春岁月响亮的关键词。

第二章 青春校园

"我的第一志愿"

1964年8月,黄锡璆以优异的成绩结束了五年的大学生活。

告别校园,走向社会,无疑是一次人生的重要转折。在那个理想飞扬的时代,年轻的学子们都在憧憬着未来。周恩来总理的殷切教诲还在耳畔回响。应届毕业生,国家统一分配。"接受祖国挑选,服从组织分配""到祖国最需要的地方去",是那个时代的一种风尚。

大部分同学是服从组织分配的,但对于个别毕业生的具体情况和合理诉求,组织上也会有所考虑。许多家在南方的同学,也有要求留在当地工作的,觉得生活和工作会更适应、更方便一些。

对黄锡璆来说,南方、北方都能适应,他心中似乎有了更为广阔的天地。他认为只要能从事自己所学所爱的建筑设计专业,无论被分配到什么地方,他都乐意。学以致用,发挥所能,为国家做更多的事,是他最大的心愿。"祖国的需要就是我的第一志愿。"于是,在毕业分配表格的志愿选项中,黄锡璆郑重地写下了六个大字:服从组织分配。他要追寻内心深处的诗和远方。

如果说,海外归来的少年黄锡璆怀着一腔淳朴的爱国热情,那么,五年的大学生活,他已由"回国学本领,建设新中国"的朴素情怀走向"一生跟党走,为国做贡献"的精神升华和信仰追求。

不久,黄锡璆接到了毕业分配通知书。令他庆幸的是,他被分配到第一机械工业部设计总局,也就是中国中元国际工程公司的前身。能从事学习的建筑设计专业,对有着职业理想,想扎实做事的黄锡璆来说,是一个难得的广阔平台。在北京从事自己热爱的工作,况且几位亲友都在北京工作,联系更加方便。

黄锡璆高兴极了,赶紧写信,把这一好消息汇报给远在印尼的父母。他知道,对父母来说,最大的安慰便是他们兄弟姐妹几个学业有成,工作上进,能够成为对国家有用的人才。更重要的是,在他们的情感深处,神圣的首都北京永远是心中的一个"家"。

怀抱着为国家建设奉献青春的激情,黄锡璆兴致勃勃、充满期待地踏上了前往北京的旅程。

但他心里还是忐忑的。学校里学到的知识,如何能在实践中具体应用?建筑工程设计究竟是怎样完成的?工程设计有工业项目也有民用项目,这些都是陌生的。

进入工作岗位如何能尽快胜任分配的工作?一连串的期待与疑惑撩拨着他的心绪。他暗自下决心,继续努力学习,融入工作之中,尽早胜任设计工作,成为名副其实的建筑设计师。

第三章

磨砺成长

　　艰苦的基层生活淬炼他坚强的意志，集体的温暖孕育出他奋斗的动力。他脚踏实地，勤奋工作，好学上进，追求进步。组织的关怀鞭策与鼓励、同事的热心帮助与支持，使他在人生的征途上坚毅前行，一步一个脚印地在磨砺中不断成长。

融入温暖的大家庭

投身"三线"建设

难忘的泸州茜草坝

在磨砺中不断成长

转战京津唐

融入温暖的大家庭

1964年秋，满怀参加工作的期待，黄锡璆登上北上的列车，开始了从事建筑设计、参加建设祖国的人生旅程。

对于首都北京，几乎所有的年轻人都心怀一种情结，一种向往。在列车的铿锵节奏声中一路北上，黄锡璆憧憬着未来。青春的心灵，总是充满无限的遐想与希望。

黄锡璆第一次到北京是七年前从印尼回国的那个冬天。南京第五中学放寒假，家在南京的同学都回家了，只有一部分归侨同学仍然住校，显得冷清。黄锡璆便买了一张火车票，独自到北京去找哥姐、亲友，也是借这个机会看看心中向往已久的天安门。

黄锡璆找到在北京西城区西煤厂中学的堂哥黄锡磐，住在他们设在地下室的学生宿舍里。"堂哥比我大一岁，在北京上高中，那是我第一次感受北方的冬天，感受北方的寒冷，室内都要烤火的。"黄锡璆回忆起第一次到北京的印象，"那时北京车站仍然使用前门火车站。北京市还行驶着铛铛出声的有轨电车。堂哥带我游览，在新街口路旁的露天摊吃了顿热气腾腾的馄饨。在铁道部工作的大堂哥黄锡坚带我逛天坛，在前门吃大餐。在天安门广场我第一次看到向往已久的天安门，看到了上面悬挂的毛主席画像和天安门前飘扬的五星红旗，到了那里，顿时有一种庄严神圣的感觉。高大壮丽的城门楼在蓝天的映衬下格外美丽与辉煌，令人肃然起敬。"

七年后，他毕业被分配到北京参加工作，乘坐了一天一夜的火车，到了北京站。

黄锡璆拎着随身的行李，随着人流缓步走出北京火车站，抬头打量着眼前的一切——这座令自己心驰神往的祖国首都。他雇了一辆人力三轮车，按照分配通知单上的地址，辗转找到了位于北京甘家口的第一机械工业部设计院。黄锡璆被分配到土建科。

设计院位于中国地质科学院北边的一组楼群里。那是一组解放初期建造的中式多层砖混建筑，黄锡璆在这里开始了他的建筑设计生涯。

刚刚走上工作岗位的黄锡璆，与其他分配来的一批大学毕业生、专科毕业生，每天风风火火，生活充实，工作热情高涨。上班下班时间，都安排得满满当当。

年轻人很快喜欢上了自己的工作单位，也渐渐对中国第一机械工业部设计院有了更多更深的了解。

老同志告诉他们，中国第一机械工业部设计总局组建于1953年3月，是个有实力的重工业设计机构。新中国诞生之初，国家重视重工业的发展，把设在上海的华东土建公司及山西太原设计处连同大批的技术骨干，一同迁至北京，成立了第一机械工业部设计总局，下设四个设计分局。设计总局负责对机械工业设计系统的统一管理，多家部属院所承担着国家机械工业规划设计的重任。

建国初期百废待兴，经历了三年国民经济恢复期后，我国进入第一个五年计划（1953—1957）大规模建设的历史阶段，这也是机械工业设计队伍创建发展的辉煌岁月。

"一五"期间，设计总局积极充实和发展机械工业勘察设计力量，加强和调整设计机构；配合机械工业项目建设，包括机床、重机、矿山机械、电站设备、汽车、拖拉机等工厂项目，制定了《各阶段设计工作条例》等勘察设计规章制度，贯彻执行基本建设程序，承接了大批苏联援建的大型机械工业项目。自行设计了一批新建、改扩建项目，为机械工业勘察设计事业的创立和发展打下了坚实基础。

分配来的毕业生来自全国各地，北方人还好，从南方来的就有些不适应了，生活不习惯、水土不服的情况是很常见的。黄锡璆还算好，也许是因为从小就不断经受生活的变迁，对环境有较强的适应力。

大家对工作和生活环境都很知足。办公楼的身后是职工家属宿舍，几分钟便走到办公室。结婚成家的职工上下班非常方便。而像黄锡璆这样刚毕业的大学生，被安排在展览路五号楼一幢多层的集体宿舍里，几个人一间房，共用盥洗间与厕所，有专人照管，与办公楼也不远，这在当时已经是很好的了。

住在家属院的同事们中午可以回家吃饭休息，而像黄锡璆这样的单身汉就没那么惬意了。午休时一般都不回宿舍，就在办公室的凳子上躺一躺，或趴在办公桌上眯一会儿，整整一天都在办公室里度过。

那是一个激情燃烧的年代，年轻人工作积极，热情高涨。无论新来的青年人，还是早些年来的"老人"，都在心里暗暗较劲，每天早早赶到办公室，争先恐后打开水、搞卫生、练习仿宋字、背记外语单词。每天都以这样的节奏开始一天的忙碌。

工作紧张有序，从熟悉制图图例，练习用丁字尺、三角板绘制设计图，了解制图格式规则，熟悉设计规范、标准图集等。很多知识需要学习，老同志们也热情耐心地帮助新同志进入角色。

这一切常常令黄锡璆思绪飞扬，兴奋不已。知识的海洋无边无际，真是学无止境。他想到了自己回国、努力求学，不就是为了参加国家建设，实现心中的梦想和人生的远大抱负吗！

新的航程，刚刚扬帆，不可能事事如意。毕业前南京高校应届毕业生，齐聚在南京大学操场，聆听周恩来总理对应届高校毕业生所做的报告录音，南京工学院刘雪初院长对毕业生"尊重领导，团结同志，继续学习，努力工作，在阶级斗争、生产斗争、科学试验三大革命运动中做一名勇往直前的闯将"的临别赠言，不时在耳边回响。他常想，只要朝着自己选择的正确方向，努力再努力，就有希望到达理想的彼岸。参加工作，就要在实践中，带着问题去学习、去钻研，才会有提高、有进步。要做一名合格的专业技术人员，专业水平的提升永远在路上。

他还清楚地记得，初到北京的第一个冬天，办公室里开始送暖气，室内外温差较大。家在北方的同事提醒他，进屋后脱外套，出门时再穿上。不然，室内外温差大，容易感冒。

虽说只是一句话的事，却让黄锡璆记忆深刻。他说自己生活经验少，不了解南北方生活的差异，所以北方同事对他的关照提醒，让他备感温馨。人们常常把单位比喻为一个和谐温暖的大家庭，对此他有切身的感受。

不久，单位派遣十多人的设计组到内蒙古通辽市设计型砂厂，黄锡璆是其中一员，那是为长春汽车制造厂准备浇铸铸件做模型时用的型砂的配套项目。根据当时的工艺，制作铸件要先用内外木模具与沙子合模，接着填入型砂夯实脱模造型后，把铁水或钢水注入其中，冷却后去除型砂，再清理打磨形成铸件。

这里砂源丰富，要把合乎粒径要求的沙子筛选出来，处理好以后，再运到长春汽车制造厂模型车间备用。

黄锡璆第一次见到沙漠。他好奇地从沙地上抓起一把沙，使劲攥了攥，松开就散了，心想：人们常说一个缺乏凝聚力的群体就像一盘散沙，的确如此。但是，只要筛选后用模具将它夯实成型，浇铸成铸件，就会紧密坚硬，成为有用的部件。他感叹，看来，一个集体的凝聚力太重要了。

这次到通辽，是黄锡璆第一次因公出差，也是第一次去遥远的北方。通辽与以往的生活环境差异较大，他看着哪儿都觉得新鲜，都充满好奇。

出差时天气已近深秋，入夜寒气逼人。砂矿领导格外关照他们，担心这些南方人不适应，把他们安排到砂矿的招待所住宿，房间里设有火炕，还特意嘱咐服务人员，把炕火烧得旺旺的，唯恐他们冻着。想不到事与愿违，他们口干舌燥，甚至鼻腔出血。黄锡璆被安排睡在最热的炕头，热得受不了，大家都说不习惯。后来对方这才明白，他们说的不习惯，原来是受不了火炕的热呀！

类似的故事和趣闻屡有发生。出差前，设计院领导召集设计组成员谈话，告诉他们要按照先生产后生活的方针，发扬干打垒精神，对生活要低标准，要注重调查研究。毛主席说："没有调查研究就没有发言权。""世界上怕就怕认真二字，共产党就最讲认真。"要了解当地采暖是怎么回事，掌握第一手资料。

设计队员到当地的大林砂厂实地勘察，对当地民居如何建房、如何垒炕采暖、如何砌灶排烟、如何充分利用热能，都进行详细了解。这些对黄锡璆来说都很新鲜。劳动人民的智慧令他佩服。他明白了："凡事都要认真调查研究，弄清实际，做设计也一样。"

无论是"浇铸机芯"还是"烧火炕"，工作中的感悟和生活中的启示，都为年轻的黄锡璆增添了许多生产知识，生活经历中的点点滴滴伴随他成长。

黄锡璆很快融入这个温暖的大家庭，逐渐了解建筑设计师的基本职能、设计规程、制图规则、绘图技巧和基本规范等，在老同事的帮助下，逐渐熟悉掌握，也逐渐深深爱上心仪的建筑设计事业。

投身"三线"建设

黄锡璆参加工作不久，国家开始了"三线"建设。

第一机械工业部设计局组成若干个设计队，相继派往云贵川及西北各地。设计院领导对黄锡璆这位新来的年轻人有着较好的印象。他工作热情高，干事扎实，爱动脑筋，对业务总有一股子孜孜以求的钻研劲头。北京内燃机厂也有扩建任务，设计院领导有意把他留下来参加北京的工程设计。可黄锡璆却希望到"三线"去，到最艰苦的地方去。

20世纪60年代中期，我国度过了三年困难时期，掀起了建设社会主义的新高潮。那是一个火红的年代，大干快上的建设年代。当时的国际形势严峻，第二次世界大战结束后，世界上分为两大阵营，我国处处受到超级大国和西方反华势力的包围与封锁。毛泽东和党中央从经济建设和国防建设的战略布局考虑，将全国基础工业建设布局划分为一、二、三线，提出"三线"建设的安排。所谓"三线"，是按地区划分的。一线是指东北及沿海各省市；三线是指云、贵、川、陕、甘、宁、青、豫、鄂、湘等11省区。其中西南的云、贵、川和西北的陕、甘、宁、青称为"大三线"。二线是指一、三线之间的中间地区。

20世纪六七十年代，中国以加强国防为中心的战略大后方建设，是中国经济建设史上一次极大规模的工业迁移过程。"三线"建设的总体目标是，用10年至15年的时间，在内地建起一个工农结合、为国防和农业服务的比较完整的战略后方工业体系。

这是在当时国际局势日趋紧张的情况下，为加强战备，逐步改变我国生产力布局，实现我国由东向西转移的战略调整。

为了加快"三线"建设进度，毛泽东果断提出"好人好马上三线，备战备荒为人民"。那个年代，这两句话迅速凝聚起全国的力量，把最好的物资设备配置给"三线"，把最好的人员输送到"三线"，成为全国上下的共识和行动。

黄锡璆与来院的许许多多年轻人一样，都渴望到艰苦基层去磨炼，愿意下海游泳，在大风大浪中经受考验。他觉得留下来参加北京设计工作队是领导的照顾，投身于"三线"建设，才是年轻人应有的精神风貌。每一位有志青年，都应该有这样的情怀与担当，在"三线"建设这个广阔的天地里淬炼成长，到时代的大海里搏击风浪，担负起建设国家、创造美好未来的重任。

那是个人人释放奋斗热情的年代。全国各地建设大军、技术人员、职工以及成千上万民工，组成了浩浩荡荡的"三线"建设大军。浩浩荡荡的"三线"建设者扛起背包，跋山涉水，来到祖国大西南、大西北的深山峡谷、大漠荒野，开始了战天斗地、无私奉献的征程。

被选拔上"三线"的人员，都感到无比光荣。在黄锡璆的一再要求下，领导最终批准了他的请求。他被分配到泸州工作队，和单位的50多名同事组成工作队，打起背包，投入轰轰烈烈的"三线"建设之中。

黄锡璆要求参加"三线"建设的想法很简单，也很淳朴。他说："到基层能够更多地接触实际，接受锻炼。到'三线'去也是到国家最需要的地方去。"但在他内心深处还有一个强烈的愿望，就是想入党，成为一名共产党员。为此，他在大学里一直努力，并在团支部里担任宣传委员。四年级那年，他就向学校党组织递交了第一份入党申请书。

那时候，尽管他抱着"回国学本领，建设新中国"的良好愿望回到祖

第三章　磨砺成长

国，毕竟"归国华侨"有海外关系，带有特殊的家庭背景，入党需要长期接受党组织的考验。党支部组织委员找他谈话说，只要他在艰苦的环境中改造自己，树立无产阶级的世界观，首先做到在思想上入党，党组织的大门是随时向他敞开的。他平静地接受了这样的现实。

在他看来，出身没法选择，但是，当年他选择"回国学本领，建设新中国"的初心和愿望不会错；通过实践锻炼，提高业务能力，为国家多做实事不会错。他坚信自己的追求一定能够实现。

在黄锡璆的内心深处，有一种信仰成为他的守望。正是抱着这样的守望，黄锡璆扛起铺盖，加入"三线"建设的大军，又一次向党组织递交入党申请书。他坚信，只有到最艰苦的地方，改造自己、磨炼自己，才能实现心怀已久的崇高愿望。

"大三线"在偏远的西南和西北地区，有的建设项目处于深山峡谷或人迹罕至的地方，交通、通信、电力等设施十分落后。第一机械工业部设计院作为国家重工业设计机构，承担了大批的三线工程建设任务，其中包括四川泸州和自贡两地的多家新建工厂企业的厂房和工人宿舍等配套项目的设计任务。一批批设计人员被派往"三线"，设计楼里灯火通明，工地上推土机、挖掘机、打桩机隆隆作响，一场与时间赛跑的"三线"建设在西南西北各地如火如荼地展开。

"三线"建设从 1964 年开始持续到 1980 年。在这 16 年中，来自全国各地的建设者们，风餐露宿、肩挑背扛、战天斗地，克服了因自然条件和物资匮乏带来的种种艰难，用青春和热血，陆续建设起了一个个矿山工厂，形成了基本完备的钢铁、能源、有色金属、电子、化工、机械等重工业体系。

"三线"建设对中国历史和中国社会产生了深远影响。"三线"建设长期笼罩着神秘的面纱，为后来我们国家的原子弹、氢弹爆炸，战机、火箭、卫星飞船上天，战舰、核潜艇下海打下了坚实基础。

半个世纪过去了，人们并没有忘记当年的"三线"建设者创造的辉煌。在迎接建党百年之际，泸州市有关部门在江阳区茜草坝建起了"1965茜草工业记忆"遗址博物馆和匠心文化传承馆，成为"三线精神"主题教育基地和文旅景点。

　　在四川自贡，黄锡璆参加了东方锅炉厂的现场设计与施工配合。这家生产制造大型电站锅炉的企业也华丽转身不复存在，但那些体现着千万"三线"建设者的奋力拼搏、日夜奋斗的"三线"建设历史，永远植入那一代人的记忆之中。

难忘的泸州茜草坝

1965年4月,黄锡璆第一次进川,那时出差要自带行李,每人都将铺盖打包托运,绘图用的图板、丁字尺也打捆货运,还要带上脸盆及铅皮桶,用于洗浴和洗衣服。设计工作队的队员们携带一应俱全的生活用品和工作器具,向四川进发。

四川为古蜀国,出入川蜀历来艰难,自古就有"蜀道之难,难于上青天"的感叹!到了20世纪60年代,虽然交通有了一定发展,但从北京出发到四川,交通方式仍然以时速60千米的绿皮火车为主。

伴着铁轨发出的"咣当、咣当"的节奏声,人们离京远行。在列车上,黄锡璆和同事们主动帮助列车员扫地,为旅客倒水,整理列车卫生,忙前忙后,争做好事。那是一个全社会被雷锋精神深深感动的年代。"向雷锋同志学习",毫不利己,助人为乐,干一行爱一行,成为社会主义新风尚。

由北京乘火车进川,要由东向西经宝成线,越秦岭再经成渝线,火车翻山越岭,穿隧道、过大桥,经停多个站点。经过三天两夜的颠簸,在四川隆昌火车站下车。然后,转乘大巴,又经3小时车程,才到达泸州长途汽车站,同行的设计队队员们再分批摆渡过江,最后抵达目的地茜草坝。

泸州境内的"三线"建设以发展机械、化工、国防工业、能源和交通为主,目标是将泸州建设成为工程机械基地和化工基地。其中重要的机械制造厂先后从北京、抚顺、上海等地迁到泸州。

设计队成员先在位于茜草坝指挥部的一幢砖木结构的三层楼里安顿下来。楼里有的房间做宿舍，有的做办公室，洗漱则到室外的水槽旁。就这样忙活了一两天，把房间打扫干净，架上运抵现场的绘图板和丁字尺等设计所需的工具，就开始工作。那时大家热情高涨，除了完成设计任务，还成立了宣传队、服务队。大家利用业余时间，帮当地群众办夜校、学文化、免费理发。老乡称赞他们"学习雷锋好样的"。第一机械工业部第一设计院的设计人员以工作队形式开展现场设计，并积极参加义务劳动。

泸州由外地迁来多个工厂，其中辽宁省抚顺挖掘机厂建成为长江挖掘机厂；北京汽车起重机厂建成为长江起重机厂；上海打桩机厂建成为长江液压件厂，后又迁址移建等。这些从建成之日起就和巴蜀大地紧紧连成一片的工程实体，成为工程机械制造的重要基地。

每个工厂建设都要从厂区规划起步，需要设计人员根据现场踏勘、地质评估与勘探实际情况以及工艺的生产要求做出初步设计。然后，再做出具体的施工设计图，设计组有压力，更有动力。在老同志的带领下，黄锡璆和大家一道起早贪黑，加班加点，为项目设计建设不懈努力。

那时生活物资并不充裕，大家以艰苦奋斗为荣，以苦为乐，为加快"三线"建设，包括设计人员在内的建设大军长期扎根大西南，用宝贵的青春年华铸造共和国的钢铁后方。

如今，泸州是长江上游一座重要的港口城市，位于沱江和长江的交汇点。不管岁月如何变迁，与泸州主城区隔江相望的茜草坝，始终承载着泸州人的"三长"记忆，即长江起重机厂、长江挖掘机厂、长江液压件厂。

而当年，第一机械工业部第一设计院承担设计建设的德阳第二重型机器厂，如今已发展为中国第二重型机械集团公司（简称中国二重），现隶属于中国机械工业集团有限公司（简称国机集团），是中央直接管理的大型企业集团，也是国家重大技术装备国产化基地和我国最大、最重要的新能源装备制造基地之一。

在磨砺中不断成长

1966 年,在泸州结束长江挖掘机厂、长江起重机厂的工程设计及配合施工任务后,黄锡璆和一些同事转战到四川自贡东方锅炉厂,开始了那里的设计工作。

"九层之台,起于累土。"在泸州和自贡的两年多里,除了一些工厂车间,黄锡璆还先后参与多个民用项目,如工厂食堂、医院、职工住宅楼等的设计工作。他记得,当时的住宅楼每平方米造价只有 35 元,要求严格,控制造价,不能超标。

在泸州、自贡两个工地,主要工程设计完成后,大部分人员都撤回北京,只留下几个设计代表驻工地配合后期的建设施工,黄锡璆就是其中之一。

在配合施工期间,他认真阅读图纸,查阅资料,还经常下工地。每天上午他都到施工现场详细察看,了解施工工艺、操作流程和施工进度,与工人建立起了良好的沟通渠道。按当时的规定,每到星期六下午,他还要下工地跟工人们一起参加劳动,得到了很大的锻炼。

在配合施工中,他了解工程项目怎样从图纸变成实物,了解检验设计的合理性和科学性,有时遇到问题,还要根据实际情况和变化调整修改设计图纸,使工程不断完善。对一些工业车间民用项目等,都有了更深的了解。

这期间，黄锡璆承担设计了泸州工厂的医院。以前做的多是工厂生产车间设计，这是他第一次主持设计医院项目。医院的规模不大，两层楼，近两千平方米。他把大学里学到的知识充分应用到实际中，精心设计、认真画图，非常投入。

而在泸州项目工地，是他第一次独立承担工程配合。一个棘手的问题摆在他的面前。泸州大片厂房采用钢筋混凝土大型板做房顶，上面要铺二毡三油防水层，二层油毡要用热沥青粘连。以前用的是新疆克拉玛依的沥青，含蜡量比较低。因为量大，采购不到那么多克拉玛依出产的沥青，只好使用广东茂名的沥青。茂名的沥青含石蜡比较多，按工艺要求，必须用大铁锅烧化，将石蜡氧化挥发掉，铺的时候掺石粉，用来铺贴。但这样操作比较危险，易造成烫伤，也比较麻烦。

指挥部看他是设计单位的工地代表，对他说："是不是把这一条规定给改了，不用锅熬制，烧化了直接铺？"

这对毕业不久的黄锡璆是一场测试。他仔细考量：为方便施工加快进度，这样做无可厚非，但在保证质量和安全上有很大的风险。他不敢贸然做出决定。

因为不经过烧熬，沥青石蜡含量过多，四川的夏天气候炎热，太阳一晒，沥青化开，油毡会流淌拉脱，造成屋顶漏水、损坏车间设备怎么办？那就成了"问题工程"。

黄锡璆并没有简单地下结论。他查阅了大量资料，又专门出差到德阳向院里在第一重机厂的设计院专家请教。他们支持按严格工序施工，说明屋面防水的重要性，使他更深入地了解了油毡的施工工艺与质量把控，更加坚定按原工艺操作的信心。黄锡璆回工地向指挥部如实汇报，坚持严格把控工艺，当年年终总结时，获得了设计院土建科领导的表扬。

参加"三线"建设，让黄锡璆体验到实现人生价值的快乐，而艰苦的生活又让他了解到基层的现实状况，感受到国家经济发展的迫切性。

黄锡璆清楚地记得，那时候设计人员享受每天两角五分钱的出差补助。有一次，他连续出差半年多，回来到财务领补助。财务人员一算，开玩笑说："小黄，你发了。45元，相当于一个月工资。"那时他的月工资为49.5元，转正后54元。大家都觉得他领了这么多出差补助，很羡慕。

"我们在四川，四五毛钱可以吃顿饭，一毛二的蛋花汤，三毛钱的炒肉丝或者炒猪肝，再加一碗米饭。"黄锡璆回忆在四川参加"三线"建设时的生活，觉得很快活，"吃饭有粮票还便宜，没有粮票就多加一分钱，四五毛钱吃得很丰盛。我们一块毕业分到纺织部、化工部的同学，工资定的是55元，但我们机械部不知道为什么定了54元。即便如此，大家很知足，也没有攀比之心。后来备战疏散到安徽蚌埠，赶上涨工资。我算是优秀员工，涨到67元，觉得很幸运很知足。那个时候大多数人都不计较。"

在"三线"建设前线，虽然工作紧张，生活虽然艰苦，黄锡璆仍然感到充实而愉悦。热火朝天的工地，忙碌的工作，让他觉得自己每天都有收获，都在进步。

参加"三线"建设的经历，对日后黄锡璆的设计理念产生了极大的影响。因为每一个项目，都有相应的使用功能，特别是在医院、学校、宿舍这些民用建筑的设计上，不仅需要专业才思，还需要融入更多人性化的理念。

也正是从那时起，黄锡璆开始注重设计的细节，让设计图纸有了关怀和温度。他脚踏实地，实事求是，不盲目攀高，更不用力于表面，搞华而不实的东西。

黄锡璆随同大批建设者，带着理想，发挥聪明智慧，把青春年华撒播在"三线"建设大地，为"三线"建设奉献了自己的光和热。黄锡璆再一次向党组织递交了入党申请书，渴望实现他心中不变的那个守望。

他在入党申请书中这样写道："我虽然出自一个华侨家庭，但我回国就是要建设国家，奉献自己。我要求入党就是为了更好地接受党的教育，更好地为祖国的发展建设做出自己的贡献……"

年底回京参加单位总结会，又一次乘上那长长的绿皮火车。这次，黄锡璆与同事一行三人，与当初出发时一样，一人一个随身包，大件行李照例托运，只是方向变了。那时是出征南下，这次是北上。他们踏上了从四川返回北京的行程。

当时的火车行驶不正常，经常走走停停，乘那趟车的人特别多。黄锡璆与两个同事只能听站台工作人员的安排，分别往不同的车厢上挤，从窗口被托举进车厢，三人挤散了，相互不知各在何处。黄锡璆挤进了车厢的一端，没有座位。车厢里的乘客挤得水泄不通，更无法自由走动。在三天两夜的行程中，也没有与两位同事碰上。

终点站北京到了，此时已是三天后的清晨。黄锡璆拎着手提包出站后，也不知其他两位同事去了哪里。他疲惫地走出北京站，离头班公交车还有几小时，他便步行回单位。途中发现路两旁许多建筑物的墙壁上贴满了大字报，眼前的一切，竟让他顿时产生了陌生感。

不仅黄锡璆这样的年轻人深感疑惑，就连设计院里那些老工程师也是迷茫。大家不知接下来，形势如何变化，设计单位该如何发展。

有人拿黄锡璆的"海外关系"说事，他从事热爱的工作也受到了一些限制，但他平素敬业守职、工作踏实、谨言慎行，对人又总是谦逊有礼。他并没有受到很大冲击。

结束了泸州、自贡的现场配合，他奉调返回北京，但只要这两个工地有事，领导首先想到的是派他前往处理，断断续续又去了多次。

第三章　磨砺成长

转战京津唐

在"抓革命，促生产"的指示指引下，第一机械工业部第一设计院的生产并未停步。黄锡璆先后参加了辽宁沈阳矿山机械厂的现场设计，还到河北宣化工程机械厂承担厂部办公试验楼的设计。为了详细了解膨胀珍珠岩作为保温层的生产工艺与材料性能，他和沈阳厂里基建科的同事冒着严寒前往大连生产厂调研。为了节省开支，他们在大连住在夜间停止营业的一家澡堂，睡大通铺，在外就餐吃的是"二米饭"（掺了碎玉米粒的大米饭）。但能得到保温材料的第一手信息，大家都很高兴。

此后几年黄锡璆被安排在京津唐设计工作队，承担北京第二通用机械厂、北京第一机床厂、天津重型机器厂以及唐山矿山机械厂的多项车间设计。北京第二通用机械厂、天津重型机器厂的设计工作量大，为此设计院分别在两个厂的办公楼借用了办公室，设计工作队先后在两个厂开展长达几个月甚至两年的现场设计。在京津唐工作队也可以多在北京驻留，能更多地利用周末时间照顾刚刚回国的母亲。对这样的安排，黄锡璆内心十分感激，只有努力工作回报组织集体的关怀。

北京第二通用机械厂位于西郊吴家村，为了按时赶到厂里，黄锡璆早上6点离家到西单排队等班车。为了早到，有两年都不吃早饭，中午在工厂食堂就餐。工厂伙食一般，为了促进食欲，他有时吃五分钱的菜心外加一份辣酱。由于工作紧张，饮食不规律，给他日后留下了消化不良的病根。

在北京第二通用机械厂，黄锡璆参与设计了金工装配车间、粗加工车间、精炼炉炼钢车间、水压机车间。其中金工装配车间安装有大型落地镗床，水压机车间是六千吨水压机双层吊车车间，精炼炉炼钢车间则是花重金从瑞典引进的设备。

对该厂的建设，一机部及北京市高度重视。在设计水压机车间方案时，设计院曾有人从节约资源出发，认为水压机附近的柱子可以不用钢结构而用混凝土结构，加上防护板。但市领导最后拍板，鉴于车间的重要性，要保证安全可靠还是采用钢结构。

为实现机械厂房装配化，设计队也已开展讨论，还专门组织大家到河南平顶山一家工厂参观考察。前往目的地途中，坐了一趟"大跃进"时河南省自建的小火车，不到1米的轨距，车厢里面对面两排座，到达时天色已晚，找不到卖晚餐的店铺。次日，他们仍然仔细了解装配式外塑板的规格、构造以及安装细节、优缺点。

在设计位于天津马庄的天津重型机器厂时，黄锡璆等人的办公住宿都在厂部大门左侧的办公楼里解决。为设计好工程项目，大家开动脑筋，采用了有针对性的方案，例如，冷加工车间采用了下沉式天窗，增加车间内工作面的平均照度；热加工炼钢车间采用了偏气楼方案，改善热车间炼钢平台的操作环境等。

在北京第一机床厂，黄锡璆参与了新技术车间以及大型铸铁车间的设计。为节约资金，车间全面采用轻型结构，预应力混凝土板下直接粘贴膨胀珍珠岩，但收缩引起掉灰，影响室内车床精度，增加吊顶荷载又不允许，他们为此伤透脑筋，可见工程预留余量是多么的重要。

唐山工地车间规模较小，但也去了多回。除完成工作任务外，他们顺道在街边路旁买了一些盘碗汤勺等瓷器，不仅自用，还为街坊邻居、同事背回一些。出差顺路买些当地土特产是当时的出差乐事之一，只不过瓷器实在太重，也易破碎，携带很费事。

就这样有好几年，黄锡璆在京津唐三地几个工地来回转战，既参加设计又承担施工配合，对机械工厂设计也逐渐有了更多的了解。机械厂包括更大范围的工厂设计，并不像有些人所说简单地给工艺设备穿上衣服。其中也有许多实质内涵，需要深入多学科的技术，还是有很多讲究的。例如，工厂的计量车间，要校准工厂级用的卡尺、量具刀具，要求恒温恒湿防振动，如果这些仪器计量都不准，那生产的产品如何保证精度？

一机部第一设计院认为有必要编写一本国外工厂建筑设计资料。选编由土建科情报组徐善铿牵头，组织桑鹤年及黄锡璆参加，花了两年多的时间，从国外各大杂志摘录，翻译了近200家工厂的设计资料。但不知什么原因，最终未能整理刊印出版，十分可惜。

而由基建科吴敬枢执笔的《联合工厂房设计》经由中国建筑工业出版社正式出版。黄锡璆只不过配合绘制了其中的插图，补充了案例，竟然也被作者署名列上。吴敬枢后被调入中国日报社工作，黄锡璆还记得1979年刚回北京红庙上班时，还得到他对英语文法及朗读发音的多次辅导。

现如今，机械制造已进入数字制造、智慧生产的新发展时代，大数据的支撑，数字化、人工智能的应用彻底改变了传统机械制造的工艺，生产厂房也呈现崭新的面貌。黄锡璆与同事们当年参与设计的京津唐三地的众多车间有许多已荡然无存，有一些在原址上盖了新型大厦，有的利用改造形成现代科创基地。国家的发展突飞猛进，城市厂矿企业日新月异，但那里曾经的厂房道路，建设时期的车水马龙，聚精会神赶绘施工图的场景，其间休息时的欢声笑语……都深深地刻印在第一机械工业部第一设计院设计工作队成员的记忆中。

第四章

家国情怀

　　生离死别，是人生无法回避的悲情。而血脉赓续，父母浓浓的家国情怀在他身上传承流淌。在亲人的温情与期待中，他勤奋工作，坚持学习，不忘追逐梦想。

　　梦想需要付出，信仰需要守望。十七年砥砺，不懈追求，他终于实现了梦寐以求的夙愿——成为党旗下的光荣一员。

父母的教诲与心愿

参加援巴项目设计

颐和园的爱情对话

有家的幸福叫温暖

有一种信仰叫守望

迎来春天，光荣入党

父母的教诲与心愿

1967年，春节刚过不久，在四川"三线"建设工地一直忙碌的黄锡璆，突然接到在外交部工作的大姐的电报：父亲病故了。

黄锡璆很少敞开自己的情感世界，一如平湖的心境里很少波动。谈起父亲和母亲，他的眼圈湿润了。

1967年春节前，父亲把他最小的女儿黄翔英送上从印尼雅加达飞往柬埔寨金边再转机飞回国内的航班，又匆匆赶回任抹市小城。当时印尼出现排华风潮，时局不稳。

几年来，父亲把孩子们一个个送回国内。黄锡璆大姑的孩子钟振麟不愿留在印尼，已先期回国，最后只留下三伯的儿子黄锡楚一人打理生意，继承家业。其实，他也很不情愿留下，甚至还埋怨说："你们都回去了，就把我一个人留下。"在钟振麟回国前，知道他可以回国，有一阵子，黄锡楚都不愿意跟钟振麟讲话。

父亲把小女儿送回国内不久，很快给黄锡璆写来一封信。以往，父亲给孩子们写信都是一人一封。这次例外，他把几个孩子的名字写在一封信上。信里也没有什么特别的交代，就说了一般的情况。意思是孩子们都回来了，父母也没什么挂虑了，就是希望孩子们好好工作，珍惜生活，不要挂念他们。

黄锡璆把这封信转寄给大哥。他猜想，父亲把几个孩子全部送回国内，老两口感到孤独，可能也想回来。父亲早就说过"我也要落叶归根的"。他已年近花甲，身体不好。兄弟姐妹也牵挂父母，但想不到父亲会突然病故。

大姐分别告知弟弟妹妹，父亲患病离世的噩耗让全家悲痛不已。但他们远隔千里，只能给远在任抹的母亲写信安慰。

大姐黄婉英很快又收到堂兄黄锡楚的来信。详细得知，父亲送小妹从椰城回到任抹市不久，感觉肠胃不适、腹胀，病倒了。五叔黄琳华开车准备把他拉到泗水市去看病，在半路上就不行了。父亲去世后已火化，母亲近期将带着父亲的骨灰回国。

父亲的突然离世，使全家内心深痛，难以表达无尽的悼念。黄锡璆说："我们伤心的是，父亲晚年一直想回国，落叶归根，却没能实现心愿。我们只能把悲痛深深地埋在心底，分头给母亲回信，要母亲带着父亲的骨灰早些平安回来，让父亲魂归故里，了却他生前的心愿。希望母亲平安回来，我们都能赡养她。"

直到5月份，母亲才带着父亲的骨灰，几经周折，乘船到了广州。当时，黄锡璆兄弟姐妹分散在天南海北。大哥大嫂在长春；二姐和姐夫由海军总部机关下放到天津工厂当工人；小弟在北大荒，小妹在海南农场；黄锡璆在四川泸州建设工地。他们都不能去广州接母亲，大姐只好安排堂兄黄锡磐到广州去接。黄锡磐是北京一所中学的老师，请假比较方便。

不久，黄锡璆从泸州返回北京，在大姐家里见到了母亲。从印尼回国十多年没见到母亲了，看到她身体还好，但面容憔悴，消瘦了许多，他忍不住泪水夺眶而出。母亲忍住眼泪，反倒劝他们，大家尽心了，别太难过。

至今回想起来，黄锡璆的心情依旧是沉重的。他说："父亲出生于1900年6月，第一次闯南洋到爪哇只有十几岁，第二次在埠头与叔叔一起给人家打工才定居下来。他为人忠厚正直，勤勉一生，除了做生意以外，对当地华人办学、侨务活动很热心；对子女教育严格，教我们规矩做人，努力读书。"

"父亲希望我们爱国爱家。抗战期间，因参加陈嘉庚发起的抗日募捐活动，遭日本侵略军关押拷打。1954年印尼万隆举行亚非会议，周恩来总理率团参加大会，父亲曾作为任抹侨团代表赴万隆参加欢迎中国代表团的活动。1957年，他应邀回国观光，我正在广州华侨补习学校补习，在广州陪他几天。从此一别，再也没有见过父亲。

"父亲非常关心国内的形势，结束观光回印尼时，他专门买了几本毛泽东主席的《论正确处理人民内部矛盾》单行本，说是回去好好学习，并送给他的朋友。

"那时中国和印尼两地联系只能靠书信。通信很慢，写信也有顾忌，怕写多了跟海外关系扯不清，也很纠结。既担心父母那边的情况，又怕给自己造成麻烦。后来，父亲想把产业处理掉，找个机会与母亲一起回来。他的愿望没来得及实现就撒手人寰。"

黄锡珺感慨道：

"父亲不在了，母亲能回来就好。印尼的那些东西都留给了我三伯的孩子黄锡楚与舅舅的孩子。我突然觉得，财物都是身外之物，无所谓；生命多么宝贵，亲情多么重要。

"母亲回来后跟大姐一家住在一起，别人没有这个条件，我那时候还没有成家。兄弟姐妹各散东西难得有机会聚在一块，当年物资供应也还比较紧张，买东西要用工业券、粮票，生活并不宽裕。母亲责怪我们说：'你们一直说过得挺好，这些情况你们怎么都不说真话？'我们说不告诉，是怕他们担心。我们觉得都还算过得去。

"回国后，母亲总是惦记北大荒的小弟弟和海南岛的小妹妹。她放心不下，整天念叨，后来焦虑、抑郁、失眠，不久精神失常。

"1971年12月，母亲因精神病突然离世，后来与父亲合葬在海淀区凤凰岭公墓。

"母亲出生于1912年10月，上到初中毕业，和父亲婚后来到印尼。当地华人较多，文化程度不一。作为那个时代的知识女性，她参加侨团妇女会，有几年担任妇女会的负责人之一，参与组织华侨的公益活动。她还要操劳家务，带这么多孩子，比较辛苦。

"小时候，母亲督促我们好好学习文化，照顾我们起居。我们都很自律，放学回家就做作业。母亲也爱读书看报看小说，我们做完作业，她会叫我们打开收音机，和我们一起收听中央人民广播电台、马来西亚广播电台播放的普通话和客家话新闻联播以及小说节目。虽在异国他乡，衣食无忧，但总不踏实。随着我们长大成人，父母把我们一个个送到国内，希望落叶归根。但希望落空，父亲病故，母亲孤身一人回国，想不到短短几年，又离我们而去。"

父爱如山，母爱似海。讲到这里，黄锡璆双目湿润，沉默良久。

记忆是一条漫长悠远的路，它伴随每个人一同成长。在这条路上，每个人都会经历大大小小影响过我们的人或事，在前行的路上留下了深深浅浅的脚印。虽然影响我们的人和事很多，但父母永远是影响我们最深的人。

谈起父母晚年的境遇，黄锡璆不胜感慨。他说："父母一生善良勤劳、爱国爱家，他们养育了我们兄妹，要求我们做人要正直，要爱国爱乡，为我们系上了人生的第一颗纽扣，打下了做人的第一块基石。父母坚韧的性格深深影响着我们，受到委屈或挫折，从不气馁，让我们坚持不懈，努力向前。我们对生活、对事业、对未来从没有失去信心。"

……

从父母到子女，黄锡璆的家世是千百万爱国华侨家庭的缩影。多年风雨，多年坎坷，多年磨砺，多年坚持，浓缩了一个继承着中华传统的爱国华侨之家的点点滴滴。

参加援巴项目设计

第四章 家国情怀

单位动迁、亲人的离世、生活的变故，虽在情感上给黄锡璆带来巨大的冲击，但对他的工作热情并没有造成丝毫的挫伤。他一如既往地投入工作中。

1965年，在第一机械工业部设计总局的基础上，成立了第一机械工业部设计总院。1969年，按照当时国家的统一部署，设计总院整体搬迁至安徽省蚌埠市。

设计总院迁至蚌埠不久，黄锡璆接到单位通知，派他参加援助巴基斯坦塔克西拉重型机器厂的设计工作队。这个援助项目是我国政府对外的重大经济援助项目，规模及经援数额仅次于援助非洲的坦赞铁路。第一机械工业部设计总院对此高度重视，设计成员在蚌埠进行了集中学习培训。援外人员按照对外经济合作委员会的要求，集中学习了毛主席关于援外工作的指示和要求，以及国家关于援外工作的方针政策。黄锡璆记得，传达文件中记述了当时毛主席接见巴基斯坦总统叶海亚时，指着我方官员风趣地说："他太吝啬，我国八亿人口，每人省下一元钱，就能满足巴基斯坦的需求。"毛主席幽默的语言展现出大国领袖的广阔胸怀与远大的战略视野，也让巴方人员深受感动。

为了让设计人员更加深入实际，设计队安排设计师汤应鸿与黄锡璆两人先行到北京第二通用机械厂进行两周的劳动体验。他们穿上工作服，在该厂的炼钢车间跟班劳动。每天一早到岗，跟着厂里的师傅支好模，填入型砂，用气锤夯实，再将芯模取出，含模后运至浇注工段备用。他们细心跟班作业，虽然不算太累，但手握气锤夯实型砂时，两手臂震得发麻，他们两个人都没经历过。黄锡璆鼻梁上的近视眼镜不时下滑。他一边操作，一边用手不时地扶眼镜，或拿手背揉脸，不一会儿就干得汗流浃背，一不小心就弄成了大花脸。

他们在炼钢车间作业时，那是一座3吨的电炉，把铁锭熔化后，要按合适的比例掺上合金才能炼出符合材质的钢材。每次加入合金熔炼到一定火候，都要取样做快速分拆，判定是否合格，合格后才能出钢。经过几小时炼出的钢水，进入加合金料时，工序紧凑，要严格称重。稀有金属块堆码在炼钢炉口附近。在炼钢炉炉口打开的一刹那，工人师傅冒着高温，用铁锹铲起稀有金属，甩进炉内。稍有失误，贵重的合金会滑落到炉台口下的废渣斗内，浪费材料，延误工时。工人师傅知道他们不是干这个的"料"，干不了这种活，只让他们及时喷水清理打扫平台，做一些杂活。他们还抽空参观了水力清砂的大水池和处理工艺的污水处理站，对一些热加工车间有了粗浅的认识。

1970年秋，援巴项目设计大队正式开赴山西太原重型机器厂，在那儿正式开始巴基斯坦塔克西拉重型机器厂的设计工作。整个设计工作是在厂部办公楼进行的。大家住在厂里宿舍，七八人一间睡双层铺，就餐就在厂部食堂。那时，安徽蚌埠农副产品供应比北方好些。太原缺油吃，生活相对比较清苦。出发前，设计队成员不分老少，都自己动手用油墨盒自做煤油炉，或用胶卷铝套做个小型酒精炉。出差前每人事先把熬好的猪油装进罐里，带到太原。到开饭时，从食堂买来一盘蔬菜，架在炉上点上火，舀上一勺猪油浇在上面，加热后食用。大家用这种方式来增加油水。

当时的工作比较紧张，每天到晚上七八点钟才下班。为了鼓舞士气，带队领导安排大家瞻仰刘胡兰烈士墓园，还到大寨进行了两天的参观学习，看了大寨的狼嵩掌耕地和当地住的窑洞。那一排排错落有序的窑洞，都是木门窗花棂花格，洞口旁挂满了一串串金灿灿的玉米和红艳艳的辣椒，煞是好看。

回太原后，大家开展了学习谈论："学大寨学什么"，再一次强调艰苦奋斗，鼓励加班。当时，队里几位南方来的同事因为伙食里90%都是粗粮，吃不惯，有时会到厂部门外面的小餐馆吃面。自从到大寨参观学习后，再也不好意思到外面吃面了。晚上，大家不顾一天的工作疲劳，常常加班加点，有时加班到夜里10点或更晚。为了尽快完成援巴项目设计，大家无怨无悔。

那时设计队里精英强将很多，大项目都由老同志担岗，分给黄锡璆的任务是一些车间的局部详图、剖面图，还画了一套车间的生活间施工图，分到什么就干什么，任劳任怨，在那里他们连续奋战了半年。

黄锡璆记得，当时还发生了一桩趣事。因为设计工作正处元旦春节期间，第一机械工业部设计总院的领导盛传红带队从蚌埠来太原慰问设计队。他们在蚌埠熬了大桶猪油，准备带到太原犒劳大家。结果，托运时不知什么原因，被铁路车站执意没收了，大家很是遗憾。

还有过节了，工厂食堂给每人发了12张加餐券，大家都很高兴，以为可以吃上几份肉菜了。谁知元旦假期，要6张餐券才能买一份肉菜，空欢喜一场。但领导对一线职工的关心与鼓励，令人感激。大家也都明白，所承担的援外任务意义重大，要齐心协力，为援外工作贡献自己的才智。不管有多大困难，大家心里只有一个目标，努力按时按要求、保质保量完成任务。

颐和园的爱情对话

第一机械工业部设计总院搬迁至蚌埠后，任务和职能没有变，大部分技术骨干被派到各地承担各种机械工业工程设计建设任务。设计总院仍然在北京保留了一幢单身宿舍楼作为留守处，留下一小部分设计人员，维持后续工作。

1970年前后的那几年，黄锡璆参与的"三线"建设工程，四川泸州自贡的建设项目已相继基本建成。设计总院又安排他参加北京第二通用机械厂、天津重型机器厂等京津唐三地的工程设计，同时要兼顾四川"三线"尚未竣工的项目。因此，他常因工作任务奔波于天津、北京、唐山和四川工地之间。每年底还要到蚌埠参加单位年终总结。

黄锡璆一年到头四处奔波，忙于工作，三十而立，仍是孑然一身。和他一块分来的大学生，许多人已经结婚生子。因而，他的终身大事也备受同事们的关心。

"那时我们都已经拖家带口了，黄锡璆却还是只身一人，没有成家。"当年的一位同事回忆说："他性格腼腆，不善言辞，开会发言都会脸红的。交女朋友也不会，除了工作就是工作，个人生活也比较随意。所以大家总开他的玩笑，说要给他做红娘，帮他找个人管理生活。黄锡璆听了，只是红着脸笑笑，不言语。眼看已过而立之年的黄锡璆，婚姻成为大家关心的话题。"

这天下班后，设计院的描图员毛群芳叫住黄锡璆，说："小黄，还没谈女朋友吧？"黄锡璆摇摇头，应承着："没呢！"

"给你介绍个女朋友吧？"毛群芳说。

"哪里的？"黄锡璆有点儿不好意思地问。

"在北京民族乐器厂工作，今年24岁。身材、长相、人品，都不错。我看你们很般配。"毛群芳介绍说。

因工作关系，毛群芳与黄锡璆接触较多，对他的工作和为人赞赏有加。她常听同事们议论黄锡璆，说他这么好的条件竟然还单着，得留心给他帮帮忙，便突然想起了自己的表妹。毛群芳有心做"红娘"，又觉得两个人的学历差异挺大，也担心表妹对黄锡璆的家庭背景有顾虑，心里一时没有底。她想来想去，决定先问问表妹的意思。

毛群芳向表妹邢淑芬介绍了黄锡璆的情况，征询她的意见时，想不到表妹回答得很干脆："归国华侨怕什么，反正我是工人，不怕这个，只要人好就成。"

于是，毛群芳又找到黄锡璆，把邢淑芬的情况做了介绍，说："其他条件还好，就是学历低了点儿。如果你觉得还可以的话，我就给你们牵个线。"

大学时期的黄锡璆，曾有同学对他有好感。同班的一位女同学叫林秀卿，也是印尼归侨。她比较特殊，上大学时已经成家了，爱人是另一个系的。学校照顾她，在校区旁给她租了一间宿舍。有一次林秀卿生病在家休养，因为同是印尼归侨，团支部就派黄锡璆去看她。她对黄锡璆说："班里有女同学对你有好感。"没有挑明，只是想看看他的反应。

黄锡璆说："趁着年轻，应该把精力集中到学习上。"何况那时学校也不提倡在校期间谈恋爱，身为团干部要以身作则。"这事参加工作以后再说。"他委婉地表达了自己的想法。

黄锡璆不是那种主动的年轻人，加上有"海外关系"这层原因，有的人不愿意跟他沾边，也没人给介绍对象。也许谈对象人家不放心，怕受连累。所以，个人问题一直没有解决。

毛群芳原是中国女排的队员。几年前，她们那一批六七个队员退役后被分到了第一机械工业部设计院。她们都比较年轻，设计总院的文体活动和工会工作因此活跃起来。

毛群芳负责工会工作。在黄锡璆心目中，她是个开朗直爽又热心的大姐。

听了毛群芳的介绍，黄锡璆觉得挺合自己的心意。他想，自己有海外关系，一般人比较忌讳。父母都在国外，女方都会有顾虑。能找一个家庭背景简单的北京姑娘，只要纯朴贤惠、心地善良，能平平安安地过日子，也就知足了。当然，这还要看彼此的缘分。他也猜想到了，对方知道了自己的家庭背景，人家没有嫌弃。

"可以的。"黄锡璆回答说。

"好，那就找个时间，你们两人见个面。"毛群芳又提醒黄锡璆说，"婚姻是个缘分。不过，男同志嘛，要主动点儿。"说完，笑起来。

那是一个春天的周末，毛群芳带着黄锡璆来到表妹家。路上，看到一家水果店，黄锡璆特地挑选了一兜水果作为礼品。在那个年代，大家都很拮据，同事亲戚之间空着手串门是很正常的。

两人一见面，24岁的邢淑芬就被黄锡璆身上那股温文尔雅的学者风度吸引住了。她悄悄地对母亲说："表姐介绍的这个人，看上去还真不错呢！妈，您觉得呢？"

母亲笑吟吟地点了点头："嗯，看上去挺老成的。不过终身大事，不知心眼脾气怎么样，还得多了解了解。"邢淑芬羞涩地笑了笑："那是肯定的呀！"

"那时候主要工作在四川，经常出差。在北京除了家人，也没有太多认识的人。我跟爱人相识主要是介绍人牵的线。"谈起和老伴的相识，黄锡璆开心的样子一如当年。"我有海外关系，就想找一个社会关系相对简单一点儿的。毛群芳看我这个人还可以，就介绍了她表妹。如果不是她介绍，我们也不会认识。毛群芳跟她比较熟，跟我也比较熟，双方的背景基本知道，我跟她谈的时候也没有提海外关系的事。"

邢淑芬出生在一个单亲家庭里，父亲在她幼年时就去世了，母亲带着她和哥哥艰难度日。小时候的哥哥和邢淑芬都吃了不少的苦。初中毕业后，为了减轻家庭的生活负担，邢淑芬没有继续升学，很早就参加了工作，成为北京民族乐器厂的一名工人。在人们的眼里，邢淑芬善良、朴实、沉静、心灵手巧，还能吃苦，是个会过日子的好姑娘。

对未婚青年们来说，每个时代都有着不同的择偶标准。20世纪六七十年代，单身男女的择偶标准中，家庭出身和政治条件是其中重要的一条，甚至被列为首要位置。海外关系、"臭老九"，被认为"成分"不好。这一切对黄锡璆来说，都是成家立业的"硬伤"。但在邢淑芬的心目中，这些都成为"闪光点"。她自小就尊重有学问的人，也期盼自己掌握更多的知识。但看到母亲供她兄妹上学太艰难，初中毕业就放弃了学业。既然自己此生与大学无缘，能找一个大学生、设计师作为终身伴侣，也是一件值得自豪和幸福的事情啊！

所以，初见黄锡璆，邢淑芬的内心里就泛起了爱慕的涟漪。儒雅、沉静、一身书卷气；言语不多，却实实在在，没有一句诳语。这不正是梦中想托付一生的那个人吗？

邢淑芬的母亲也在细心观察着。眼前这两个年轻人的微妙反应，让她心里充满了宽慰。虽是初次见面，但老成持重的黄锡璆，给了她一种踏踏实实的感觉，把女儿托付给这样的年轻人，她觉得放心。对儿女，老人没有太高的期许，只求一生平安顺心就好。她对黄锡璆说："以后有时间就常到家里来玩。赶上饭就吃，不要见外，食堂里的饭菜天天吃也够。"

老人的一番话，也是表明态度，说得黄锡璆心里暖暖的。他觉得邢淑芬朴实大方，又善解人意，与这样的女性结为终身伴侣，今后的生活，一定是温馨幸福的。

在那个年代里，交朋友搞对象除了去公园，就是轧马路，再就是偶尔看场电影，便是爱的浪漫。

当时黄锡璆经常出差，不定期地回北京，总是来去匆匆，他和邢淑芬离多见少。邢淑芬清晰地记得，黄锡璆带她游过一次颐和园，成为他们交朋友时的一次"花前月下"。

那是初夏的一个周末，黄锡璆带着邢淑芬来到颐和园。他想以这样的方式走近爱情，也想借这个机会欣赏这里的园林建筑。他在大学里学习中国建筑历史时，老师们在建筑历史课上介绍过北京"三山五园"独特的建筑艺术魅力，其中就讲过颐和园的造园特点与景观。

在世界古典园林中享有盛誉的颐和园，布局和谐，浑然一体。昆明湖清澈碧绿，景色宜人。游人不算多，有老年人也有年轻人，有的带着孩子，有的陪着老人。黄锡璆和邢淑芬并肩相依，沿着颐和园的长廊漫步在昆明湖边。

两人一边游园，一边畅想未来。黄锡璆若有所思，想到设计人员做设计需要到现场，经常出差，便用试探的口气说："我的工作出差多，一年到头跑工地，整天不着家。"他望着邢淑芬被秀发半遮的面颊，停了片刻又说，"将来一旦成了家，恐怕得让你多辛苦了。"

"只要两个人过得舒心，这都算不了什么。"邢淑芬微微一笑，白皙的脸庞泛起红云，眸子里满是柔情蜜意，含羞地道，"到时候，你该走就走好了。家里有我呢，你尽管放心。"

黄锡璆的心忽地热了起来。他自16岁离开父母回到祖国，十几年来或求学或工作，居无定所，在他的内心深处，对一个温暖的家庭始终有着深深的渴望。眼前，这个秀气、文静的姑娘，不就是自己心仪的另一半吗？

似乎就在那一刻,他做出了人生中的一大抉择:"执子之手,与子偕老。"决心与眼前的姑娘相守一生。甜蜜的约会总是短暂的。不久,年终要总结,黄锡璆又回到安徽蚌埠,住进了单身宿舍。

新的一年开始了,黄锡璆被下放到院办工厂,开了一年车床,一直沉浸在忙碌的工作之中。他与邢淑芬的爱情,没有太多的花前月下,只是鸿雁传书,却爱意绵绵、温情脉脉。

有家的幸福叫温暖

　　1972年，在一个春意盎然、生机勃勃的最美4月天，黄锡璆与邢淑芬携手走进婚姻的殿堂。彼时，距离黄锡璆31周岁的生日，不到一个月的时间。

　　三十而立，这是一个人一生中重要的阶段。为事业立，为家庭立，为所爱的人而立。此时的黄锡璆，顿感肩上多了一份责任。

　　邢淑芬还清楚地记得，当年她与黄锡璆办喜事非常简单。在单位借给的，与一位老工程师"插花"的一间居室里，亲朋好友欢聚一起，道一声祝福。两人买几斤糖果给同事和亲友们发一发，感谢大家的关心和祝福。隔天在后泥洼家里炒几个菜，开一瓶酒，一家人围坐在一起，便是婚宴。

　　结束了单身生活，却面临婚后没有住房的烦恼。婚前没有分房资格，婚后单位住房紧张。黄锡璆向单位多次说明自己的困难，婚后要回安徽蚌埠工作，与妻子分居两地，没有住房，生活实在不方便。

　　当年的工作生活条件与现在差别很大，职工的居处成为单位领导最头痛的问题。一机部设计院迁至蚌埠后，凡成家的职工，均被安置在当地原来一所学校已建好的宿舍楼里。像黄锡璆这样的单身汉，在集体宿舍里，几个人住一间屋，公用卫生间、盥洗间，简陋、拥挤是那个时代居住环境的特点。对此，领导自然很同情，但单位已迁往蚌埠，北京没有单位房源，也无能为力。几经周折，最后领导们同意，让他们在北京甘家口的一个单元里与另一位工程师合住,暂时过渡一下。

那是一栋红砖建筑的宿舍,老工程师住着一套三间,每间有十多平方米。老工程师腾出的一间成了黄锡璆成家的婚房,两家共用一个卫生间和厨房。这种情况在当时很普遍,俗称"插花"。条件是期限三个月,要黄锡璆写份保证书。黄锡璆一听犹豫起来:"那3个月以后怎么办,我们再搬到哪里去呢?"

"你怎么一根筋?"领导劝他说,"先把字签了,解决眼前的困难,等3个月以后再说嘛,人家还能把你赶到大街上不成?"黄锡璆明白了领导的意思。

虽说生活很不方便,但眼下总算有了栖身之处。

1973年元旦刚过,黄锡璆和邢淑芬的儿子出生了,取名"黄昱"。他们希望孩子健康成长,未来的生活充满阳光,一片明亮。小生命的诞生,为这个家庭带来了欢乐和希望,也为平静的生活增添了不少琐事和杂事。

添人进口需要老母亲帮着照料,但一家三代,在那间只有十多平方米的合住房里,无疑会有诸多的不便。邢淑芬只好住在娘家,从怀孕、生产到坐月子,都是在娘家度过的。只有在黄锡璆回京的时候,一家人才会回到甘家口那间小小的单元楼里,享受短暂的相聚时光。

这期间的黄锡璆工作更加繁忙,总是在京津唐及蚌埠的工地之间来回奔波。聚少离多,成为他们夫妇生活的常态。黄锡璆一走,妻子和孩子就回娘家住。

孩子的出生给家里带来了欢乐,只要在家,他就会带儿子去动物园,去北海公园。有空还带着孩子看电影,去澡堂洗澡,那时家里都没有洗澡间。但更多的是买连环画、少儿读物画报,几年来积攒了一大纸箱。但毕竟出差频繁,好多家务事都落在妻子身上。

"他一年到头出差,不怎么着家,没办法,我带着孩子和母亲一起住,他回来我们才回那间屋子住。孩子没病没灾时还好,一旦有个头疼脑热的，我也着急，平静的生活就会被彻底打乱。"回想那时的日子，邢淑芬似乎有道不尽的感慨。她说："有一次孩子半夜里发高烧，啼哭不止。母亲担心，说，上医院。"

邢淑芬和母亲抱起孩子就往医院跑。到了北大一医院挂上急诊，又是化验，又是打点滴，整整折腾了一宿。第二天，一夜没合眼的邢淑芬，照样得按点去工厂上班。

孩子小的时候，这样的情况经常发生，但邢淑芬一次也没有跟丈夫说过，都是黄锡璆回来后才知道。

面对生活的困难，说邢淑芬内心里没有怨言，没有着急上火，也是不可能的。但抱怨又能怎么样？邢淑芬是那种能扛能担、勤劳隐忍的东方传统女性。她不希望因为家庭和孩子的事情拖累丈夫，影响他的工作。她了解也更理解黄锡璆，他是想做事情的人。

黄锡璆在外地工作的那些年里，邢淑芬一次也没去丈夫那里探过亲，没有打过电话、电报。那时候打长途电话、电报要去西单电报大楼，费钱费时，所以他们夫妇之间唯一的联络方式就是写信，而且始终坚持报喜不报忧。

成家几年来，妻子邢淑芬依然如故，工作、忙家务、带孩子。虽然每天忙忙活活，步履匆匆，却始终安之若素。

"聚散两依依，离合总关情。"每对夫妇之间都有着独特的相处模式，黄锡璆和邢淑芬也不例外。比如，黄锡璆每次出差之前，都会告诉妻子一个大致的返回时间，而他每次也是按照这个时间回家的。这也说明黄锡璆做事情是严谨的、有规律的。时间长了，邢淑芬便有了一种笃定，她渐渐习惯并接受了丈夫的工作规律，并按照丈夫说的时间，等待那个日子。

"该走就走吧，不用担心，家里有我呢！"邢淑芬的话，总是那样的云淡风轻。无论黄锡璆肩负着多大的工作压力，与妻子和孩子有多么久的离别愁绪，都会在她温暖的一句话中烟消云散，全身心地投入工作中。

家是幸福的港湾，是因为有一种温暖叫为你付出、为你奉献。美好的婚姻并非都那么光艳夺目、圆圆满满，而是看起来平平凡凡，在相互理解和搀扶中走过一个个春夏秋冬。

有一种信仰叫守望

在那段特殊岁月里,黄锡璆下车间开过车床,到农村插秧种地,挑过粪;他穿着粗布麻袋工作服,与同事们一道在货运站装卸货物;他还押过货运列车,夏天坐在铁皮闷罐车里随车远行……艰苦的环境、不知疲倦的工作和没有规律的生活,也透支了他的身体健康。

1976年,那是在安徽蚌埠院办工厂下放劳动锻炼开车床的冬天,黄锡璆因突发胃溃疡胃出血昏迷,摔倒在卫生间里,被同事冯铭森、王文国发现后送到当地123部队医院救治。检查化验,血色素已降至2.7,医院立即安排他住院。黄锡璆静静地躺在医院的病床上时,只记得自己下班回宿舍时,突然感到腹部隐痛难忍,到厕所大便大量出血,起身时头晕倒地,幸亏同事及时把他送进医院。

"年轻人,你患了急性消化道出血。"一位老军医站在病床前,关切地对他说,"服药止血,吃流食,以后要多注意身体,生活要有规律,注意饮食,不要着凉。现在你要安心住院治疗,不要大意。恢复之后,还要进一步做胃镜检查。"老军医又叮嘱同病房的另一位年轻战士帮忙照顾他,使他备感温暖。

这是他记忆中第一次患病住院。

南方的冬夜,窗外山风呼啸,天气格外清冷。他身体虚弱、四肢无力地躺在病床上。面对病魔的打击,他发现生命如此脆弱,而温暖的医院成为生命的呵护与指望。

　　设计院的同事也很关心，不时来看望。土建科王治水、院里的李辛之副院长也来看他，给了他莫大的安慰。出院后在单位宿舍养病期间，土建科两位老工程师的夫人孙秀珍、张梅珍还熬了鸡汤端来给他喝……一晃这是几十年前发生的事情了，但一幕幕又是那么清晰与温馨。组织与集体的关怀鼓励他起来继续前行。他想自己工作才刚开始，不免担心得了这种病会影响将来。

　　他对医院似乎有一种从来未有过的特殊感觉。

　　医院是什么？是一个没有人喜欢去而又离不开的地方，是生命的"挪亚方舟"。你不需要它的时候，它会静静地等待在一旁；当你需要它的时候，它会用温暖的胸膛呵护你的生命与健康，为你带来希望。无论到来还是归去，它都会给每一个生命抚慰和尊严。

　　正是一个多月的住院经历，让他对医院承担的生命之托和价值意义有了切身的感受，也有了特殊的认知。躺在病床上的黄锡璆开始了对职业的深度思考，但他从没想到要和医院打一辈子交道。

　　在磨难中，黄锡璆沾满泥土的双脚变得更加坚实有力。

　　作为从事建筑设计的理工男，在夯实专业基本功外，对外语学习也从未歇步。在印尼小学有了英语及印尼语课的初步基础，回国念高中被编入英语班，但大学时南京工学院建筑系只有俄语班，他进了三年俄语慢班。当时国家号召向科学进军，学生们深知外语是学习国外学术与文化的有益工具。俄语课操练结束后，他仍抽空学习俄语与英语，很羡慕那些能够阅读外文书刊的老师与学生。

　　在出差"三线"建设工作期间，黄锡璆也会抓紧时间隔三岔五地花一角五分钱购买商务印书馆出版的一册册简装《英文选读》，进行阅读。周末假日逛新华书店，又买了几册《英语精读文选》，业余时间坚持学习。

　　那时期，单位技术人员都要轮流下放劳动，有一年原来担任信息情报组工作的同事被下放，单位安排黄锡璆顶替一年。就这样，黄锡璆承担了一年的土建情报工作。按任务安排，他借用单位在北京图书馆及建工部图书馆的集体借书证，借阅了大量外文资料、图书，收集整理了建筑方面的许多外文情报动态，编成简讯在部内各单位交流。

这一年，黄锡璆的英语有了很大提高，这也进一步激起了他学习英语的兴趣。对他来说，外语作为一种工具可以打开认知的窗口，了解更多外部的发展趋势和动态，也可从中感受到学习的价值和意义。

黄锡璆清楚地记得，在参加泸州搞现场设计时，机械设计总院院长陈易前来检查工作。他发现40多人的设计队没有报纸看，说："你们怎么关心国家大事？"他要求大家要关心国家大事，学习时事政治，并给设计队买了一台收音机，安排单位从北京定期邮寄《人民日报》《参考消息》等报纸，让大家学习时事政治，及时了解党的方针政策和国内外形势。

黄锡璆想不到他喜欢的那台收音机，差点儿给他惹祸。有一次，他在办公室拧开收音机收听广播时，无意中听到一个英语台。因为对英语的兴趣，他很好奇，就想听一听讲的是什么。哪想到这么巧，刚刚听了几句，工作队的领导就过来了，严肃地问："小黄，你听什么了？"黄锡璆的脸色唰地涨得通红，紧张地回答说："我，我也不知道是什么，我刚听。""你要注意，不要违反政治纪律。"说罢沉着脸转身走了。

他懊悔不已，自己因为好奇心疏忽大意，但也坦然，因为没有别的动机。后来也没人再提这事，此后他打开那台收音机，与同事们收听中央与地方新闻，收听32111钻井队扑灭井喷的英雄事迹，焦裕禄带领河南兰考人民改变贫困的光辉业绩，努力了解国家大事，跟上时代步伐。

改革开放，国家发展迎来了新的机遇。随着国家拨乱反正，解放思想的步伐越来越快，学习外语的热潮在科技行业和知识界迅速兴起。黄锡璆的一位归侨同事，曾大胆地向海外宣传机构索取免费的《英语九百句》，跟随收音机学习英语。黄锡璆因为泸州收听广播的经历心有余悸，只在国内买了影印版，自己也买了一台短波熊猫牌收音机，在请示了单位领导并得到默许后，才放心地学起了英语。

从学校到参加工作的十多年里，他珍惜青春时光，坚持不懈地学习，在改革开放的新时代之初，抓住了人生机遇，彻底改变了自己的命运。

迎来春天，光荣入党

1977年，第一机械工业部设计总院抽调技术骨干组成工作队，前往黑龙江富拉尔基第一重型机器厂承担设计工作。

春节刚过，黄锡璆接到参加富拉尔基工作队的通知，觉得有些意外。富拉尔基第一重型机器厂始建于1953年，是新中国成立后的第一个具有世界一流水平和现代化综合性重型装备的制造企业，生产经营的范围涵盖军工产品和民用产品。1960年6月，富拉尔基重型机器厂正式开工生产。从此，中国自己的"钢铁工业之母"正式启程，当时在业内，是首屈一指的"大哥大"。2017年10月，经国务院国资委批准，企业改制更名为"中国一重集团有限公司"，被称为"国宝一重"。

如此重要的军工企业，自然也是政治敏感单位。在对工人和技术人员的选拔使用上，是要坚持政治把关的。像黄锡璆这样有海外背景、所谓"家庭成分高"的人，往往是不会被考虑的。

在参加"三线"工程建设期间，有一次，因为工程问题，黄锡璆由泸州来到四川德阳第二重型机器厂向老同志请教，想顺便参观一下大型车间。按照规定，像他这种有海外关系的人是不能进入的。单位的一个同事知道他的情况，向军代表和警卫人员做了说明，才破例让他进去参观。

"我所在单位的大部分人还是比较客观的，我的很多同事对我还是很关心的。当然，我这样的身份还是会受到一些限制，比如，涉及保密工程这样的设计是参与不了的。"黄锡璆没有丝毫的委屈和埋怨，他能坦然接受。

长期以来，由于出身和海外背景而形成的自律心理，使他养成了谨言慎行的性格。在他内心深处，也常常在自我较劲，希望通过不懈努力，得到领导和同事们的认可。

接到参加富拉尔基工作队的通知，黄锡璆兴奋不已，心里一下子轻松了许多。"这个我也很意外，有一种被信任、被重用的感觉。感觉不一样了，对我们的政策也不一样了。以前像我这种有海外关系的人是去不了的。"黄锡璆说，"富拉尔基第一重型机器厂是国家重工业基地，军工产品和民用产品都可以生产，许多车间很大。能参加这个工程我感到意外，也很兴奋。"

对黄锡璆这样的知识分子来说，组织上的信任是对他最大的褒奖。他觉得自己的努力和坚持是值得的。终于，他走出了那条幽深的长巷，可以沐浴到明媚的阳光了。

就像当年参加"三线"建设那样，"哪里需要哪里去，打起背包就出发"。黄锡璆告别妻儿，又一次踏上远行的路。所不同的是，这次目的地是祖国的大东北，在最寒冷的季节。

在富拉尔基参加工程设计的一个多月里，黄锡璆和同事们还利用周末到结冰的湖面观赏冬景。品尝了当地人售卖的冻梨，看到了当地人在冰面上凿洞，在洞口里面钓鱼，领略到了东北的冬天。但他心里是暖暖的，内心是火热的。

"文革"结束，百废待举，全国各条战线都在恢复中。党中央把尊重知识、尊重人才、加快四个现代化建设的步伐提上了议事日程。这一切似乎都在昭示着，发展经济的春天到来了，科学的春天到来了。

灿烂的阳光驱散了黄锡璆头上的阴影，此时的他，感到了从没有过的轻松和愉悦。他突然发现脚下的路是如此的宽广，自己可以像鱼儿一样腾跃，像鸟儿一样飞翔。

有了前进的目标，黄锡璆心里更加敞亮。他要更加严格地要求自己，积极地向组织靠拢，争取早日成为一名光荣的共产党员。

黄锡璆完成富拉尔基第一重型机器厂设计任务回到单位后，第一件事就是又一次郑重地向党组织递交了入党申请书。

1978年，经过17年的不懈努力和追求，黄锡璆终于实现了心中的夙愿，光荣地加入了中国共产党。

他感慨道："几十年来，在老同志的指导带领下，我下现场，到工厂车间、到农村田野，接触工农，劳动锻炼，经风雨见世面。不仅在专业知识上得到了充实与提高，逐渐掌握了设计技能，在人生观、世界观上，也得到党组织的关怀指导与帮助。"

17年的坚持与追求，是一位爱国归侨对党、对祖国的忠诚与挚爱。面对庄严的党旗，黄锡璆热血沸腾、激动不已。他庄严地举起右手宣誓：将为共产主义奋斗终生。

黄锡璆兄弟姐妹七人，他排行第四。大姐黄婉英，1951年回国，北京师范大学毕业后被分配到郑州幼儿师范学校，后调入外交部亚洲司，党员；大哥黄锡志，1951年回国，清华大学电机系毕业，被分配到长春东北电力设计院，党员；二姐黄励英，1954年回国，天津大学水利系毕业后被分配到海军总部，曾被下放到天津汽车修配厂，后落实政策，重回海军总部工作，党员；弟弟黄锡纪，1961年回国，在长春胜利农场工作，团员，早年病故；弟弟黄锡勋，1965年回国，北大荒垦荒队员，后来凭着自己的努力，考进了联合大学，毕业后被分配到北京内燃机总厂工作；小妹妹黄翔英，1967年回国，先被分到海南岛农场当割胶工人，又到保定棉纺厂当工人，后调西安交大图书馆任管理员，婚后随丈夫移民去泰国，在曼谷安家。

每逢新春佳节，在北京的兄弟姐妹都要欢聚一堂，享受亲情的温暖与幸福。黄锡璆的叔伯及在国内的兄弟姐妹，也会常有联系。

每当相聚之时，不免回忆过往，虽有无限感慨，但已放下。在成长道路上，并非一帆风顺，有坎坷有挫折，一路走来并不容易，他们都已退休，享受生活，但仍关心国家大事，期盼祖国在新时代有更大的发展。

"在那样的政治环境中，各种各样的人都有。有人对你公正，也有人对你偏激。一般的人说说，可能是随大溜，大家是可以理解的，但有人为了表示自己积极，拿别人的海外关系说事，甚至整人，并不光彩。但这些都已成为过去，也没有必要去纠结。"回头看看走过的路，人的一生，甜酸苦辣，黄锡璆早已释然。他坦然道："邓小平同志讲，团结一致向前看。谈谈这段曲折，是为了不忘历史；吸取教训，不再犯错误，目的就是向前看，更好地向前走。邓小平讲的是国家大事，何况我们个人。"

黄锡璆用宽容和谅解对待过去，不再计较，用积极的心态看待多年的委屈。正是这些委屈让他经受磨炼，成熟起来，并倍加珍惜来之不易的好时代——改革开放的春天。

他感慨道："想想那些年，自己没有心灰意冷，没有放弃信仰和初心。单位的领导和同事们给予了许多关心，组织上给予了许多教育和鼓励。正是这个大家庭的温暖，让我在工作中，无法离开这个团队、这个集体。愿意在这个领域里，在中国中元干一辈子。"

第五章

留学岁月

　　国家的改革开放给他提供了出国深造的机会。在国外留学的岁月里,他如饥似渴地学习研究医院建筑学,破格获得博士学位,并被留学生党组织评为优秀留学人员。

　　是留在国外发展还是回国?面对人生选择,曾为"海外孤儿"的他,深知祖国的意义。他说:"国外再好也是人家的。回来是天经地义的事,国家花了这么大代价培养我,应该回来做点儿事情。"

机遇眷顾有心人

"他是个优秀的归侨生"

异国寒窗苦

破格的博士

留学生支部鉴定

机遇眷顾有心人

1978年，黄锡璆随着单位驻地的调整，从安徽蚌埠回到北京，总算与妻子孩子团聚了。

婚后多年，饱尝两地分居孤苦的他，倍加珍惜每个暖融融的日子。他内心略感愧疚的是，望着渐渐长大成人的儿子，似乎缺少了父亲的许多陪伴。他感激妻子对家的支撑和无怨无悔的付出，看到妻子额头多了细密的皱纹，心里涌起一阵酸楚。每天完成工作他便匆匆回到家里，尽情地享受着家的温馨、爱的幸福。但阅读已成为他放不下的生活习惯，每天夜晚，他会在妻儿睡下后悄悄起身，遮挡起台灯，看他喜爱的图书。

黄锡璆不曾料到，这种难得的时光太短暂，新的出征正在前面等着他。

单位回迁不久，一位副院长在上海机械学院进行了一年外语培训，回来后和大家分享学习的收获体会。黄锡璆很羡慕，自己有外语基础和爱好，也想有机会能参加这样的培训。国家改革开放了，掌握外语这门工具很有必要。

1981年，机械工业部选拔人员去上海参加外语培训，黄锡璆如愿以偿，他幸运地被录取了。正当他要去上海机械学院学外语的时候，单位决定在深圳设立一个业务点，单位领导同志觉得他是广东人，就安排他去深圳。

两年前，中共中央和国务院正式将深圳定位为经济特区。面对前所未有的历史发展机遇，在深圳设点布局，是第一机械工业部设计总院紧跟党中央的战略部署，服从服务于国家改革开放的一项举措。

黄锡璆舍不得放弃学习外语的机会。他找领导提出，能不能让他先去进修外语，回来一定去深圳，并表示自己不怕吃苦。领导觉得为难，让他找人代替他。黄锡璆想了想，找谁呢？当时单位刚回迁到北京，让谁去都有难处。

他想，既然如此，作为一名党员，服从组织，站到改革开放的最前沿，义不容辞。于是，他放弃了外语培训机会，告别妻儿前往深圳。

黄锡璆是单位最早来到深圳的一名"拓荒者"。他记得，最初的深圳是一个小渔村。"深圳市当时建有'革委会'办公楼，此后改为市政府大楼，并在前面广场上竖立一座拓荒牛的塑像，后面建有几栋六层的宿舍楼，这是深圳比较像样的建筑了。"

第一机械工业部所属设计院抽调人员组成先遣队，成立联合设计公司，安排在租赁的几幢楼里办公、住宿。设计人员被分配到几座楼的六层里。黄锡璆回忆说，他和两位同事合住在六层的一个房间，既当办公室又是卧室。那时候还没有电话，更没有手机。他们讨论方案或管道汇总等工作联系要下到一楼，再上另一栋的六层，一上一下跑来跑去很不方便。六楼的水上不去，洗衣、洗澡都要跑到楼外附近的一个井边，用带绳索的铅桶从井里提水解决。

这对曾经参加"三线"建设、在艰苦的生活中磨炼了十几年的黄锡璆来说，都不算问题，都能适应。既然来了，他就一心想借承接设计项目的机会锻炼提高自己，用积极的态度对待每一项工作。他和同志们像楼前的那头"拓荒牛"一样，在脚下的土地上奋力开垦。刚刚起步的深圳建设项目很少，一旦有了项目，黄锡璆都会认真对待，尽其所能，让客户满意。

不久，他们承接了一家香港公司在深圳投资建设的一个住宅项目。开始做方案时，对南方公寓单元设计要求和用户习惯并不熟悉，他们都虚心求教。在香港甲方介绍情况时，对每项设计要求、每项讨论他们都认真记录，分析思考。对不同类型的建筑包括多层厂房，深入观察研究。对高层建筑的结构布局、管井布置、户型比例、建筑设备、通用厂房结构设备，他们都认真了解，细心收集港澳工程产品样本、规范法规等资料。学习研究，努力扩大视野，提升设计技能，不断更新设计理念。他们举一反三，在项目的设计中，把一些现代化的设计理念应用其中，得到了香港客户代表的认可。

那期间，黄锡璆的五叔黄琳华得知他在深圳，到广州办事时专门约他见面。黄琳华由印尼移居香港多年，叔侄多年不见，相见百感交集。五叔得知黄锡璆从事多年建筑设计，对他说，建筑行业在香港也比较吃得开，如果愿意可以帮助他移民到香港发展，而且前景可期。

此时内地去香港发展的人开始多起来。不少人希望改善生活条件，认为香港是理想之地。当时，前往香港投奔亲朋的人并不少见。面对叔叔的建议，黄锡璆没有动心。一位归侨同事几年前去香港发展，这时也来深圳看望他。他们知道黄锡璆勤奋聪慧，为人忠厚谦逊，动员他去香港发展，并表示，只要他愿意可以提供帮助。黄锡璆还是没有动心。他认为，国家正在发展，只要政策方向对头，上下齐心协力，生活总会好起来的。

一年后，他完成了赴深圳机械工业部联合设计公司的任务返回北京。他认为，在深圳的一年是在设计理念和实践方面的一次大提升。

黄锡璆不仅任劳任怨，吃苦能干，而且服从大局，能够把组织的需要放在第一位。因此，他也赢得组织的信任和同事们的好评，这一年他被单位评为"优秀党员"。

1982年，第一机械工业部设计总院更名为"机械工业部设计研究总院"。

根据国家对工程勘察设计体制改革的统一部署，设计研究总院为推动机械工业勘察设计体制改革，开展设计收费试点，并加强内部企业化管理，试行技术经济责任制。同时，以搞好为机械工业服务、为国民经济各部门服务这"两个服务"为抓手，发展工程咨询、工程承包业务，积极引进并吸收国外先进技术，通过开展创优评优，推动技术进步，事业发展取得显著成效。

▲ 中国中元 20 世纪 80 年代位于北京王府井 227 号的办公大楼

　　时代的洪流滚滚向前，涤荡了黄锡璆身上的青涩，艰难时期的恪守，终于迎来改变人生的机遇。

　　黄锡璆回到北京不久，就被单位推荐到合肥工业大学参加机械工业部举办的出国外语培训班。四个月后，他凭着长期打下的英语基础，考取了公派出国进修的机会。此时，改革开放的春风吹遍了祖国大地，为培养造就更多的人才，中央制订了全国选拔公派出国留学的计划。黄锡璆考取的正是教委分配给机械工业部公派出国进修的名额。

黄锡璆之所以能够在层层选拔中脱颖而出，是因为在"知识无用论"盛行的时候，他始终认为，知识能够改变命运，所以他孜孜以求，从未放弃过学习。参加"三线"建设时，工作紧张，任务繁重，但他坚持周末假日学外语，或者看专业书籍。

"能获得公派留学的机会，我挺幸运。建国以后，只有解放初期派出一批人到苏联、东欧留学，后来就没有了。"黄锡璆说，"一个人的成长，与国家的发展、时代的需要是分不开的。"

机会总会留给那些有准备的人。能被公派留学，也离不开黄锡璆平时的积累和努力。正是他日复一日坚持下来，幸运之神才向他走来。

"他是个优秀的归侨生"

随着改革开放的不断深入,社会主义现代化建设急需大批各类人才。为此,国家大批派遣留学生出国学习的人才培养战略提上了日程。

20世纪80年代初,是我国派遣留学生工作的重新起步阶段,各大学和科研单位的一些思想进步的业务骨干,多以访问学者和进修人员的身份被派往欧美各国。后来,我国逐步放开了自费留学的政策以及出国留学的多种渠道,"出国热"在全国迅速升温。中国成为第一个向西方国家大量派遣留学生的社会主义国家。

那时选派国家由教委定,但进修专题要自己定。黄锡璆被选派比利时,而他对那儿的情况并不了解。于是,他到建设部向老司长张钦楠请教。张钦楠曾多次出国考察,他对比利时情况比较了解。正巧,张钦楠在接待比利时的一个访问团,便热情地安排黄锡璆与来访的外国专家见面。

当时黄锡璆穿着一双露脚指头的塑料凉鞋、骑着自行车来到建设部。比利时专家微笑打量着眼前的这位来访者,觉得这位淳朴的求学者非常可爱,而且能用流利的英语同他们交流,深为他的真诚和谦逊所打动。他热情地向黄锡璆介绍了比利时鲁汶大学应用科学系、人居研究中心和建筑专业的有关情况。

黄锡璆又从国家图书馆、北京外国语学院的出国人员培训部资料室里查阅了比利时鲁汶大学的专业设置介绍,了解到鲁汶大学建筑系主任阳·戴尔路教授是专门从事医疗建筑规划设计研究的专家，在欧洲建筑学术界享有盛誉。

黄锡璆决定前往鲁汶大学选修医疗建筑。"国家花钱派出一个留学生不容易，要学一些能为国家建设发挥作用的知识。"历经磨难，年过不惑的黄锡璆仍以"国之所需，民之所用"为求知目标。他想起在安徽患病住院的那个冬季。他坚信："不管社会怎么变，医院总归是需要的。"

但是，又一道难题摆在他面前。赴国外留学人员向国外大学申请，除单位专家推荐外，还必须有单位外两位专家的推荐。本单位专家他请院总建筑师高锡钧写推荐信，院外专家黄锡璆想到了母校。离校多年一直没有联系，他怀着忐忑的心情向童寯、刘光华两位教授写信求助。将近20年过去了，教授们桃李满天下，是否还记得他这个学生？他怀着焦急的心情等待着。

童寯教授1900年出生于沈阳市，是我国著名建筑学家、建筑教育家，中国第一代杰出建筑师，被公认为"建筑四杰"之一，在中国近现代建筑史上具有重要地位和深远影响。早年清华学堂毕业后赴美国宾夕法尼亚大学建筑系学习，归国后曾在东北大学、国立中央大学（今东南大学）建筑系任教。新中国成立后，他长期任南京工学院建筑研究所（现东南大学建筑研究所）副所长。

黄锡璆清楚地记得，在建筑系三年级时系里举办的教师画展上，看到过童寯教授的渲染画。多年前他在学成归国途中的欧洲国家考察建筑时的写生作品，由南京工学院建筑研究所编辑、建筑工业出版社出版。他的绘画作品反映了西欧文艺复兴以来不同时期许多典雅瑰丽的建筑，美丽生动的构图、沉稳丰富的色彩，令人倾倒。晚年的童寯教授仍然带研究生并潜心从事研究著述，即使在动乱的年代身处逆境，也未中止探索思考，一直笔耕不辍。

刘光华教授1918年出生于江苏南京，1940年从中央大学（现东南大学）建筑系毕业，1946年留学哥伦比亚大学建筑研究院。1947年回国后，历任中央大学、南京大学、南京工学院建筑系教授及建筑设计教研组主任、建筑系学术委员会主任等职。

新中国诞生后，刘光华教授兼任南京市政委员会委员、顾问，江苏省建筑学会理事、名誉理事长。在建筑系任教期间，主要担任建筑设计、城市规划理论与设计等课程教学和研究生的培养工作，桃李满天下。在承担教学工作的同时，他还主持和参与多项城市规划设计和建筑项目设计，是一位毕生致力于建筑学术研究、建筑实践和建筑教育事业的建筑大师。

刘光华教授于1980年提出的"人—建筑—环境"的建筑思想影响深远。黄锡璆说："我在后来的医院设计中，比较注重环境，就是深受刘光华教授的影响。"

黄锡璆清楚地记得，童寯教授曾讲授博物馆设计，他上课简明扼要，鼓励同学们积极提问；刘光华教授讲授过住宅设计与医院建筑，结合不同类型的建筑，培养学生们对不同类型建筑的理解、掌握、推敲完善设计方案的技巧与构思途径。教授们循循善诱、待人宽厚的长者风范，令他深受教益。黄锡璆正是在这种教学相长的环境中成长起来的。

回想起两位恩师，黄锡璆赞叹道："那时母校人才济济，师资雄厚。老一辈教师学识渊博，诲人不倦，对东南大学建筑学科发展做出了重要贡献，对我国建筑学的发展、开拓功不可没。老一辈学者品德高尚，待人宽厚，永远是后辈学子的学习榜样。"

两位教授很快回信答复同意推荐，令黄锡璆感动不已。他又写信向童教授请教比利时学校的情况。童寯教授回信做了介绍，并给他鼓励。他并不知道，童寯教授当时已重病在身，寄来的那封推荐信是他躺在病床上，让孙子童文帮着写的。不久，童寯教授于南京病逝。

第五章 留学岁月

▲ 上图分别为：童先生儿子童诗白教授介绍国外不同建筑学院学制的区别、童先生孙子童文因童先生病重叮嘱他代为签署推荐信并说明童先生的英文姓名仍采用原有译法

黄锡璆后来得知，躺在病床上的童寯教授听说学生黄锡璆考取公派出国留学名额的消息，非常高兴。童寯教授一向做事严谨，他让助手查阅当

097

年的学生档案，看到黄锡璆的学习成绩，欣慰地说："他是个优秀的归侨生。"于是，让童文代笔为黄锡璆写了推荐信。

就在出国前夕，黄锡璆收到学校寄来的童寯教授治丧委员会的讣告。事发突然，他无法前往，随即撰写了唁电，发往学校。他心情沉重，默默发誓，决心把对恩师的感念深深埋在心底，以大师们为榜样，在专业上执着探索，用学有所成来回报先生的培育之恩。

刘光华教授同样热忱相待，亲自用打字机打印出推荐信，在落款处用钢笔签名……

1984年早春的一天，黄锡璆恋恋不舍地告别妻子和孩子，踏上了漫漫留学路。

前方的路，一片光明，是希望之路，也是陌生之路、艰辛之路。

异国寒窗苦

　　黄锡璆飞抵比利时首都布鲁塞尔,一下飞机,满目是与国内迥然不同的景象。在进入市区的高速公路两侧,是一座座壮观气派的立交桥、高架桥。市区高楼林立,落地玻璃结构的大公司、大超市以及穿行不息的汽车,让他感受到国内外的巨大反差。一种强烈的责任感油然而生。

　　鲁汶大学位于历史名城鲁汶市。鲁汶市距离比利时首都布鲁塞尔约28千米,面积不大,但人文荟萃。黄锡璆来到一个新天地,既陌生又新奇。老城区高耸挺拔的教堂,端庄雅致的图书馆,街头转角广场的雕像,以及古代罗马时期留下的断壁残垣,夹杂在明快的现代建筑之间,悠久历史与现代文明交汇于一体。这些灵动、丰富多彩、既古老又现代的城市建筑,显露出欧洲的历史底蕴。

　　与西方许多大学一样,鲁汶大学没有围墙,是开放式大学,学校建筑遍布全城。校园中有一些宿舍向学生提供,校外城中也有私宅向学生出租。黄锡璆由先来的留学生协助,被安排住在校园近旁的宿舍里。那片住宅楼属于古典建筑保护区,费用较为低廉,更重要的是,离建筑系较近,他觉得方便。

　　鲁汶市是一个宁静怡人的小城,广场周围、街道两旁有众多的露天咖啡座、面包蛋糕店、巧克力店、啤酒吧和拷贝店、文具店。鲁汶白天清静安详,每到夜晚,常有青年学生在此消夜聊天。许多学生没有收入,往往

医疗建筑大师 黄锡璆

一杯啤酒侃到后半夜。城市里的宁静与喧嚣交错，有来自其他国家的留学生，黑头发、黄皮肤的亚洲学生也加入其中。世界各地不同的文化在这里碰撞融合，构成了一道道多彩的风景线。

黄锡璆无暇品赏异国风情的浪漫，而是全身心地投入学习中。他知道自己肩上的责任，懂得国家提供留学经费的珍贵。公派留学生大多省吃俭用，认真刻苦，不愿意虚度光阴。

▲ 1984 年，黄锡璆在比利时鲁汶大学宿舍前

鲁汶大学始建于 1425 年，是比利时最古老的国立大学，在整个欧洲名列前茅。它在神学、生物学、医学、建筑学等领域都处于领先地位。鲁汶大学应用科学院建筑系与人居研究中心有不同的研究方向，包括城市规划、住宅设计、医疗建筑等，以英语教学为主。很多外国留学生选择了住宅设计建设研究方向。黄锡璆选择的是医疗建筑设计。

黄锡璆记得，在南京工学院学习期间，医疗建筑设计作为公共建筑设计的内容，较为概略。老师讲一点儿医院建筑的基本概念，做了一次 200 张床位的医院设计模拟练习。老师讲，在建筑领域里，医院、博物馆和剧院三类建筑是相对复杂的，尤其医院设计专业性比较强，涉及许多交叉学科，更为复杂。

20 世纪六七十年代，南京工学院与华东建筑设计院合办公共建筑研究室，展开医院建筑专题研究。1964 年，杨廷宝教授主持编写了《综合医院建筑设计》一书，由中国建筑工业出版社出版；1978 年再版时，增补了农村县级医院规划设计内容。这是我国早期出版的内容翔实具有指导意义的学术文献。

黄锡璆毕业后始终坚持学习建筑领域的前沿知识，尤其关注南京工学院的出版物。出国留学前，除收集了《建筑学报》等刊物登载的零散文章外，《综合医院建筑设计》这本书是他了解国内医院状况的主要依据。后来，他在鲁汶大学撰写博士论文时，曾引用这本书的案例和数据。

中国开放之初的留学生走出国门，还不被世界所认识，难免遭到冷遇和误解。黄锡璆曾在布鲁塞尔国际展览中心参观建筑工业展时，被一位参展商当成了日本人。后来听说他是中国人，对方很惊讶，认为中国是比较落后的国家，疑惑地问："还有中国留学生？"

黄锡璆肯定地点点头，还对方一个友好的微笑。他没有解释，他要用学习成绩来证明中国留学生的实力。

"那几年，公派比利时的留学生人数不多，总共有五六十人，被分到鲁汶大学学习建筑专业的只有我一个。"黄锡璆清晰地记得，"两年之后，又增加了三人。公派留学生都经过选拔考试，也都很自尊自重。"

回想起留学的岁月，黄锡璆翻出影集，拿出一张留学时的合影说："我是幸运的。我的导师戴尔路先生对中国很友好，他多次来过中国。"

鲁汶大学建筑系图书馆书架分类摆放了许多当时国内看不到的专业图书和杂志，学生一次可以借阅五册，还可以复印拷贝；系里还有专门的资料室存放一些稀缺冷僻的专业图书资料。

男儿欲遂平生志，勤向窗前苦读书。黄锡璆如饥似渴地学习，有空便到资料室翻阅摘录，很晚才离去，管理员把钥匙交给他干脆让他自取。他经常周末在资料室里消磨一整天，中午在外面用自带的三明治、罐装牛奶解决一餐，甚至有时逗留到深夜还在资料室翻阅资料。他像一棵焦渴的秧苗沐浴着一场及时雨，贪婪地吸吮着养分，努力成长着。

鲁汶市属温带海洋性气候，终年温和湿润，平均气温约10℃。因为有暖流沿欧洲大陆北上回流，冬季并不寒冷。但阴天下雨较多，空气阴冷潮湿，好在室内供暖期很长。出国前，黄锡璆细心的妻子担心他挨冻，为他织了加厚的毛衣、毛裤和露着五个指头的毛线手套，他也没用上。

黄锡璆所在的研究生班里，有来自孟加拉国、印度尼西亚、泰国、土耳其、坦桑尼亚、阿根廷等国家的留学生。黄锡璆是勤奋刻苦的留学生之一，也是进步很快的其中之一。他的勤奋赢得了阳·戴尔路教授的赏识，也给其他同学留下了深刻的印象。除了参加系里组织的医院考察之外，戴尔路教授还借机为学习突出的黄锡璆及另外一个孟加拉国的留学生开"小灶"，安排他俩一起到德国的西门子医疗设备制造厂考察研学，还安排他与两位比利时学生到"依特尼"建筑材料厂参观，增长知识、开阔眼界，为他们提供更多拓展知识的机会。

1985年夏，戴尔路教授通过比利时对外合作发展部争取到一批资金，邀请中国建筑师代表团访问比利时，并在鲁汶大学举办了为期三天的医院设计讲座。他知道黄锡璆具有专业的翻译能力，就安排他配合考察团担任专业课程翻译，陪同中国建筑师代表团到比利时的医院参观访问。热情友好的戴尔路教授还邀请代表团到家里做客，共进晚餐，品尝闻名遐迩的比利时啤酒和法兰德斯式家庭佳肴。

随着学习的进展和眼界的开阔，黄锡璆的求知胃口也越来越大，萌生了攻读博士学位的想法。他的身份是进修生，两年的进修已过大半，完成进修也没有文凭，他总觉得是个缺憾。他知道自己已过不惑之年，以后很难再有这么好的学习机会了。机会难得，学无止境。于是，他向导师戴尔路教授表达了攻读博士学位的愿望，渴望学到更多的知识，在医疗建筑设计领域里能够走得更远。

黄锡璆的要求让戴尔路教授备感意外。他诧异地望着眼前的黄锡璆，没有回答。这位经常给学生出难题的教授，没想到却被这位中国学生出的题目给难住了。

破格的博士

阳·戴尔路当时是鲁汶大学应用科学院的副院长，兼任建筑系主任。他身材修长，风度翩翩，戴着一副金边眼镜，略显高傲。尤其他下巴那修饰整齐的黑色长胡须，很是与众不同。

戴尔路用一双深凹的蓝眼睛审视着眼前这位勤奋的中国学生。没有马上答复，因为由进修生转读博士学位，这样的跨度在鲁汶大学罕有先例。

戴尔路对中国心存好感，一直关注中国的快速发展。1986年在南京召开的中欧医疗研讨会上，他邀请了英国知名的医院设计专家约翰·维克士教授、比利时鲁汶卡斯特帕大学医院护士长、比利时设备专业工程师等多人参加。这次研讨会，中国人的友善与热情给欧洲的专家们留下美好印象。

望着戴尔路思考的神情，黄锡璆解释说，出于特殊的原因，国内近十几年没有招收研究生，错过了在国内读研的机会，但是，自己在工程设计方面已有20多年的实践磨炼……

坦率地讲，黄锡璆在国内做的项目多是机械工业厂房工程，民用领域并不多，设计的医疗项目更是屈指可数。10年前，他在"三线"建设中曾为长江挖掘机厂做过一个两层楼的工厂医院设计，仅有20多张床，相当于小诊所。1982年，他参与深圳的开发，设计了罗湖区的一个门诊部，但他对医院的理解有深度，在鲁汶大学的勤奋学习显示了他的潜力。

医疗建筑设计是所有建筑设计中最复杂、最严格的种类之一。医院是呵护生命的地方，有严格的流程要求和设计规范，无论是对人文关怀还是技术融合，要求都很高。所以，鲁汶大学应用科学院建筑系对主攻医院建筑设计的研究生录取资格是有严格规定的。

素以学术严谨而著称的戴尔路教授，理解中国急需医院建筑设计人才。经过一年多的观察，他相信黄锡璆具有继续深造的潜力。经过一番交流，他终于点头允诺："好吧，请你写一份申请。可以将第一年进修的课程成绩转为博士资格学分，但必须及格并通过资格考试，然后向工学院提出申请，获得学院批准。"

鲁汶大学被称为"严谨的学风和闲适生活的共存之地，是高科技风潮和古老哲学共鸣的舞台"。学校也非常乐意为那些优秀的学生提供破格进取的绿色通道。

黄锡璆抓紧完成进修生第一年的各科学习，并注册参加考试。考试成绩合格后，他立即向学院递交了一份申请报告，由戴尔路教授推荐，得到了鲁汶大学学术委员会的批准，同意他转读博士学位。

黄锡璆获得读博士的资格。但是，公派留学只有两年，接下来读博士的费用从哪里来？那时没有自费生，即便有国内那点儿工资也无法维持留学生活。如果没有资金支持，就只能回国。黄锡璆开始发愁。

来比利时后，黄锡璆被推选为全比利时中国留学生党支部组织委员，并担任鲁汶大学中国学生"同学会"的负责人。由于他认真负责，热心为大家服务，与使馆教育参赞联系较多，给使馆参赞留下了很好的印象。使馆参赞了解到他的情况，很想帮助他，但一时还没有好办法。

天无绝人之路。"这实在是一个小概率的幸运。"黄锡璆回想起来仍然觉得很开心。不久，老师告诉他，有一名学习啤酒专业的公派留学生因难以适应留学生活，几经劝导无果，提前回国。中国驻比利时使馆的教育处决定，把这个名额的资助金转给黄锡璆，终于为他解决了留学费用的问题。

时光匆匆，转眼半年过去了，后续学费的问题又一次摆在黄锡璆面前。类似前面的好事不可能再有了，不得已他只能向导师戴尔路求助。戴尔路答应协助，并联络我国使馆帮助解决。

有一天，黄锡璆来到戴尔路的办公室，按照计划与导师讨论论文的框架内容。"黄先生，我要告诉你一个好消息。"这时，戴尔路教授突然对黄锡璆说，"学院已经决定，向你提供后续时段的研究员基金，帮助你完成博士学位。"研究员基金相比助学金级别更高，资金数额也更多。

这一刻，不善言谈的黄锡璆不知道如何表达，只是连声说："谢谢！谢谢！"

他突然有一种天上掉下馅饼的感觉，又一次放下心里的一块石头。黄锡璆立即向国内的单位领导汇报。显然，如果没有通过博士资格的考试，没有后续资金的支持，改变进修生身份、继续深造的愿望就无从谈起。得知这些情况，单位很快回复他，表示支持。

爱，是人类永远的共情。导师的关爱温暖了黄锡璆在异国他乡寒窗苦读的那个冬天。留学期间更有国家和党组织的关怀、爱护。国家政策更加开放，留学生可以有家人陪读。这天，使馆教育处参赞许宝发先生告诉黄锡璆，研究员基金资助额比较高，他可将家人接到比利时来陪读。

1987年春天，黄锡璆的妻子邢淑芬来到鲁汶，来到丈夫身边照顾他的学习生活。

攻读博士学位的最后一年，黄锡璆开始了最后的冲刺。比利时各地有众多的教堂、古堡、花园，鲁汶距离布鲁塞尔仅有28千米，离法国、德国、荷兰也不算远。黄锡璆舍不得花时间陪妻子领略当地的风情，他要把更多的时间用于博士论文的研究写作。妻子懂他，毫无怨言。他只能让妻子随其他陪读人员参加学校教授夫人组织的参观活动。

"其实，我们学建筑的也喜欢参观建筑、看风景，但是时间太宝贵，希望多学习多做分析研究，拿到学位。不然，回来怎么跟单位和国家交代？"黄锡璆谈起当时的感受说，"看到国内外那么大的反差，心里就有一种改变的强烈愿望。"

他的论文题目是《中国医院的规划设计方法》。虽然黄锡璆研究的是医疗建筑，但导师的授课会在更广阔的领域打开学生的思维，为学生奠定了坚实的理论基础。"导师对我最大的影响是思维的开阔和思路的拓宽。"黄锡璆深有感触地说，"西方的教育的确有值得我们借鉴的一面。戴尔路教授要求对医院的设计要进行整体性思考。他不仅教给学生专业知识，还注重培养学生的大格局。医院设计专业除了开设建筑学课程之外，还鼓励学生选修医学院教授开设的公共卫生体系课程，让研究生了解公共卫生体系和疾病预防健康生活的概念，就是我们现在讲的大健康。医院只是医疗服务体系中的一个节点，不是全部。戴尔路教授的教学设计是比较超前的，相关的专业都对我们进行了体系性的培训，所以打下的基础也比较扎实。"

黄锡璆清楚地记得，戴尔路教授让他们选修了一位教授的人类学课程。讲课的教授深入研究了非洲不同人群部落的宇宙观、居住文化。他给学生们举例介绍各国的居住建筑特点，进行梳理比较。比如，中国人的居住习惯和文化观念，非洲人居住的环境和起居布局的要求，人类如何在思维观念中与宇宙和大自然关联，等等。"这些对我的博士论文和后来的工作设计都有很大的影响。我在学习报告中列举了北京天坛作为皇家祭天场所建筑设计的内涵和隐意。天坛中间内环设有4根柱子代表四季，外环12根柱子代表12个月，圆形屋檐、三层基座都代表了我国古代匠人对天人合一、崇尚自然宇宙观的表达方式。这些建筑实际上是人对空间、宇宙、自然的联想和解释。通过跨界、多领域的学习，扩大了我的视野，不再将自己局限于建筑本身。医疗建筑的流程、医疗科学技术的发展实际上证实了多学科的影响。作为优秀的设计者，对民族文化传统应当有所理解和传承。"

黄锡璆的博士论文紧扣我国改革开放的背景和欠发达的实际，分析西方发达国家的经验教训，吸收世界医疗建筑的先进理念，探讨、解析中国医院建设的设计方法、步骤，以及如何实现科学的功能布局和交通组网，引起了各科委员会专家学者的兴趣。

他说："博士论文答辩过程中，经过本人摘要汇报，又回答了几位教授的提问，通过非常顺利。论文答辩委员中，除了大学不同专业的老师，还请来了世界卫生组织的一位专家。答辩成员的专家教授还是比较满意的，给予通过。"

▲ 1987年11月，黄锡璆（右四）在鲁汶大学完成博士论文答辩后，和妻子邢淑芬一起与导师等合影

诚如古人所言："苦心人天不负，卧薪尝胆，三千越甲可吞吴。"1987年11月，黄锡璆以超强的毅力，如愿以偿，如期完成了四年学业，获得了比利时鲁汶大学的博士学位，成为我国第一个专门研究医疗建筑的留学博士。

留学生支部鉴定

对学有所成的留学生来说，如何选择未来是人生的另一份答卷。

获得博士头衔，黄锡璆自然备受关注。在留学生之间的交流中，一名外国留学生问黄锡璆对西方国家的印象如何。黄锡璆说："西方国家的科技先进，社会发达，很好。"这位留学生又直言不讳地问他："想不想留在这边？"黄锡璆说："虽然这里都很先进，但这是别人的地盘，不是我们的家。我还是要回去的。"这位留学生虽然有所不解，但目光里对他热爱祖国的情操肃然起敬。

改革开放初期，中国各方面的人才稀缺，由于当时国家经济薄弱，派遣留学生的数量比较有限。为了加大对留学教育的投入，中国开启了公派留学的新时代。20 世纪 80 年代中后期，"出国热"持续升温。为向世界传达中国将进一步深化改革和扩大开放的信息，中国在留学生工作方面采取了积极的措施，确立了"支持留学，鼓励回国，来去自由"的留学工作方针，同时提出了吸引在外留学人员"为国服务"的号召。

当时，国家为具备条件的学生和科技专业人员提供公派留学的机会，并没有强制约束，而是期望他们拥有一颗爱国心，回国后为祖国发展建设出一份力。

时至今日，中国留学圈已经发生了很大变化。许多人出国不是为了改变命运，而是把它当作拓宽人生视野的一段旅程。完成学业后，选择留在国外，或是回国工作，完全可以遵照自己的意愿。

但在当时，国外的生活、科研条件确实优越。对黄锡璆来说，在国外能够享受优渥的物质生活，还能在良好的学术环境里不断刷新自己的科研成果，而在国内，一切都要从零开始。面对留在国外发展的机会，他心里非常清楚，留学人才的归国问题，是和国家利益直接挂钩的。在巨大的落差面前，如果肩上没有使命感，那些学子很难做出断然回国的选择。

曾为"海外孤儿"的黄锡璆，深知祖国的意义。尽管也有国外机构向他抛出了橄榄枝，以优越的条件聘请他，但他不为所动，还劝导一些打算滞留在国外的同学回国。他说："国外再好也是人家的地方，不是我们的地方。回国是天经地义的事，我们出来留学的费用相当于好几个农民几年的收入。国家花了这么大的代价培养我们，我们应该回去给国家做点儿事情。"拳拳爱国之心溢于言表。对他来说，"我是中国人"的自我意识深入骨髓，学成回国的信念坚定不移。他把自己的想法告诉了妻子邢淑芬。妻子也说："咱们还是回家。"

在即将回国的日子里，黄锡璆没有陪妻子游览欧洲的风景，他节省费用，尽量多买一些国内需要的书刊、资料带回来。除买了几本国内稀缺的原版外文书籍外，为节约费用，他从大学的图书馆借来书刊资料到外面复印，再到装订厂装订成册。他还专门买了一台幻灯机带回来，以便开展学术交流。

黄锡璆在比利时留学的四年里，与中国其他留学生互相关心、互相帮助，和同学会几位成员一起热情耐心地为大家服务，为新来的同学介绍住处、熟悉环境，主持节假日聚餐联谊以及放映电影活动，丰富同学生活，联络同学间的感情。在使馆教育处的领导下，他积极发挥共产党员的骨干作用，带头按期回国。

黄锡璆回国前，比利时鲁汶大学中国留学生党小组为他做出了如下鉴定：

黄锡璆同志自一九八四年一月至一九八八年一月，留学比利时鲁汶大学（荷兰语）专攻医院建筑设计，他珍惜时间，努力学习，广泛收集专业资料，最后顺利地通过了博士论文答辩。在完成了这里的学习任务后，他响应祖国的号召，立即回国，为建设四化服务。

黄锡璆同志在留学期间曾担任鲁汶大学中国学生"同学会"的负责人和全比中国留学生党支部的组织委员，他广泛联系同学，配合使馆，认真负责，勤勤恳恳地做好学生组织和党组织的工作。为此，他付出了不少精力和时间，受到了同学的好评。

他遵守各项留学生组织纪律，生活简朴。根据他各方面的表现，黄锡璆同志于一九八七年被评为全比的优秀留学人员。

黄锡璆同志本人写的学习小结实事求是，我们同意他对自己的这一总结。

他的党费交至一九八七年十二月。

比利时鲁汶大学（荷兰语）

中国留学生党小组范崇论执笔

一九八八年一月十二日于鲁汶同意个人及小组意见，希望今后严格要求自己，团结同志，为祖国四化建设贡献力量。

驻比使馆教育处（盖章）

一九八八年二月八日

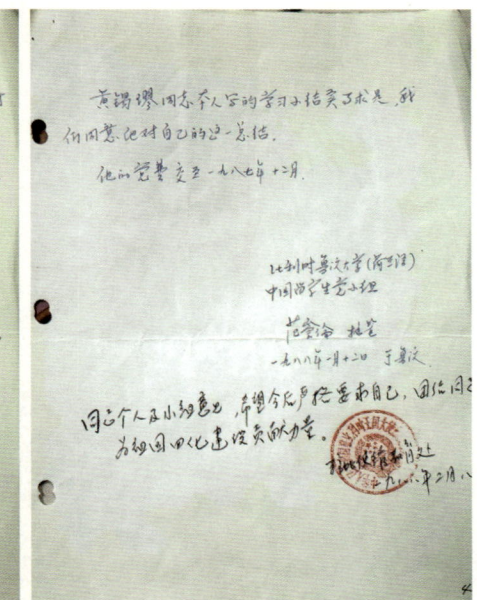

1988年2月，黄锡璆带着满满的收获，又一次踏上祖国的土地。

他满怀一腔赤诚，渴望一展抱负。但是，我国整体医疗水平和医疗建筑理念远远落后国外，可谓一片"戈壁"。

黄锡璆如何播种梦想，收获一片绿洲？

第六章

海归博士追梦路

　　留学归来，他初心不改，发挥专业优势，投身于医疗建筑设计领域，并选择了一条落脚一线、实干创业的人生之路。

　　"若许轻捐便轻得，古来创业岂云艰。""冷门"设计遭到市场冷遇，先进理念不被接受，但他从未气馁。硬着头皮"下海"，在小项目上用心用力，在边远贫困地区寻找机会，实现突破。

　　面对金钱、地位，他不为所动，淡若轻风。他只知遵从内心，矢志笃行……

挥汗海南热土

"老少边贫"总关情

是金子总会发光

面对高薪聘请

甘当绿叶托新蕾

第六章 海归博士追梦路

挥汗海南热土

留学归来,行李还在码头,黄锡璆就被单位派往海南岛参与筹建一个新的设计分支机构。他和另外五名同事一起作为先遣队,投身于海南开发建设的热潮中。

海南建省,早有倡议。孙中山富有远见地指出:"今为边防起见,宜将琼州另立一省。"海南建省问题真正进入中央的决策视野是在1986年5月,广东省委书记兼省长习仲勋给中央领导同志写信《关于海南岛行政体制的意见》。信中提出"从长远考虑,海南岛迟早要从广东省分出来独立建省"的重要观点。

1987年,机械工业部设计研究总院更名为"国家机械工业委员会设计研究院"(国机委设计研究院)。进军海南,这是国机委设计研究院响应国家号召,为开发建设海南岛、支持即将成立的海南省做出的工作布局。

1988年3月,国机委设计研究院海南分院在海口市挂牌成立。4月,海南岛被从广东省划出,正式建立海南省,同时建立海南经济特区。

同年,国家机械工业委员会设计研究院根据担负的职能需要,更名为"机械电子工业部设计研究院"。

海南省的设立和海南经济特区的建立,一举将海南岛推向中国改革开放的前沿。从此,海南这个祖国美丽的海岛获得了前所未有的发展机遇,进入深化改革、扩大开放的历史新阶段。

海南一时风起云涌，各路开发大军蜂拥而至，也不乏许许多多心怀梦想的淘金者。

从国外刚刚回国的黄锡璆来到热潮澎湃的海南岛。作为一位工程技术人员，他信心满满，决心把在国外的所学尽快运用到医疗建筑工程设计中，投入建设祖国的洪流中，并渴望在中国医疗建筑设计领域有所成就。

黄锡璆和同事们在海口一家招待所租用了会议室和几间客房作为办公场所和宿舍。他们联系业务时租用改装的简易摩托车穿行于大街小巷，也会购票搭乘大巴赴文昌、琼中、三亚等地，奔波在五指山南北，四处联系业务。而他承接的第一单业务是海南的一家蛇皮加工厂生产车间设计，后来又承接了广东省揭阳市人民医院的方案设计。他们是海南省建设的最早开拓者之一。更重要的是，他们按照设计研究院的部署，在海南摸索探路成立了设计分院，为后来的中国中元国际工程有限公司在海南的发展奠定了基础。

在海南，他和先遣队成员日夜拼搏。下半年轮换，分批被调回北京。年底，他与带队的孟祥恩院长回到北京。从此，他全力投入医院工程设计的市场开拓中。

当时，我国整体医疗水平和医疗建筑理念远远落后于国外，可谓一片尚待开发的"处女地"。但在黄锡璆心目中，这片将要涉足的"处女地"却是一片大有作为的广阔舞台。

常言道：万事开头难。要在这个舞台上成就一番事业、上演人生的精彩，并没有那么简单。

第六章 海归博士追梦路

"老少边贫"总关情

回国后的黄锡璆在设计研究院找到了自己的人生坐标。他信心满满，渴望在中国医疗建筑设计领域开拓一片天地，有所成就。

改革开放初期，我国的整体医疗水平与国外相比差距较大，医疗建筑的设计理念滞后。他提交给客户的设计方案，常因"设计理念过于超前"而得不到用户的理解和采纳。再次归国"创业"，黄锡璆面临许多未曾预料的种种困难。

但黄锡璆没有退缩，不论是小医院的设计项目，还是"老破旧小"医院的改造设计项目，他都坚持深入一线，亲力亲为；同时，不放过任何一次与基层医生、护士甚至是施工队工人交流的机会。他认真求教，仔细研究探讨医院工作流程，了解施工安装工序、新型材料、建筑设备、性能特点，因地制宜地寻找让国外先进理念与国内医疗建筑相结合的机会，积极探索适合我国国情的医疗建筑设计新路径。

20世纪80年代中后期，国家进行了企事业单位的一系列体制改革，机械工业部设计研究院也与许许多多国有企事业单位一样，在机构改革中，自觉服从国家改革发展的大局，走上了自我创收、独立经济核算之路。

在市场经济大潮中，设计研究院从机械工厂设计向民用建筑拓展，开始了艰难的转型。此时，黄锡璆一心想开拓医院设计新领域，但没有业绩，没有实践经验，也没有配套的专业队伍，要在无人区蹚开一条路，谈何容易？

黄锡璆没有放弃，他坚信，医疗设施的发展一定会迎来广阔的前景和繁荣的那一天。

这时，设计研究院仍然是综合设计院的编制。黄锡璆任劳任怨，踏实肯干，工作积极，与大家相处和谐。在工程项目设计的合作中，不仅他所在的设计室同事，就是其他科室的同事，也都非常乐意和他配合，共同做医院项目。每当争取来设计项目，同事们都支持他，主动给他当副主师，其他专业也都积极配合他。大家都渴望能够在医疗建筑设计领域打出一片新天地。

之前，设计研究院的业务大多是工业项目和能源项目。随着改革开放的深入，民用项目越来越多。为适应市场发展的需求，设计行业也迅速升温。设计研究院作为国家直属工业部门，迅速调整业务方向，向民用建筑设计转型，随业务拓展后期成立了医疗建筑设计一所、二所和医疗建筑研究所。

但在初期黄锡璆虽有"博士"头衔，但在业内的知名度还不高，在医疗建筑方面也没有太多的实践。为此他沉下心，边研究，边实践。原本就不善言谈的黄锡璆不得不放下博士的"架子"，硬着头皮"下海"，到处去找项目。听说哪里有医院的项目，他就主动上门去跟人家联系。因为名不见经传，客户总认为，身为机械工业部设计研究院的设计师应该是设计工厂的，怎么会做医院建筑设计呢？他遇到的是一次又一次闭门羹。

好心人见黄锡璆四处奔走，到处求人，有失"博士"名声，就劝他别做医院这种"冷门"设计。但是，我国医疗状况落后的现实与需要，让黄锡璆难以割舍。他坚信，老百姓需要的东西一定会有好的前景，中国医院建设的新时代必将到来。

为及时了解和跟进我国医院建设、医疗服务的改革发展方向，他主动联系国家卫生部有关部门，并被推荐为世界银行中国卫生项目顾问。

黄锡璆作为世界银行和卫健委（原卫生部、卫计委）的外聘专家，先后担任了中国贫困地区基本服务及卫生区域规划区等多个卫生项目的基建顾问。他多次随工作组赴西北、西南等偏远地区考察调研，参与项目的评估审查、技术咨询。他看到过那些设在窑洞里的医院，没有通风设备，空气浑浊；没有供水设施，医务人员要从山下挑水；有的医院没有消毒设备，将日常用水放在铁桶里架在柴火炉上烧开消毒。"老少边穷"地区的医疗设施条件极其简陋，农民缺医少药的情况急需改善。

有一次，他陪同外国专家参加世界银行项目组的调研。在河南信阳的一所乡村医院，医生在一张自制的木板床上为患者做胃切除手术，没有暖气，在隔壁烧火盆取暖。乡村医生自豪地向他们描述手术情景，那位接受手术的农民兄弟撩起衣襟展示腹部手术的伤疤。外国专家一脸惊讶，觉得不可思议。他们感叹生命的坚韧与顽强，而农民兄弟的那道"伤疤"却深深地留在黄锡璆心上。

还有一次，黄锡璆随卫计委的同志视察麻风病村。当时，全国各地有约54万麻风病患者。他看到患者住在残破的房屋内，由当地乡村卫生员隔一段时间送一次药。同行的皮肤病专家介绍说，防治麻风病传染仍是世界难题。

"当我们访问几乎与世隔绝、住在破旧土房里的麻风病患者时，那种情况让我受到强烈的震撼。一位孤苦伶仃的老婆婆，在小孙女的照料下在麻风村进行隔离治疗，境况凄凉。边远贫困地区缺医少药，那一个个浑浊乞怜的目光，让人无法忘记。"黄锡璆深感负重在肩，他说："要改善偏远落后地区的医疗设施，解决贫困地区群众看病之苦，我们做设计这一行的责无旁贷，需要做、可以做的事情很多。"

面对人生的诸多选择，黄锡璆对医疗建筑设计行业的坚守更加坚定。大城市找不到设计项目，就到偏远地区找；接不到大项目，就接小项目。

包括由世界银行提供贷款的医疗项目，即使设计费较低，他也倾尽全力。他坚信，总有一天，他会把心中最美的图画画在祖国的大地上。

"回国以后，我跑过很多基层地方。陪着世界银行和世卫组织专家到各地去考察乡村的医院医疗情况，对基层的感触比较深。"黄锡璆认为，"20世纪80年代初期，有些医院的条件还是比较差的。后来，随着改革开放的深入，变化比较大，但是城市和农村还是有很大差距的，尤其对新的设计建设理念不那么容易接受。"

"若许轻捐便轻得，古来创业岂云艰。"黄锡璆怀着满腔热情，希望能大展宏图，把在国外学的知识用于国内的医院建设上。然而，理想很丰满，现实很骨感。他一次次碰壁，吃了许多闭门羹。他太过"前卫"的设计理念并没有得到认可。满腹经纶却没有用武之地，这是他面临的困惑和迷茫。

可他并不气馁，也没有把自己先进的设计思想束之高阁，而是结合国情和客户需求，从实际出发，将思路和目标转向中小城市规模较小的医院。

"那时候我们在创业，人家还不怎么信任我们。因为我们是机械工业部的下属单位，人家说机械工业是做工厂的，做什么医院？我跟人家说了半天，人家对我们还是将信将疑。我们提交给医院的设计方案，常常得不到采纳。没办法，我们只能通过业绩来证明自己，耐心地说服客户。"黄锡璆并没有放弃心中的梦想，而是因地制宜，根据实际情况一步一个脚印地做好那些不起眼的项目，努力开拓市场。

黄锡璆带领团队东出西进，南北征战，先后承接了金华、九江、宝鸡、淄博等地的一些小医院。这些项目大多一万多平方米，最小的仅有3000多平方米。

黄锡璆并不因为项目小而不在意，即便是再小的医院，在设计过程中，他都是认真对待、精益求精、脚踏实地、稳打稳扎，慢慢积累经验，思考如何把先进的理念与中国的实际情况相结合，尽量在现有的条件和基础上做得完善精到。

他说："在设计医院的时候，必须从患者的角度出发，让先进的设计理念更加切合实际。我跟大家交流的时候，总是说不要随便浪费空间，医院建设还是应该精益求精、精打细算。这样做也得到了客户的信任。"

黄锡璆带领团队在市场大潮的苦苦征战中，逐渐成长起来。

医疗建筑大师 黄锡璆

是金子总会发光

借助担任国家卫生部基建顾问的条件,黄锡璆努力寻找着突破口,并争取到一些世界银行贷款的项目。在市场的摸爬滚打中,他渐渐将一条幽暗难行的小路拓展成通衢大道。

功夫不负有心人。1991年,黄锡璆终于获得了初步成功。他主持设计的金华中医医院规模虽小,但他应用总体规划概念和"天人合一"的理念,实现了人与自然的完美融合,被誉为"南国江城第一院",荣获机械工业部"优秀工程设计奖"和建设部"优秀设计奖"。

说起机械工业部设计研究院第一个获奖的项目——金华中医医院,参与这项工程的赵竹佩和朱曼茜清楚地记得,黄博士作为主任设计师,主持了金华中医医院和金华中心医院的规划设计和单体设计项目。

如今年届九十的赵竹佩,当年是黄锡璆大学毕业分配到设计院工作的辅导老师。来院不久,设计革命运动开始。黄锡璆第一次出差去内蒙古通辽市大林型砂厂参与方案设计,次年建设"三线",参与四川泸州长江挖掘机厂、长江起重机厂的设计,都是由赵竹佩指导。这次金华几家医院设计也得了她的鼎力相助。

朱曼茜和黄锡璆同年考上大学。她就读于清华大学建筑系,学制6年,在学校入党,比黄锡璆晚一年分配到院。设计研究院机构转型调整,朱曼茜担任了综合二室主任,成为黄锡璆的直接领导。

朱曼茜回忆金华这两项医院工程说，黄博士作为主任设计师，主持了金华中医医院的整体设计。他打破原来医院"一条街、筒子楼"的传统格局和模式，汲取了国外的先进理念，把各个分散的部门用一个连廊串起来，组合在一起，使医院的交通联系更便捷，从护士站照看病房更直接。

赵竹佩认为，在金华中医医院的整体设计中，还有一个突出特点，就是黄博士利用医院旁边的一个水塘，设计了一个园林景观。利用它的平面布局，与医院主体建筑有机地组合在一起，显得错落有致，别具一格。黄博士那时候已经把大自然融入医院的建设中。

两位专家一致认为："当时，各种建筑都在追求更多的经济效益，对医疗建筑来讲，更多的是想着怎么多盖点儿房子、多收几个患者。黄博士没有随波逐流。他突破传统观念，大胆创新，赢得了各方的认可。"

金华中医医院虽然规模不大，却是他从留学回来以后，进行的一次成功探索。同时，也展示出黄锡璆在医院设计中具有的新理念、大格局。毫无疑问，金华中医医院是黄锡璆苦苦探索、孜孜以求的经典之笔。

金子总是要发光发亮的。金华中医医院让黄锡璆初露头角，也可以说是设计研究院在医疗建筑领域里开拓市场的一个新起点。

黄锡璆曾多次随国家卫生部门、世界银行团组到偏远贫困地区考察。每次考察回来，他都会写一份详尽的调研报告，针对医院建设的具体问题提出切合当地实际的建议，上报国家有关部门。基于对基层医疗设施现状的了解和群众的愿望，在他接手的医院项目设计中，无论医院大小，即便是县级的小医院，他也倾尽心血、精心设计，努力做好。

河南辉县人民医院、湖南宁乡医院、江西丰城医院等县级医院都曾慕名找到黄锡璆，希望由他主持新医院设计。面对客户真诚迫切的期望，他毫不犹豫地答应了。他不辞劳苦、不计得失前往踏勘现场，与医院各级部门交流想法，认真记录，反复推敲方案，并与团队成员认真研究，精心设计。

针对县级医院投资、规模、地域等各方面有限的条件，黄锡璆说服客户树立适宜的技术和可持续发展的观念建设新医院。有时他还专门为客户举办技术讲座，介绍医疗建筑先进理念和与中国国情相结合的实施方式。在他主持设计下，湖南宁乡、江西丰城等地的新区医院，都成为理念先进、经济适用的县级医院。

好的医院建筑要有"人文的治愈环境"。多年来，黄锡璆经手设计的县医院大多成为花园式和半集中式、标准适宜型国内县级医院的典范。1991年年底，黄锡璆被评为单位的劳动模范。在设计研究院召开的表彰大会上，党委书记盛传红为他颁发了奖状。

从此，机械工业部设计研究院通过业务积累逐渐打开了市场，设计研究院的同志们有了底气，开始向医疗建筑领域大步进军。

面对高薪聘请

因为单位曾经搬迁到安徽蚌埠，黄锡璆成家后也没有给他正式分配住房，出国学习以及回国的十多年里，他的户口仍然是展览路葡萄园5号楼的单身户口，由西城区展览路派出所管辖，当时被称为"黑本"，原来的户口本要换成红本才算是正式的北京人。那时，黄锡璆一家三口仍住在后泥洼胡同单位暂时借给他、与人"插花"的一居室里。多数情况下，妻子带着孩子住在娘家。

这天，设计研究院的两位院领导王荣耀和孟祥恩来到后泥洼胡同探望黄锡璆。看到他爱人邢淑芬忙里忙外的身影，他们问邢淑芬愿不愿意调到设计研究院来。还说单位准备在翠微园小区盖宿舍，建好后分给他们一套。这无疑是天大的好消息，全家对领导的关心很感激。

邢淑芬一直在北京一家乐器厂工作。黄锡璆长年在外奔波，照顾老人和孩子的责任全落在邢淑芬一人身上。邢淑芬能调到设计研究院，对他们来说，会带来许多方便。分上单位的住房，谁都盼望着。

其实，这背后还有一层原因，单位的领导们担心黄锡璆调走。从国外回来的技术人员，不少因为个人生活等问题而跳槽。单位里也有议论，说是黄锡璆待不长，有单位要把他挖走，凭他的本事随时都会走人。虽说没有看出来黄锡璆有走的意思，但领导们心里不踏实，想来想去，决定把他妻子调过来，稳住他的"大本营"。

第六章 海归博士追梦路

不久，设计研究院为邢淑芬办理了调动手续，安排在单位的模型室。其实，设计研究院的领导们担心黄锡璆调走没有错，国家卫生部一直想把黄锡璆调过去。

国家卫生部那时候还在后海办公，黄锡璆作为卫生部聘请的专家顾问，经常参与部直属医疗项目的论证，或为卫生部主管的向世界银行贷款的中国医疗设施项目提供咨询服务。

黄锡璆毕竟是第一个从国外留学回来的建筑学博士，除了一些咨询项目外，卫生部举办医疗方面的培训班经常邀请他讲课。他觉得，这样可以经常跟同行交流国内外的情况，无论是周末还是节假日，只要卫生部需要，他就骑自行车赶过去，参加活动，因此深得卫生部领导同志的赏识。

卫生部的同志心里过意不去，这样调用总不是长久之计。单位的工资和奖金都要按工作量考核，卫生部医政司的魏司长担心影响黄锡璆的收入，就对设计研究院的负责人说，不能让黄博士在这里白干活，提出要给黄博士发津贴。

黄锡璆却没想这么多，从来没提过工作补贴或劳务费，更没想到挣点外快。他觉得到卫生部帮忙可以多干点儿事，还可以通过参加项目论证或与国外专家交流，多了解情况，多学点儿东西。所以，他总是乐此不疲，随叫随到，从不计较什么。

卫生部提出要给黄锡璆发津贴，设计研究院的领导犹豫起来：黄锡璆会不会脚踩两条船，把设计研究院的工作耽误了？他好像不是那种人。卫生部会不会挖走他？这就很难说了。人朝高处走。但凡有点儿本事的人，说走就走。单位有这么一个博士可是个宝贝啊！

设计研究院副院长宋志诚很支持黄锡璆参与卫生部的工作，但也担心他被调走。宋志诚对卫生部那边说："卫生部的工作你们尽管让他去做，我们大力支持，哪怕一个礼拜有一两天到那边去上班都可以。他的工资和奖金还是由我们单位来发，你们放心，我们不会亏待他，一点儿都不少。"

他认为，他的表态打消了两方面的顾虑。其实不然。

后来，卫生部想成立一个医院建筑研究室，希望黄锡璆兼顾研究室的工作。魏颖司长私下征求黄锡璆的意见，希望他调到卫生部来，如果同意，就给设计研究院发商调函。

是留在所里做工程设计，还是调到卫生部去做研究医疗建筑的学者？面临两种选择，黄锡璆一时拿不定主意。到卫生部肯定是个不错的选择，到国家机关，可以说待遇、工作环境都上了一个层次，专业视野与个人发展平台更为宽广。但是，黄锡璆留学回来一心想做工程设计，更倾向于实际工作；同时还想进一步搞些研究，不断提升。这的确是一个艰难的选择。

黄锡璆是一个懂得感恩的人，想想自己作为海外归来的学子，出国之前，已在机械工业部设计院待了25年。无论是几十年的磨炼还是出国留学，他都感受到领导和同志们的关爱，感受到组织与团队的温暖，对设计研究院他是有着深厚的感情的。况且他认为，医院建筑设计离不开理论支持，更要扎实的工程检验，设计研究院有实际工程，更有多个专业团队的配合。他觉得在这里还是可以大有作为的。

于是，黄锡璆向国家卫生部的负责同志明确表示："非常感谢你们的关怀和信任，但我还是留下在设计研究院工作。"卫生部的负责同志尊重了他的意见。

回想起这件事，黄锡璆说，他还得感谢卫生部副部长曹荣桂同志。当时曹荣桂任卫生部办公厅主任，他对黄锡璆说，搞技术工作还是留在设计研究院好，调过来时间一长业务就荒疏了，部里有事会找他。黄锡璆坚定了沉在基层一线工作的决心，从此再也没有动摇过。

其实，要挖走黄锡璆的不止国家卫生部，最迫切、最卖力的要数山东淄博万杰医院。

万杰医院是国家卫生部门特批的高科技综合性医院，后来成为全国诊断技术与治疗技术先进的民营肿瘤专科医院之一。

万杰医院位于山东省淄博市博山区。1991年，万杰集团进军医疗领域，启动万杰医院建设规划和医院大楼建设项目。通过国家卫生部计财司，他们得知黄锡璆博士是医院设计专家，便邀请由他来主持设计，决定在医疗康养领域打拼一番。

发展的根本目的是什么？就是让老百姓的生活更美好。尽管生老病死谁也躲不过，但健康、长寿是人们的共同愿望。农民企业家孙启玉把目光转向高端医疗。他和黄锡璆初次见面，谈得非常投机，对万杰医院的建设规划不谋而合，可谓英雄所见略同。

黄锡璆带领设计团队在北京和淄博之间多次往返，为万杰医院的设计费尽心力，精益求精。很快，一座造型别致的有着200个床位的医院大楼矗立在淄博的土地上。万杰医院还引进了伽马刀，挂上了北京一家知名医院分院的牌子，由北京派人分期分批到淄博万杰医院开展医疗服务。

孙启玉成功地进入医疗服务领域，他深为黄锡璆的学识和医疗建筑理念所折服。一天晚上，他和弟弟孙启银把黄锡璆拉到他的山间别墅，盛情款待。他对黄锡璆恳切地说："黄博士，你到我这边来吧，可以给你配备助手。我们万杰专门成立一个设计公司，交给你来管理。"

孙启玉敏锐地意识到医疗建筑的广阔前景。万杰医院除了建设第一期之外，还规划了第二期。万杰引进的伽马刀医疗设备全是外文资料，建筑面积虽然不大，但很少有人设计得了。黄锡璆做完了整体设计，方案很符合孙启玉精打细算的心愿。孙启玉深知得人才者得天下，他不仅看到了黄锡璆的实力，更看到了他所具有的潜在价值。

面对孙启玉、孙启银兄弟二人的盛情，黄锡璆一时不知该怎样回答。前不久，国家卫生部要调他的事，被他婉言谢绝，现在万杰的老总又把算盘珠子打到了他的头上。

孙启玉看他没有表态，又说："只要你来，我们可以给你一套房子，再配辆专车，年薪也不会少。"

在市场经济之下，人们的思想观念开始发生变化，经济收入的高低成为一些人个人价值的实现标准。甚至在一些人看来，已成为社会地位和尊严的一个标杆。机械电子工业部设计研究院已有人辞职下海，或创办设计公司，或到民营企业供职，以期寻求更有利于自己的发展平台并获得更多的收入。

其实，黄锡璆也正是需要改善生活条件的时候。虽然单位分配给了他一套在六楼的单元宿舍，但孩子渐渐长大，还与老人一起合住，而且没有电梯。谁不想改善一下生活条件呢？说不想也不现实，但他有自己的原则和底线。

孙启玉满以为黄锡璆应该心有所动了，这是他挖人才最下本钱的一次。他没有想到得到的答复令他意外。黄锡璆平静地说："谢谢你的好意。我没有离开单位的打算。"黄锡璆认为他是国家拿钱培养出来的，首先要服从国企的需要。他和声细语，口气却不容置疑："如果你们需要，我会尽力提供帮助，支持你们的发展。"孙启玉怔怔地望着黄锡璆，半天无语。

孙启玉，共和国的同龄人，出生在山东博山市的一个小山村——岜山村。他由一个党支部书记成长为万杰集团董事局主席、万杰集团董事长，成为20世纪90年代风靡全国的农民企业家。1988年荣获山东省富民兴鲁劳动奖章，1989年被评为全国劳动模范。

他深知，正在转型的国有企业一时难以摆脱体制的痼疾，活力不足，动力不强，人才的作用和能力的发挥存在一定的制约。因此，人才纷纷向民营企业流动，成为国企改革中的一种现象。一时被业界称为"孔雀东南飞"。

孙启玉满心想与黄锡璆合作，想不到黄锡璆不为所动，而且态度坚决。虽说令人难以理解，孙启玉心里还是充满了敬意。他说："既然如此，黄博士，来，我敬你一杯。将来还少不了麻烦您。"

这位山东大汉知道黄锡璆不饮酒，还是象征性地给黄锡璆斟上酒，端起杯，以山东人的豪气说道："今天我要一醉陪君子。"然后，一饮而尽。作为异军突起的山东民营企业，董事长孙启玉带领团队先后兴建了万杰医院、万杰医学院，在淄博市创建了医疗建筑一条街，引进伽马刀、X刀、光子刀、诺力刀、质子刀、派特CT等最先进的医疗设备和技术，不少是全国首次引进，曾在国内医疗界引起轰动。

其中，万杰医院的医疗、康养项目，包括主街项目，大多是黄锡璆主持设计完成的。一个小山村的诊疗水平迅速成为全国瞩目的亮点。

随后，北京、天津、南京等大城市的医疗建筑项目也相继进入机械工业部设计研究院的业务范围。设计研究院终于实现了"农村包围城市""曲线救国"的市场开拓战略。

"通过多年的实践与学习，我加深了对医疗设施的认识，使我更加热爱我所从事的专业。"黄锡璆感慨道，"人的一生经历生老病死，每个阶段都离不开医疗设施的服务，医疗设施已成为人类文明发展的标志和象征。我们建设小康社会更离不开医疗设施这一重要支柱。能从事这一项非常有意义的工作，我感到莫大的荣幸。"

后来，万杰医院并购了北京的一家建工医院，又来了一位企业代表，再次动员黄锡璆，还是想把他挖过来。这位代表满心认为，这次黄锡璆不用离开北京，应该不成问题。但没料到，他还是想错了，同样被黄锡璆婉言谢绝。

这期间，还有几所大学得知黄锡璆是从国外留学回来的医疗建筑学博士，早年又在东南大学师从"建筑四杰"的杨廷宝和童寯，也曾联系他，希望调他到大学里开设医疗建筑专业。黄锡璆权衡再三，认为自己长期从事设计，更适合在设计研究单位从事实际设计工作，同样没有动心，一一谢绝。

1993年，黄锡璆到日本东京大学建筑学科研修期间，收到一封来自新加坡的信函。这封信是当年和他同期留学比利时的一位同学寄来的。这位同学回国后又到新加坡发展。他在信中对黄锡璆说，新加坡急需他这样的人才，还给黄锡璆寄来了申请移民的表格，说是那里的大学、公司对他们这类专业人才很感兴趣，待遇优厚，劝他申请去新加坡。黄锡璆回信感谢他的好意，婉言谢绝了。

甘当绿叶托新蕾

哪有不透风的墙？某某单位、某某人想挖黄锡璆的消息不胫而走，甚至在设计院传得沸沸扬扬。下海淘金，人才流动，已成为市场经济浪潮中的常态。但凡像黄锡璆这样的稀缺人才，拔腿走人，不足为奇。

单位领导和同事们看到的是，黄锡璆全力投入工作中，不仅不要价、不摆谱，而且工作一如既往，兢兢业业，丝毫没有走人的意思。大家由衷地称赞和尊敬他。

看起来，黄锡璆不想离开单位的原因很简单。他说过，如果去机关工作，设计专业的实操能力很可能就慢慢荒疏，而在生产建设一线工作，自己能发挥更大的作用。仅因如此，似乎太单纯、太理想化了，不足以令人信服。难道黄锡璆真的别无所求？

甚至有人会问，黄锡璆这样德才兼备的优秀工作者，单位为什么不提拔重用？

没错，设计研究院的领导并非没有想到这个问题。作为黄锡璆这样的稀缺人才，单位也是非常器重的。

1993年，"机械电子工业部设计研究院"调整为"机械工业部设计研究院"，机构人员都有所变动。为了留住黄锡璆并充分发挥他的作用，党委研究决定提拔他任设计室副主任。党委书记高康年说："我们不仅要靠事业留人、靠感情留人，还要靠待遇留人。"他找黄锡璆谈话表达了组织的意图，认为他肯定会乐意担任这个职务，这不仅能提高待遇，也关系到个人的发展前途。人朝高处走嘛！黄锡璆不仅业务强，群众威信也高。

但是，黄锡璆想把全部精力投入业务上。他想了想说："我是搞专业技术的，搞行政管理不是我的长项，还是让我专心致志地做设计工作吧！"

院领导感到很意外，劝他再想想，单位提拔个干部不容易，机会也难得。黄锡璆还是谢绝了组织上对他的关心，坚持从事专业设计。他一再表示："让年轻人上。我会当好绿叶，全力支持他们的工作。"

黄锡璆不图名利、不要官，的确匪夷所思。也许有人会问，他这不是犯傻吗？他到底图什么？

种子不需要任何特别的条件，只要给他合适的土壤就行。

后来，黄锡璆坦露了自己的心迹。他说："是党和国家拿钱培养了我，并为我搭建了这样好的事业平台。我没有什么奢望，只想在这里好好工作，多设计几座医院，干一辈子。"

第七章

心中有幅最美的画

"发展才是硬道理。"一个时代呼唤一个梦想，一个梦想铸就一座丰碑。

把先进理念与我国国情和当地的实际相结合，融入科学的设计技艺，终于把心怀已久的蓝图绘就在改革开放前沿的大地上——一座中国式现代化医院，熠熠生辉。

这是一个传奇，让那座暖意融融的铭石诉说……

小平留下一句话

博士心中有个梦

市场冲浪论英雄

一口吃个大胖子

百年大计，设计为先

地下车库建不建？

设计方案艰难出炉

围观"中国风"

传染科的传奇

铭石暖意

第七章 心中有幅最美的画

小平留下一句话

黄锡璆与佛山人相遇，是一种偶然，还是时代提供了一次历史性机遇？这很难说得清楚。这不重要，重要的是，这个小概率的事件的确引发出一个标志性成果。

黄锡璆在佛山市设计建造的一座现代化医院，成为中国医疗建筑发展史上的一个里程碑。如今，人们走进25年前建成的佛山市第一人民医院，仍为这座建筑的现代化气息和中国气派而震撼。

佛山市地处珠江三角洲腹地，因毗邻广州，靠近港澳，一直占据对外经贸往来的区位优势，是我国经济发展较快的城市之一。尤其党的十一届三中全会后，得改革开放风气之先，发展成为广东第三大城市。

1992年1月29日，邓小平南行途经佛山顺德。他在视察了当地一家制造冰箱的企业并听取了汇报后，当即给予了肯定和鼓励，说："我们的国家一定要发展，不发展就会受人欺负，发展才是硬道理。"

小平南行讲话，翻开了中国改革开放的崭新篇章。

南粤大地春潮滚滚。对位于改革开放前沿的佛山市来说，抓住机遇、加快发展的紧迫感更加强烈。

佛山人懂得，邓小平同志提出的"发展才是硬道理"，是一个非常深刻的真理。它是在总结了我党近半个世纪以来的社会主义建设经验以后，得出的具有深远意义的结论，为我国建设有中国特色的社会主义指明了前进的方向。

最早听到这句名言的佛山人，不甘居后。佛山市委、市政府决定，启动"十三项重点工程"。以此为突破口，打开城市建设和经济发展的新空间、新格局，并在邓小平南行讲话一周年之际全面铺开。这是前所未有的大动作。

"十三项重点工程"之一，就是兴建佛山市第一人民医院。

佛山市总面积3800平方千米，当时全市常住人口为719.43万人。位于老城区一侧的人民医院已有百年历史，院区狭窄，建筑老旧，医院环境不尽如人意，远远不能满足群众看病就医的需求，群众渴望改变医疗现状的呼声十分强烈。

对此佛山市决定：预算总投资10亿元，建设总面积为16万平方米的现代化大型综合性医院——佛山市第一人民医院。

这是佛山人面向21世纪的大手笔，国内罕见。

然而，什么是现代化的医院？不少人见过现代化的住宅、现代化的剧场，却很少有人见过现代化的医院。为此，佛山市专门成立了由分管副市长梅彼得挂帅的筹建班子，即佛山市第一人民医院工程指挥部。

佛山市第一人民医院副院长温仕心任佛山市第一人民医院工程指挥部办公室主任，佛山市卫生局医政科科长谭伟棠任副主任，具体负责筹建工作。这两位医生出身的负责人，虽然都有20多年的职业生涯，但也说不清现代化的医院究竟是个啥模样。

怎么搞呢？现代化是怎么个现代化？大家心里都没底。

不懂就学，学而知之。这历来是广东人敢为人先的成功之道。

1992年年底，梅彼得副市长带队进京考察，打前站的温仕心先行来到国家卫生部拜访曾经到佛山指导工作而认识的领导，希望帮助联系一些现代化的部属大医院，前往参观学习。佛山市决定兴建的医院是一个定位比较高的新医院，卫生部的同志一时也说不清楚，中国哪一座医院称得上是

"现代化"呢？

也许像301医院、协和医院、北大医院这样的医院，集中了先进的医疗设备和医学人才，被公认为集医疗、保健、教学、科研于一体的大型现代化综合性医院。但就其医院建筑来说，已有半个多世纪甚至近百年的历史，还算得上"现代"吗？

"哎，有位黄博士，正好来部里。"在卫生部计财司办公室，一位工作人员顺口提及黄锡璆，说，"他是医疗建筑学博士，也是国家卫生部聘请的专家顾问。今天来部里参加世界银行中国贷款医疗项目的咨询，还没走，你们见见。"

就这样，温仕心在国家卫生部一间办公室里见到了黄博士。双方做了自我介绍，相互留了联系电话。

第二天，考察组到达北京。温仕心向副市长梅彼得、市卫生局局长林汉荣、市第一人民医院院长周润甜汇报了到卫生部联系工作、偶遇黄博士的情况。大家讨论后一致认为，黄博士既然是从国外回来的医疗建筑学博士，是这方面的专家，不妨拜访一下。

就这样，他们来到那时候还在王府井办公的机械工业部设计研究院（中国中元的前身）。他们在设计研究院听了情况介绍，参观了设计研究院设计建造的邮电大厦和一个医院局部改建项目。

"你们做的医院呢？"

机械工业部设计研究院的负责人看到佛山一行人面带疑问，说："黄博士回来做了几家医院，都在外地，包括宝鸡、九江、淄博、金华等地的一些医院。"

"这些医院面积有多大？"佛山方面关切地问。

"一万多平方米吧！"设计研究院接待的同志唯恐对方小看了自己，又补充说，"虽说面积不算大，但是，我们设计的金华中医医院是获了'优秀设计奖'的。"

金华中医医院虽然规模不大，却是黄博士从国外回来以后，进行的一次成功探索。同时，也展示出黄锡璆在医院设计中具有的新理念、大格局。

尽管如此，怎能和佛山人民医院相比？

佛山人要建的是一座占地面积9万平方米、首期建筑面积16万平方米、床位在1500张以上的现代化大型医院。

面对佛山人的大气魄，设计研究院的同志对承接这个大项目似乎也缺少一些底气。

"我们回去向市里汇报，回头再联系。"佛山的专班人马和设计研究院接待的负责人一一握手，礼貌地告辞。但谁都听得出，这是委婉的推辞，双方几乎没有人对这次合作抱什么希望。

广东人的务实精神体现在方方面面。要来就来真的，要干就干实的。佛山方面有几个担心：这家设计研究院在北京，离着广东那么远，双方合作起来，来来回回很不方便；其次，这家设计研究院是机械工业部下属的，更多的是做工业项目，做医院不多。关键是，这位黄博士从国外回来不久，还没有设计过比较大的医院。交流中他也没有表示出多么有把握、有信心。对此，佛山人的担心和疑虑不无道理，也是可以理解的。

大凡至此，也就没有了下文。但事物的发展往往会有意外的情节出现，从而影响了结局。

第七章 心中有幅最美的画

博士心中有个梦

令佛山人想不到的是,元旦刚过,黄锡璆就带着一名助手专程来到佛山。显然,他想通过进一步沟通和了解,试图参与到佛山市第一人民医院项目的工程设计和建设中来。

黄锡璆在国外研究过不少医院,他心中始终有个梦——在共和国的大地上设计兴建一座现代化的中国医院——那种具有中国气派、中国风的大型综合医院。

"发展才是硬道理。"小平的这句名言更加激起了黄锡璆梦想成真的信心。他默默寻觅,耐心等待。

终于,他发现佛山人的梦想与他的梦想重叠在一起,而且是高度的契合。

虽说设计研究院的同事们对这个项目的合作没抱多少期望,但黄锡璆敏感地意识到,这是一次难得的机遇,不能错过。他向领导们建议,前往佛山主动对接。"我们也需要摸清对方的实力和真正意图。"他说,"退一步说,即使拿不下这个项目,也能从中了解情况,学到东西。"

这时,设计研究院的领导也积极在外开拓市场。黄锡璆所在的科室正忙于在大亚湾承接一项超大型商住综合楼。他顶住工作压力,无暇顾及紧张日程,带了一名得力助手来到佛山。他太想争取到这个项目了。

黄锡璆的主动到来让佛山市筹建专班有些意外。虽说合作的前景并不明朗，谭伟棠还是礼节性地接待了他们。

他把黄锡璆安排在佛山军分区的一个招待所住下，这儿离他们办公的地点比较近。接下来的几天，黄锡璆到佛山市第一人民医院原址察看、交流，并到各个科室了解情况。之后，黄锡璆又和筹建班子人员进行座谈，了解佛山市对建新医院有什么想法、准备建成什么样子。

谭伟棠带着黄锡璆来到佛山城南郊区，指着一片鱼塘和农田告诉他："新医院准备建在这里，征地136亩。"还向他介绍了周边的有关情况。

黄锡璆问谭伟棠搞过医院基建没有，谭伟棠坦诚地说，从来没有接触过基建工程的事情。自己在医学院毕业后当过10年的医生，6年前被调到市卫生局当医政科科长，现在被抽调到筹建办任专职副主任。他坦诚地说："我虽然搞了好几年的医院管理，但是，什么是现代化医院，我一点儿谱都没有。"

黄锡璆一边踏勘医院建设用地，一边向谭伟棠介绍现代化医院设计的新理念、新思路，讲外国现代化医院是怎么回事，有哪几条才算得上是现代化医院。后来，谭伟棠感慨道："其实，我对现代医院建筑的认知就是黄博士给我启蒙的。"

谭伟棠更没想到，临走的时候，黄锡璆拿出一沓资料对他说："这些是我收集整理的国外现代化医院建筑的资料，还有一些图纸、案例，留给你们吧，也许你们建这个医院用得着。"

话别时，黄锡璆伸手紧紧地握着谭伟棠的手，真诚地表示："佛山处于改革开放的前沿，完全有条件建成国内最好的医院。我们非常希望能够参加佛山市第一人民医院的设计，即使没有这个机会，我们也愿意看到佛山建成国内一流的医院。"

谭伟棠被黄锡璆的真诚和大气深深感动了。

第七章　心中有幅最美的画

市场冲浪论英雄

　　黄锡璆离开佛山之后，佛山市第一人民医院工程的筹建工作也紧锣密鼓地开展起来。

　　这天，谭伟棠接到市委办公室的电话通知，让他到市委第一招待所接待一位建筑方面的专家。见面才知，这位专家不是自己找上门儿来的，是市委书记邀请的贵宾。

　　市委书记的秘书麦炎祥后来升任市政府副秘书长并兼任佛山市第一人民医院工程指挥部副总指挥。麦炎祥和谭伟棠相熟，当时，他给谭伟棠交了个底。近期佛山市委、市政府正在与某单位著名机构洽谈合作，希望通过引进一些转产的项目，促进佛山制造业的发展。这位来宾就是该单位代表。市委书记已经首肯让他们来承接佛山人民医院工程的设计项目。

　　谭伟棠陪着这位代表跑了几天，看医院，看工地。代表精力充沛，行动敏捷。谭伟棠和他边看边聊，感觉他对建筑结构方面的知识渊博，但是对医院功能及工艺流程不甚了解。谭伟棠委婉地对他说："你看了几天，能不能把你的观感以及下一步怎么设计这个新医院的初步想法写个提纲？我好向市领导汇报。"对方爽快地答应下来。

　　谭伟棠拿到对方的提纲，越看心里越发沉重。如果让这个设计院来做新医院的设计，看来是不可能完成市委、市政府交给的建设一座20年不落后的现代化医院的目标的。如果因工作失误或提出不同意见妨碍了全市经济发展，这个责任是承担不起的。

谭伟棠拿着这个提纲去找温仕心汇报。温仕心翻来覆去地看这几页纸，良久抬起头来问："你是怎么想的？"

"我认为应该如实报告。"谭伟棠回答，"怎么决策是领导的事情。"温仕心同意谭伟棠的意见，两人一起来到梅副市长的办公室。梅副市长听清楚两人的来意，略一沉吟，拿起办公桌上的电话向市委钟书记请示："新建医院筹建办两个主任到我的办公室，关于医院设计问题有比较重要的意见。"钟书记说："你们现在就来我办公室。"

在温、谭两人汇报的过程中，钟书记的脸色凝重起来。不知过了多久，钟书记把目光转向梅副市长，缓缓地说："这样吧，材料放在这里，我再看看。"

一周之后，谭伟棠接到麦秘书打来的电话："市委常委会研究决定，你们这个项目设计要走招投标程序。"

佛山市要斥巨资建医院的消息不胫而走，一些建筑设计机构派出专业阵容前来勘察对接，甚至台湾的一家设计院拉上美国的一位大牌设计师来到佛山，迫切地希望拿到这块大蛋糕。一时间，各地设计机构蜂拥而至，群雄逐鹿，纷纷加入竞标行列。

对佛山人来说，这也是大姑娘上轿——头一回。其实，直到1999年8月30日，第九届全国人民代表大会常务委员会才颁布了《中华人民共和国招标投标法》。之前只是探索，佛山人先行了一步。

谭伟棠意味深长地说："当年市委、市政府的领导很开明，工程指挥部就管设计招标和施工招标、项目预算等大事，具体工作全部交给筹建专班去做，没有任何领导写条子或打电话来干预。"

在众多的设计竞争中，共有五家设计单位前来竞标。黄锡璆博士的标书脱颖而出，他提出的设计方案以无可争议的专业水平一举中标。

"让市场做出选择。佛山方面正儿八经地搞起了招投标。"设计院参与当时投标的王漪说，"那时，我们是刚进入市场的'菜鸟'，甚至弄不明白投标是什么意思，哪里经过这种场面？但是，我们的医疗设计方案显示出博士的水平，所以我们赢得了信任，也赢得了这场博弈。"她感慨道，"我们也要感谢市场提供的公平竞争。"

"黄博士跟其他设计院的设计师最大的区别在哪里？人家是做项目、做生意，博士是做事业。他不谈生意经，只讲新理念，很想跟甲方一起把这个项目当成事业来做，而且很有信心能做好这个事情。这种想法溢于言表。"已经退休多年的谭伟棠回忆起当时的情况，颇有感慨。

他说："我不能说人家做生意不对，但黄博士就是与别人完全不一样。他比较务实，为人谦和，这是我们特别看重他的一点。另外，他毕竟是留学归来的博士，对现代医院设计的内涵理解得比较透彻。尤其他全身心地投进去，不计得失的无私奉献精神，征服了我们筹建专班的人员和市领导。"

对于佛山人来说，抚今追昔，另有一番感慨。

"现在回过头看，我们很感谢当时的决策者们。梅副市长很好，他真的没有架子，非常民主，很乐意听取下面的意见、专家的意见。书记也没有干涉，要求走招投标程序。市委领导只有两点指导性意见：一是设计可以用外面的团队，施工单位应该尽量选择本土有实力的；二是佛山是建材生产基地，建筑材料一定要用佛山的。"

谭伟棠感慨道："作为佛山的重点工程，政府相关部门基本上都开绿灯，所以，我们医院筹建专班没有压力，没有干扰，能够放开手脚，大胆操作。"

一口吃个大胖子

黄锡璆虽然赢得了佛山市最大的"民生工程"项目——第一人民医院的工程设计,但要把他心中最美的图画画在改革开放前沿的大地上,却不是一件轻而易举的事。

机械工业部设计研究院的职工们听到中标的消息,备感意外。

"这么个大项目!我们从来没接过。"惊喜之余,也有人担心。

"这是个大馒头,我们能吃下吗?是不是找家大牌设计院一起做?"

"怎么,你还想傍大腕?"

"没有金刚钻,难揽瓷器活。"

……

对这个项目能不能承接,大家议论纷纷。这毕竟是一座总建筑面积16万平方米的大型综合性医院。一次性规划建设如此规模的医院,当时在国内并不多见。在项目论证会上,设计室里的意见也不一致。

"我看可以。"有人自信地说,"咱们有博士,他就是咱的'金刚钻'。"一番讨论之后,大家把目光投向坐在一旁一直沉默不语的黄锡璆。

"这是个大项目,以前我们确实没遇到过。"主持论证会的负责人也把目光转向黄锡璆,说,"黄博士,我们想听听您的意见。"

"不过回国这些年,我们先后接手金华、九江等,包括中小城市的多家综合性医院,虽然项目都不大,但也有积累,也不是没有底。不做大项目,设计院又怎么成长呢?"黄锡璆说话慢条斯理,却富有哲理。他分析认为,设计研究院专业门类齐全,分工比较细,而医院建筑涉及专业多、要求高,我们比较一般民用设计院,有一定的优势。当然也存在短板,因为承接机械工厂设计多,民用建筑少,尤其是医院设计建设更少,缺少实践经验积累。"凡事总要有第一次。有了第一次,才有后续的可能。"

黄锡璆不肯轻易地放弃心怀已久的梦想。他充满信心地说:"我们不能打退堂鼓。路是人走出来的,不少成功都是逼出来的。我看,只要我们认真努力,一定能成。"

尽管黄锡璆逐梦的心情比较迫切,但他一向尊重组织,服从领导。他很有分寸地表示:"这只是我个人的想法。这个事还是请领导们来拍板。"黄锡璆的话让大家有了主心骨。综合一室主任许首斑也坚定了信心,他和大家一致认为:"不论困难多大,这个项目,全室全力以赴,一定能搞定它!"全室的同志们一致支持,使黄锡璆心里也感到有了依靠。

恰在此时,出现一个插曲。有人介绍了一家中国台湾岛的设计公司参与进来。这家公司的老总在外地主动给黄锡璆打电话联系。为了解情况,掌握国际前沿技术,黄锡璆没有回避,而是要求对方提供公司的资料。有意思的是,对方寄来的是一家美国公司的样本。黄锡璆心想,还不如直接找美国这家公司,何必绕个弯,多花钱、多费事呢?况且他对台湾从事医疗建筑设计的公司也有所了解,这家公司并不擅长医院建筑设计。

为稳妥起见,设计研究院要求尽量找一家大牌公司作为联合伙伴。黄锡璆又联系了位于美国加利福尼亚州旧金山的 A＋A 公司。对方也很热情主动,给出了 72 万美元的概念设计报价,说是按投入人工时费计算的,是很优惠的。

设计研究院将美方公司的报价及时告知佛山方面。佛山方面回复说:与外方合作,语言不通,还要翻译,沟通不便。他们明确表示:"我们不想折腾了,就认定你们设计院,请你们好好给我们设计吧!"其实,佛山方面考察发现，广州有些项目是国内国外联合设计的，因"水土不服"，效果并不理想。

几经周折，佛山第一人民医院的项目总算定了下来。机械工业部设计研究院决定独立承担，由黄锡璆博士主持设计。

梦想是一粒种子，只要给它合适的土地和气候，就能开花结果。

英雄有了用武之地。黄锡璆终于迎来他梦寐以求的"让国外先进理念在国内医疗建筑领域落地生根"的机遇。

黄锡璆倍加珍惜这次来之不易的机会。在设计研究院的支持下，他带着30多人的设计团队，包括水电、暖通等各个专业的设计师，一头扎进佛山。与佛山市老医院的几十个科室逐一交流，征询意见，展开第一阶段的勘察调研工作。

"可以说，佛山市第一人民医院的这个项目，我们设计研究院举全院之力，把精英建筑师都组织了起来，在黄博士的带领下，全部投入佛山。博士的牵头作用功不可没。"谈起当时的情形，设计室主任许首斑说。

尤为难得的是，佛山地处改革开放前沿阵地，佛山市第一人民医院管理层思想开放，对黄锡璆也非常信任。杰出的设计师遇上开明的客户，而且客户有雄厚的资金实力，这给设计师提供了发挥想象的空间。

但是，他们未曾料到，这个项目也是块难啃的"硬骨头"。

第七章　心中有幅最美的画

百年大计，设计为先

首先遇到的问题是，佛山市第一人民医院的一些老职工听说医院要拆旧建新，搬迁到离老院区将近 10 千米的南郊新区，产生了抵触情绪。一些老员工包括部分中层以上干部对佛山市委、市政府的这一决策不理解。

老医院位于佛山市中心的文昌沙地区，旁边有一所佛山最好的高中——佛山一中；另一边有商业中心、海天酱油厂。碧波荡漾的汾江从医院前面静静地流过，环境优美，生活方便。老职工们说："文昌，文昌，多好的地方！"他们认为，老院区很旺，是风水宝地，到荒郊野外有什么好的？

佛山市第一人民医院的历史可以追溯到 1881 年，最初是一位外国传教士创办的小诊所。就在几年前，北京一个全国医院协会搞了一次中国百年医院联谊活动，按照历史排名，佛山市第一人民医院排在全国第七位。

医院门前那条日夜流淌的汾江，见证了医院百年的风雨历程，映照着一代代医务人员不眠不休的忙碌身影。医院员工对医院的文化历史有深厚的认同感和怀旧情结。一听说这个地方要置换给一家公司，就接受不了。他们主张要在原址上建新院，不应该迁出去。甚至认为，投巨资建医院，还不如把这钱买成各种先进设备，配置给老医院。

黄锡璆带领的设计团队在工作中不免受到冷遇，甚至有的科室人员不再积极配合，致使起步阶段的设计工作推进艰难。

佛山市第一人民医院筹建专班多次召开科室负责人动员会，传达上级领导的指示，向大家介绍佛山未来的发展规划和医院的发展前景，充分发挥中层干部的作用，争取职工对搬迁的支持。

佛山市第一人民医院老院区占地面积 4 万余平方米，建筑面积 7 万余平方米，全院开放床位 840 张，有 1000 多名医护人员和各类员工。无论是医院的发展规模还是发展空间，都受到严重的制约，而且远远不能满足当地群众的医疗需求。建设指挥部通过展示医院发展的美好前景，开展深入细致的说服工作，逐渐得到医院广大职工的理解。

佛山市筹建专班好不容易做通了整体搬迁工作，设计方案又经历了重重波折。

有人提出，即使搬迁，新医院工程的功能设计也必须按照老医院的模式，不许走样。

筹建办公室多次召开科室代表参加的沟通协调会议。会上，有人发表了比较偏激的意见，甚至用语比较刺耳。黄锡璆不急不躁，工工整整地记录下来；对客户的疑问他耐心、细致地解答，始终是那么儒雅、淡定。

当时的工作生活条件比较艰苦。30 多人的设计团队挤在佛山市第一人民医院老楼的五层办公区，办公、住宿都在一起，就餐就在医院食堂。黄锡璆说，尽管条件简陋，但大家都有一个共同的心愿："精心设计、精心施工，我们要本着对佛山人民负责的精神，对得起佛山市人民医院对我们的信任，认真做好设计工作，交一份合格的答卷。不能让人家失望。"

黄锡璆和大家勘查现场、组织讨论，并抽空到老医院各科室参观走访，分组分片分专业征求各方意见，掌握第一手资料。然后，他带领设计团队加班加点绘制图纸，经常工作到深夜。在设计方案大框架敲定后，设计团队反复听取各方意见，一次次地修改完善。

这天，一位当地媒体的记者来到设计人员住处，看到设计人员趴在图板上画图，感叹道："广东这边不少人都向钱看了，还有你们这么一群人猫在这儿汗流浃背地干活，值得敬佩。"

"不是有人说吗？我们也是'向前看'。"黄锡璆笑眯眯地回答说，"我们看重向前发展，百年大计，精心设计。这么多年来，老同志就是这么把我们带出来的。我们这么干活不是很正常？外行人还觉得我们还挺拼的，其实我们行业常年都这么干。"

"精神可嘉。我们给你报道报道。"记者拿出本子就要记录。

黄锡璆摆摆手说："这事还没干成怎么能宣传呢？还是等等吧！我们先踏踏实实地干。等干好了，你再来报道。"

记者还是在媒体上把佛山这项重大"民生工程"给报道了出去。

随着各项工作的展开，佛山市兴建第一人民医院的工程项目动静越来越大，以至引起了广东省领导的关注。省领导提出，既然佛山市花这么多钱，做这么大的民生工程项目，就一定要做出一个很好的形象，指示要建成佛山的标志、广东的标杆。

由此，佛山市领导层对医院的建设提高了定位，医院不能局限于本市的医疗服务，还要面向整个珠三角区域，建成一座具有较强辐射力的全新的现代化医院。

无疑，这相当于对黄锡璆带领的设计团队提出了更高的要求。如何把各方的诉求变成一幅美好的蓝图，绘就在改革开放前沿的大地上？

黄锡璆面临更大的挑战！

地下车库建不建？

有人说，好的设计师遇到优质客户，才能互相成就，取得最佳的结果，实现双赢。

佛山市第一人民医院的设计，让黄锡璆在国外学习的新理念有了集中展示的机会。在设计过程中，他与客户方反复沟通磨合，结合项目资金、技术、装备、业务流程、管理模式、地域文化和未来发展等多种复杂因素，充分讨论，博采众长，广纳善言。对于不合时宜的意见和观点，他会耐心说服，引导客户各方接受国际先进医院设计的新概念与新技术。

但要改变人们头脑中固有的观念谈何容易？

佛山市第一人民医院最初的设计图纸出台后，征求各方的意见。大家不知道它好在什么地方，出现了许多质疑声。比如，佛山市第一人民医院的门诊大厅。之前，国内的医院入口厅都比较小，没有宽敞的门诊大厅。有人说，门诊厅为什么要弄这么大？为什么要做自动扶梯？走廊联廊为什么也搞得这么宽？医院弄得跟商场一样豪华，是不是太浪费了？等等。

面对诸多质疑，黄锡璆耐心地解释。"我们坚持创新不是为了标新立异，而是为了更好地实现医院的功能与创新，做到形式服务于内容。采用全新的结构布局，是基于生命关怀的考虑。"

在黄锡璆看来，医院的每一寸空间，都是呵护生命的战场。空间设计必须科学合理，才能保证车流、人流、物流、信息流畅通。"要让患者走最短的路、用最短的时间，得到最好的诊疗；让医务人员工作时少做无用功。"黄锡璆正是以这样的设计理念，向佛山市提交了医院总体设计图。然而，设计方案并没有得到院方认可。

许多人对这种打破传统结构的创新设计接受不了。黄锡璆反复地耐心解释为何采用这样的设计布局，基于怎样的经验教训和依据。

他列举欧洲的经验教训。第二次世界大战以后，欧洲为快速恢复战争创伤，大量采用、推广了模数化、标准化的设计模式，建设了一大批医院。这种医院过度侧重医疗工艺，造成空间密集，结构单调。这是为方便医生工作进行的设计构建，却忽视了患者的感受，缺少人性体现，人们叫它"治病工厂"，颇受诟病。

经过长期的实践总结和反思，除了科学规划、合理安排、满足各类流程之外，医疗设施应当具有温馨的色彩和空间情趣。这样的医院更有温度，更有利于患者的治疗和康复。医院设计体现了建筑师对人性的关怀和理解。直到20世纪六七十年代，欧洲医院的建设才摒弃了原来的观念，开始向更加人性化的方向发展。

作为一名医院设计专家，黄锡璆始终坚持：医院是救命的地方，设计上绝不能搞形式主义，要让患者走最短的路看完病。这是他搞设计的原则。他认为，现代化的医院除了解决医疗流程问题，还要做到空间合理、色彩丰富；让患者感到更舒心、更温馨；我国人口较多，门诊大厅要有足够的空间才能保证前来就诊的患者有序分诊，不必排长队挂号、取药；包括设计地下停车场，都是为了充分利用空间，以满足将来的需要……

除了电梯之外，医院中庭采用自动扶梯，当时在中国是非常罕见的。许多人并不认同，认为是一种浪费。甚至有人发表文章公开提出疑问：你们有没有超前得那么厉害、有没有浪费资源，等等。

"建筑界一位颇有点儿名气的建筑师发表论文，批评我们。他接受不了，说医院搞这个扶梯是华而不实。一时议论纷纷。"谭伟棠说，"黄锡璆博士带领的设计团队和我们佛山筹建班子备受非议,承受了很大的压力。"

黄锡璆说,学术界有一个词,就是"你对你的东西正确性的坚持"。他鼓励大家坚定信心,不为所动。

医院建成后,人们发现自动扶梯持续运转,效率很高。正如黄锡璆说的那样,避免了患者等电梯、挤电梯产生的焦虑。自动扶梯通过能力强,视野开阔,让人感觉更舒畅更方便,前来就医参观的人都说好。那些持批评意见的人,观念也慢慢转过来了。几年之后,许多大型医院纷纷采用了自动扶梯。

事实证明,医院到满负荷运转的时候,所谓的"超前"就不存在了,而是恰如其分地满足了医疗需求,被老百姓称赞为"惠及民生的好工程"。

"其实,黄博士的创见和远见,就体现在这里。欧美医院也没有中国这种门诊大厅,因为他们多是预约式就医。黄博士是从中国的国情出发来设计的。中国一是人多,二是方式落后。大家想看病都是直接上医院,不预约,所以需要门诊大厅。现在哪个医院没有门诊大厅?他引领了中国医院建设的模式。"王漪说。

当初,对这种打破传统的开创性设计,许多人是不接受的。黄锡璆给佛山市第一人民医院设计两层地下停车场,同样引起异议。

不少人认为,医院建那么大的停车场,哪有那么多车?

那时候佛山人大多骑摩托车,南方人觉得摩托车很方便,为什么还要开汽车呢?做这么大的车库有用吗?

就连医院的领导层也不赞成建地下停车场,认为,其他地方建地下停车场可以,就是医院不可以。"一进医院就到地下,多不吉利呀!"

后来,卫生部的一位领导同志到佛山,看了车库,也提出疑问:是不是太浪费?

地下停车场到底建不建,一时成为争论的焦点。

黄锡璆认为,国外的停车场大多在地面,地下停车场并不多。这是因为国外人少地多，用地比我国宽裕。从我国汽车激增的趋势来看，佛山是改革开放的前沿区域，随着经济的迅速发展，车辆可能增加得比较快。因此，必须考虑到未来的发展。

黄锡璆与院方反复沟通，最后商定，保留一层设有260多个车位的地下停车场。

谭伟棠说："这个地下车库，是在黄博士的一再说服下，佛山筹建专班人员硬是顶着来自各方面的压力建起来的。"

几年之后，私家车越来越多，人们发现地下停车场不够用了。面对现实，大家的思想观念也在变。有人又问分管基建的副院长谭伟棠，当初你们为什么不搞两层的？

"搞两层的话，我这乌纱帽恐怕都要搞丢了。"谭伟棠苦笑着说，"当时搞一层，班子讨论都差点儿没通过，两层肯定通不过。若不是黄博士说服市领导，地下一层车库也不可能存在。"

其实，对这个车库，设计人员也有疑虑。"当时，我也参与了这项工程设计，对地下车库也不理解，认为搞那么多地下车位，哪会有这么多汽车？"中国中元的一位设计人员说，"博士一定要坚持。他说这个车库不能少，以后肯定会有用的。黄博士总是比我们看得远。"

随着车辆越来越多，地下停车场不得不改造扩容。2006年，佛山市第一人民医院兴建肿瘤中心，相继启动了二期、三期工程。为满足日益增长的车位需求，扩建了一个有700多个车位的地下车库，跟原来的车库连接起来，进行配套。

如今，地下停车场达到了1300多个车位，仍是一位难求。

设计方案艰难出炉

黄锡璆博士把先进的理念和中国的实际相结合，打破传统模式，开创性地建立了医院设计的新概念、新思路、新格局。

也许是好事多磨，事物的发展总有你料想不到的事发生。这幅美好的蓝图要在佛山变为现实，历经了重重波折。

黄锡璆带领设计团队在现场勘察设计，然后回到老院分片召开外科系统、内科系统和医技部门座谈会，广泛征求各个科室的意见，看有什么要求。座谈会上却常常发生激烈的碰撞，甚至各执一词，互不相让。

"起初，内部设计涉及很强的专业性，我们筹建办也不懂。科室提出的各种意见，我们也不好解释，就转给黄博士。"回想当时的情况，谭伟棠说，"随着基建工程的推进，我们就比较熟悉了，发现有些修改意见有道理，我们就采纳；有些不合理，我们就挡回去，但必须做通工作，说服对方。这给黄博士增添了许多麻烦。"

如何兼顾各方意见、解决这些矛盾，考量着设计团队的耐性和智慧。

每遇这种情况，黄博士总是循循善诱，耐心说服。他非常随和，涉及对方的需要和功能性的东西，他会充分尊重对方的考虑。

往往是一波未平又起一波。佛山市第一人民医院的检验科主任强烈反对改变他们科室的结构布局。他找到设计人员，愤愤地说："我现在用得好、用得舒服就是最好的了。你们不要给我变，我就要现在这个样子。"

佛山市第一人民医院的检验科是当时国内管理最好的检验科之一。黄锡璆认为化验室设备更新的可能性比较大，大开间有利于模块化组合。但检验科坚持要小隔间、分科室管理。

对于设计人员的解释，医院方并不以为然。这位主任坚持说："什么现代化不现代化！你别跟我讲那些虚的东西。现代化的我没见过，我觉得现在这个样子就是最好的。你们要改，一定不行！"

遇到这种难以沟通的情况，大家总是请黄锡璆来做工作。谭伟棠说："尤其我们筹建办的人讲不清楚的时候，就请黄博士来沟通。博士很有耐心。哪个科室有问题，为什么要这样做，博士讲得很细致，也很有说服力。"

但是，这一次谁也说不服检验科主任。黄锡璆跟他讨论，这种设计借鉴了国外做法，国外化验室不是一小间一小间的，而是大空间的。将来先进的化验设备和流程需要这样的空间。

检验科主任说："你们不懂化验。我们科室要核算到部门的，房间要分开来。我必须这样搞。"

无论黄锡璆怎样耐心地解释和劝说，这位科主任还是坚持用小隔间。筹建指挥部的同志也没说服他，只好保留了他的意见。

黄锡璆显得很无奈，遗憾地说："将来，这个肯定是问题。"

有道是，谁能看到未来，谁就能赢到最后。医院建成启用几年后，这位科主任终于发现，由于空间格局的制约，新设备的应用、管理模式的更新，都大受局限。他发现自己错了，懊悔不已，后悔当初不应该不听设计师的意见，留下抹不掉的遗憾。现在很多医院检验科都是大开间，全自动生化分析，全是流水作业。

过去的医院设计基本上沿袭了传统的结构布局，楼房大多是一栋一栋独立的，门诊厅也很小。比如，挂号诊断要到门诊楼，照相、拍片子要到医技楼，住院要到病房楼。这些往往各自独立，互不照应。

而在佛山市第一人民医院的设计中，黄锡璆结合多年来对中国医院建筑的研究和实践成果，开创性地运用方格网络交通模式设计、医院主街设计，以及适合我国国情的半集中式布局，用一条主街串起来，把它们变成一个楼群。中间门诊大厅设计在一个共享空间、多层空间；自动扶梯把患者疏导到各个科室，每个科都有一个候诊空间。

尤其在主楼的结构中，黄博士没有照搬国外的模式，而是结合中国人口众多的特点和季风气候，一改欧美国家流行的短动线、大平面、有较多房间光线暗的设计惯例，在主楼内设计了多个内庭院式天井，各功能用房面向内庭院，又具有更好的进深，让室内的视野更加通透，很好地解决了通风、采光问题。

由于先进的手术流程应用，手术室采用"双通道"布置，把每个手术室串起来，洁净和污染互不交叉，也是过去没有的。

CT、核磁共振这些大型设备，在我国医院大量引入，机房应该怎么布置？影像科如何布局？候诊的方式怎么安排？这些都需要全新的理念、全新的设计。为保障交通无障碍，增加了电梯的数量。主街的形式第一次在国内使用。再就是病房楼的面积、病房的通道、病房的大小，都在原有的标准上进行了优化和改进。

多通道式影像中心、生物洁净手术部、下沉式广场、自动扶梯、大型地下停车库等，均属国内医院首次采用。

对医院建筑的立面设计，黄锡璆也没有一般化处理。他们专门到香港考察建筑形体的关系，前后出了20个方案，力求通过新的创意展示中国风格。

设计团队把图纸发给医院各科室征求意见，大家看不懂的，黄锡璆就用直观的效果图给大家一一解释。

那时没有计算机绘图，建筑透视图、鸟瞰图都是手绘。黄锡璆组织室里设计师，并邀请院里其他科室的建筑师贡献造型各异的方案，由设计师绘制出彩色的效果图，供领导、院方反复比选。

因为设计团队方要听取各方意见，包括各级领导也要把关。效果图也有不少人看不明白，弄不清楚医院到底建成后是什么样子。为了让佛山人更直接地认识和理解设计图，设计研究院忍痛花了4000多元，在北京请模型公司做了个精致的医院模型运到佛山，向大家展示新医院的完整形象。哪里料到，由于南方空气潮湿，模型脱胶变形了。大家在旅馆客房里拿着吹风机反复吹，折腾了好一阵子，直到吹干复原，运到医院筹建办。

黄锡璆在现场亲自给大家讲解。他还有一个优势——他那口广东腔的普通话，一下子拉近了与甲方的距离，增加了亲切感、共情感。

几经周折的设计方案，终于赢得医院干部职工和市委、市政府领导的一致认可。

蓝图敲定，进入施工阶段。佛山人并没有就此而止，而是紧接着开始谋划第二期、第三期工程建筑设计方案。其中包括肿瘤中心和一座独立的相当于一个小型传染病医院的传染科综合楼。

在长达十多年的分期建设过程中，佛山市第一人民医院筹建办与中国中元联合组织了多次国外考察活动。

1995年5月，由于癌症中心的设计建设有独特的要求，梅彼得副市长带队到美国休斯敦安德森癌症中心进行考察，了解国外医院的发展情况，学习借鉴发达国家的经验。

德克萨斯医疗中心位于德克萨斯州休斯顿，号称是世界最大的医疗机构，拥有6000张床位，由40多个不同的学科中心组成，是名副其实的医疗城。安德森癌症中心是该医疗城的组成机构，闻名世界。

其中一位接待的人员就是佛山市第一人民医院在那里进修的医生。在参观过程中，黄锡璆向大家介绍这些医院的建筑特点和管理布局，有什么优长，存在什么问题，国内医院的建设要学习哪些优点，吸取哪些教训。黄锡璆谈了自己的意见，讲得很坦诚，这让同行者十分钦佩。

其实，不是黄锡璆来前做了什么功课，他在比利时留学期间就对西方的医疗建筑进行了广泛深入研究，包括欧美各国医疗体系和管理模式，细心收集资料、认真分析，储存在脑海里。

这次考察收获很大，大家对肿瘤中心的设计建设有了新的认知，也达成了共识。考察安排非常紧凑，从一个城市转往另一个城市，从一家医院到另一家医院。

佛山方面的考察成员有一个意外的发现：想不到黄锡璆博士这位设计大师还能画一手好画。考察间隙，每有空闲，他就会拿出随身携带的速写本，对着窗外的特色建筑写生。寥寥几笔，就把建筑轮廓勾勒得惟妙惟肖。然后，再用浓淡相宜、疏密有度的线条，把建筑的明暗凸显出来，形成颇有立体感的视觉效果。就连奔跑的汽车、行人和一株株花草树木都画得活灵活现。

黄锡璆真正要画的不是面前的景物，而是心中那幅蓝图——佛山市第一人民医院。在考察中，他和大家一路揣摩，一路调研，形成独到的看法，谋划着佛山市第一人民医院第二期和第三期的配套设计。他为心中的梦想全身心地付出。

第七章 心中有幅最美的画

围观"中国风"

　　黄锡璆用心中那幅最美的蓝图还佛山人一个热切的期许。

　　1997年12月25日，佛山市第一人民医院门诊大楼竣工开业。这项惠及人民群众的最大"民生工程"，立刻成为佛山市的地标性建筑。佛山人无不欢欣鼓舞，备感骄傲。

　　搬迁这天，佛山市举行了隆重的庆典仪式，门诊大楼被装点得五彩缤纷。全院职工像过大年一样，兴高采烈地拥向新院区。每个人的脸上都挂满了灿烂的笑容。

　　"哇！这么大气！""想不到这么漂亮！""好气派啊！"就连当初极力反对建设新医院的人也竖起大拇指，由衷地称赞："这个医院建得好！"人们纷纷在大楼前的广场上照相留念。

　　那些白衣天使就像一只只飞来飞去的广场鸽，蹦蹦跳跳，欢声笑语。不知是谁，情不自禁地唱起了新编的院歌《圣洁之光》，大家随着一起唱起来：

　　　　南粤古镇，悠悠汾江，
　　　　巍峨的大厦沐浴着灿烂的阳光；
　　　　百年之路，历经沧桑，
　　　　光荣的岁月承载着医风的高尚；

医疗建筑大师 黄锡璆

啊……

生命之舟，扬帆启航，

我们无私无悔，热忱救死扶伤；

我们团结进取，谱写新的篇章。

看洁白的十字召唤火热的心，

在圣洁的天地里，

并肩携手，共铸辉煌。

啊……

紧跟新时代的脚步，继往开来，

在圣洁的天地里，

并肩携手，再创辉煌

……

歌声深情激昂，久久回荡在南粤大地，也萦绕在中国中元人的心间。

▲ 佛山市第一人民医院（医院提供）

1998年6月27日，佛山市第一人民医院全面投入使用，一期工程开放病床1000张。医院立刻显示出无与伦比的优越性。它以高效便捷的独特优势吸引了周边患者，珠三角、港澳地区的患者也过来看病。当年，就创下单日门诊量4600人次的全国最高纪录。医疗区域辐射到整个珠三角和港澳地区，并成为佛山市的一张亮丽名片。

　　卫生部医政司司长在全国医疗工作会议上评价说："中国医院现代化建设是从佛山市第一人民医院开始的。"他参观过佛山市第一人民医院，留下很深的印象。当时他就说："这才是中国现代化的医院。"

　　这一评价引起全国医疗卫生系统的好奇与关注。各地医疗卫生机构纷纷组织人员前来参观学习，一时络绎不绝。

　　人们发现，中国的医院还能这么做。原来的医院楼房建筑都是单个独立的。这个医院是一个整体，进去有电梯、有扶梯，就跟大商场一样。它开创了现代化医院的先河，引领了中国现代医院建设的新方向，被业界赞誉为站在时代前沿的"中国风"。

　　全国各地约有1000家三甲医院先后派人前来参观学习。许多人感叹：震撼！一副中国气派！

　　人们看到，整个建筑错落有致，端庄大方，气势恢宏，既有时尚的造型和色彩，又不失民族传统风格。尤其是开放的空间，全新的结构布局，完全打破了原来的空间模式。

　　一进大楼，便是门诊中庭，地上共分四层，地下一层是车库。这是医院主体前半部分。各个科室分处两侧与二三期相呼应。中间是医技科室，后半部就是病房楼。病房楼转折北面迎向新区大街，前面可俯视院内花园，东侧则是漂亮的文化公园。

　　全院采用半集中式布局，利用科学的交通网络把"三区"组合成一个统一体，使门诊、医技、住院三大主体各自独立，又相对集中，节约了用地和投资；通过走廊、交通枢纽等把它们组合到一起，既能够保留传统分散式、环境安静、利于隔离的优点，又便于各部门联系，并给分期建造、适时扩容预留下余地和空间，充分体现了设计师的前瞻性和发展观。

医院设计除了整体布局与众不同，内部结构也有独到之处。尤其共享空间，充分利用自然采光和通风，实现了绿色环保、节能降耗的目标。大厅内的走廊和联廊两侧设计了花架。柔和的阳光透过天井上方的玻璃天窗洒下来，映照在花团锦簇的联廊上，与淡米的装修色调构成温馨别致的视觉效果，仿佛大自然就在眼前，令人耳目一新。

许多建筑设计师纷纷前来参观，借鉴设计理念和创意。甚至不少设计师按照佛山市第一人民医院的结构和布局，进行设计画图。他们认为，看了很多医院，觉得佛山市第一人民医院结构布局科学合理，是最好的。佛山市第一人民医院一时成为各地医院建设的样板。毫无疑问，这座独具中国特色的医院，对推动我国医疗建筑的发展起到了示范作用。

"佛山市第一人民医院建设工程被誉为中国医院现代化建设的起点。我院作为领跑者给国内同行们提供了新鲜经验，并在一定程度上推动了国家关于医院建设标准的修改。"谭伟棠在一次全国论坛上如此说。

"中国风"随着解放思想、加快发展的改革之风，吹遍中华大地。

"我们的医院盖好以后，工作量和效绩立马上了一个台阶，影响越来越大。医疗范围大幅度向外辐射，门诊业务量不断爆表，业务科室业务饱和，整个医院处于超负荷运转状态。"医院建成运行后，谭伟棠作为医院领导班子成员，任分管基建的副院长。他说："我们医院用的新技术是在国内比较超前的，也是黄博士首次设计采用的。一是气动传输系统。气动传输很方便，比如说，我把这个东西传到18楼，不需要人力，把药品、标本或胶片装进传送筒送进传输管道，按18楼那个号码，就像个弹筒一样压缩空气立马把东西送出去，一下就从另一端接收口弹出来了。例如，我们药房按医嘱临时配制患者的口服药，药房用这个气动传输系统一下就可以传到各个科，点对点都是通的。"

按照黄锡璆的设计，佛山市第一人民医院采用了楼宇自动化控制系统，环保节能，在国内医院中是比较早的。包括整个大楼的网络布线，采用的是"综合布线"，还有很多计算机的应用，也属于前沿技术。

王漪说："在我们行业里公认，佛山市第一人民医院是中国现代医院的起点，是里程碑。在这之前我们做的多是世界银行贷款的中国卫生项目，规模比较小，没有条件把系统完整的比较好的设计理念放在一个项目上。佛山市第一人民医院是第一个。"

接着，佛山市第一人民医院按照黄博士当初的总体规划，相继启动了二期、三期和四期工程，兴建了肿瘤医院等配套设施。

"人总是有时代的局限性。任何事物都不可能一步到位，尽善尽美。医院投入使用后，我们也在不断调整、完善。不光是我们，所有医院都不可能固化不变，都在改。"谭伟棠说。

25年过去了，佛山市第一人民医院至今仍然是驰名珠三角的综合医疗中心。佛山的这张亮丽名片依然熠熠生辉，仍是佛山人民的骄傲。

2022年初秋的一天，佛山第一人民医院的接待室里，办公室主任王蔚博士介绍了医院的发展情况："我们非常感谢黄博士当年前瞻性的设计。

"1997年年底启用到现在，佛山市第一人民医院已经运行了25年。现在看起来还是比较高档的医院，进来比较舒服，色彩、结构、秩序比较上档次。随着新的高端大型设备的引进，我们也在不断地调整，总的框架还是原来的，黄博士给我们设计的可变性很好。

"这几年我们医院也在不断地改进和提高，智能化、网络后续的建设在原来基础上不用大的变动，小的调整就能够适应新的需求。当时的建筑给现代化的发展留有的空间是充分的。

"我们属于粤港澳大湾区的节点城市，要辐射整个粤港澳大湾区。我们在保证中低端医疗的基础上，面向高端医疗发展。我们有一个国际医疗门诊，今年5月20日开业。我们医院的立足点是满足多元化的需求，今年5月20日成立了国际医疗中心，患者有香港的、台湾地区的，也有来自东南亚国家的。回头来看这些优势，是与黄博士当初的设计打下好的基础分不开的。"

双方的共同努力，成就了一段医院建筑史上的佳话，开创了中国医院建筑的新纪元。

佛山市第一人民医院建成后，备受社会热捧，也给中国中元国际工程有限公司带来巨大的品牌效应。此后，中国中元的业务量呈现爆发式增长，进入一个快速发展的新阶段。

黄锡璆终于把心中那幅美丽的图画画在改革开放前沿的大地上。

1995年，他被评为"全国先进工作者"，1997年当选为中国共产党第十五次全国代表大会代表。

2000年，黄锡璆博士被评为"全国工程勘察设计大师"。

传染科的传奇

在佛山市第一人民医院传染科病房楼前，有一座医护人员的群雕像，这是佛山市第一人民医院在2003年抗击"非典"中留下的永恒记忆，被誉为"传染科的传奇"。

传染科病房楼于2002年年初投入使用，当年11月收治回顾性诊断世界首例"非典"患者，创造了"非典"患者零死亡、医务人员零感染的奇迹。

书写传奇的，是传染科的医护人员和那座病房楼。

所谓"回顾性诊断世界首例'非典'患者"，就是收治这位"非典"患者，医护人员并不知道，当时还没有"非典"这个概念。事后专家们追溯病源，才发现这是世界第一个"非典"病例。

那是2002年11月，佛山市第一人民医院传染科收治了一位特殊的患者，不知道他是什么病。后来他一家三口都感染了，全被传染科收治。

这种疾病症状表现为以肺部炎症为主，但又不是肺炎。佛山市第一人民医院请来省里几位传染病专家会诊，一时也说不清楚属于什么病症，只好称为"不明原因"的传染病。但是佛山市第一人民医院竟然把这一家三口全都治愈了。

后来中山医院也发生了一例类似的患者，也把省里几位传染病专家请过去。他们查了好多传染源，找来找去都对不上号。中山医院给省里面写报告,专家定性为"非典型肺炎"。随后,"非典"暴发,全国抗击"非典"的战役全面展开。

后经溯源确认,佛山收治的患者为全国首例"非典"患者,被称为"第一例回顾性患者"。

专家感到惊奇的是,佛山市第一人民医院传染科在不明真相的情况下收治了患者。患者不仅得到有效的治疗,更为神奇的是,没有引发医护人员感染和病毒外溢传播。这的确是个传奇。

传奇的背后是传染科病房楼设计的科学性,是设计师黄锡璆所具有的远见卓识。

按照黄锡璆的精心设计,佛山市第一人民医院建起了一座四层独立的传染科楼,建筑面积4260平方米,包括门诊、化验室和病房。尤其是传染科的四间负压病房,当时在国内很少见。

想不到,这座小小的传染科楼成为抗击"非典"的前沿阵地。传染科先后收治了上百例"非典"患者和疑似患者,并全部治愈。创造了无一例"非典"患者死亡、无一例医务人员感染、无一例"非典"院内交叉感染和无一例患者转送的"四无"奇迹,为全国抗击"非典"战役的胜利做出了重要贡献。

佛山市第一人民医院先后获得了广东省抗击"非典"模范单位、全国卫生系统先进集体、全国医院文化先进单位、全国医院文化建设先进集体等多项荣誉。

黄锡璆后来主持设计的小汤山医院,采用的"三区两通道"布局就是从佛山市第一人民医院开始的。这种布局实现了医护人员的流线与患者流线的严格区分,互不交叉,以确保医务人员的安全。这座传染科楼是小汤山"非典"应急医院的雏形。

由此看来,黄锡璆受命于危难之时设计的小汤山"非典"应急医院成为"世界奇迹",就不足为奇了。

为了纪念治疗世界首例"非典"患者的这一重要事件，让抗击"非典"的奉献精神成为白衣天使的骄傲，成为医院文化的传承，佛山市第一人民医院以传染科医务人员的形象为主题，雕塑了一座群像，并请钟南山院士题了"天职"二字，竖立在传染科楼前的草坪上。雕塑铭文如下：

天　职

公元 2002 年 11 月 25 日，佛山市第一人民医院收治了回顾性世界首例传染性非典型肺炎患者。人类抗击"非典"之战由此拉开序幕。

当天灾降临、疫魔肆虐之际，广大医务人员在中国共产党和人民政府的坚强领导下，临危不惧，沉着应对，实事求是，尊重科学，无私奉献，顽强拼搏，万众一心，敢于胜利，在这场没有硝烟的战争中，谱写了可歌可泣的英雄壮歌。我院作为最早投入抗非斗争的尖兵部队，在实战中探索出许多宝贵经验，取得了"非典"患者零死亡、医务人员和住院患者零感染的阶段性胜利成果，为广东第三大城市的社会稳定和经济建设做出了贡献。

体现抗非精神的大型铜雕《天职》，安放在人类抗击"非典"首场遭遇战的发生地——佛山市第一人民医院传染科的草坪上，有着特殊的意义。永远纪念抗非这个历史事件，将激励一代又一代的市一医院人铭记白衣战士救死扶伤的天职，更加自觉地当好人民的"生命守护者"！

佛山市第一人民医院　敬立
2003 年 11 月 25 日

这一组塑像以生动的形象表现了医务人员众志成城、战胜"非典"的抗疫精神，成为医院职业精神教育基地。

铭石暖意

佛山市第一人民医院建成使用，成为佛山民生工程的一大亮点，也获得了超出想象的巨大品牌效应，让佛山人信心大增。佛山市顺势而为，接着又启动了医院的二期工程——建筑面积62000平方米的肿瘤中心工程。

此时，为适应不断发展的市场经济和中国加入WTO的新变化，国机集团进行了一系列的转型改革，在原来的架构上，正式成立了中国中元国际工程有限公司。公司的技术水平和业务承载能力不断上升与增强。

在肿瘤医院的规划设计中，中国中元借鉴欧美现代化医院的成功经验，包括美国休斯敦安德森癌症中心，结合我国的实际，进行了创新性的设计。佛山肿瘤中心被业界称为全国结构布局最科学合理的肿瘤医院之一。

佛山肿瘤中心于2006年开工建设，2009年竣工，荣获"2011年度全国优秀工程勘察设计一等奖"。

佛山市第一人民医院在重视业务建设和基础设施建设的同时，没有忽视医院的文化建设，更没有忘记历史。为充分展示医院的悠久历史，在新建的院区里竖立了医院创始人、英国传教士查尔斯·云仁的半身雕像，解放后第一任华人院长伍学宗的半身雕像和抗击"非典"的人物群雕。他们用一座座雕像表达感恩之意，也为医院留下永恒的记忆。

在肿瘤中心工程即将竣工投入使用之前，医院决定在大楼前广场安放一座主体雕塑，作为佛山市第一人民医院百年历史性巨大变迁的标识。

医院办公会议讨论时，谭伟棠想起十年前的那次美国考察之旅。当时，考察团一行路经举世闻名的旧金山海湾大桥，在桥头的一侧，竖立着大桥设计师的雕像。这是当地人为纪念旧金山海湾大桥设计师的特殊贡献，在大桥落成时竖立的。建筑师的成就得到公众的认可，人们就会用这种方式表达对建筑师的敬意。这是不少西方国家的惯例。

考察组成员在雕像前合影留念时，就曾议论："外国人能这么干，我们中国为什么不能呢？"当时，谭伟棠脑海里就萌生过一个念头，佛山市第一人民医院建成后是不是也可以给黄锡璆博士塑座像？

会上，他谈了自己想法，提议给建筑设计师黄锡璆做一个头像浮雕，以褒奖他对佛山市第一人民医院设计建设做出的突出贡献。谭伟棠的提议得到了班子成员的一致赞成。

但是，黄锡璆不同意，他说这个项目是所里的同事一起做的，医院筹建班子也做了大量工作，不是他一个人的功劳。

谭伟棠和黄锡璆通了一个长途电话，详细解释做这个雕塑的原因。他说，业界公认中国医院的现代化建设是从我们这个工程项目起步的，我们就是想借雕塑来永久纪念这一事件。其实这不光是表彰黄博士个人，也宣传了中国中元和佛山市第一人民医院。同时我们相信，对有志于中国现代化医院建设的建筑师，也会起到激励作用。黄博士最后没有再坚持反对意见。

佛山市第一人民医院邀请了佛山本土一位擅长人物雕像的大师为黄锡璆塑像。谭伟棠借考察出差的机会悄悄为黄锡璆拍了不少正侧面的照片，并注意收集黄锡璆的影像资料，正好现在都可以用上了。

经过一个月的努力，终于完成了这项工程。

2009年6月26日，佛山市第一人民医院隆重举行肿瘤中心工程落成暨佛山市第一人民医院工程总设计师黄锡璆纪念铭石揭幕仪式。

原建设部副部长、中国建筑学会理事长宋春华,原广东省卫生厅副厅长、广东省医院协会会长张衍浩,原中国中元国际工程有限公司董事长丁建应邀来到现场。在欢快的乐曲中,宋春华、张衍浩、丁建和佛山市第一人民医院院长王跃建,为佛山市第一人民医院建设工程总设计师黄锡璆铭石雕像揭幕。这是中国医院第一次为建筑设计师铭石,是客户以这样的方式给建筑师的最高褒奖。

揭幕仪式开始了。当那块覆盖在草坪前长方形花岗岩铭石上的红布被揭开后,现场响起雷鸣般的掌声。

大家惊叹:"太像了。"

雕像一侧的文字如下:

> 黄锡璆(1941—),祖籍广东梅县,出生于印尼爪哇,1957年胸怀赤子之心归国,就读于南京工学院(现东南大学)建筑系,1987年获比利时鲁汶大学建筑学博士学位。学成回国后,致力于医院建筑规划与设计,系中国勘察设计大师、全国先进工作者、中国共产党十五大代表。在20世纪90年代初担任中国中元国际工程公司医疗建筑研究所所长期间,主持佛山市第一人民医院新建工程的设计,引入世界先进医院设计新理念和新技术,推动了我国医院设计的发展,被誉为中国医院现代化建设的起始点。厚德载物,谨此铭记。
>
> 佛山市第一人民医院　敬立
二〇〇九年六月二十六日

"黄博士对我们医院建设发展乃至中国医院设计的发展有突出贡献,他是中国医院现代化建设的助产士,我们竖立雕像,黄博士是当之无愧的。"佛山人纷纷如此称赞。

看到黄锡璆的铭石雕像，宋春华动情地说："没想到中国的医院能够为我们的建筑设计师设立纪念铭石，这在我国还是首次。这是对黄锡璆博士的认可，是他个人的荣誉，也是中国建筑师的荣誉。通过这块纪念铭石，我高兴地看到中国建筑师社会享誉度得到提升。"

他评价说："这件事，表现了位于改革开放前沿的佛山人所具有的开放心态。无论对于医疗领域还是建筑行业，用这种方式弘扬工匠精神、传承文化、留下美好的历史记忆，也体现了社会对人才、对知识、对成就的尊重。这有利于建筑师社会责任感的增强，也有利于社会对建筑鉴赏品位的普及与提高，很值得，很有意义。"

遗憾的是，黄锡璆因参加援建非洲的医院项目正在国外，没能来到现场。

中国中元的同志们为感谢佛山人的这份美意和在多年的合作中建立的深厚友谊，在医院大门口内侧的草坪上栽了一棵榕树，寓意和美共融，友谊常在。

2009年10月，中国建筑学会评选新中国成立60年来具有重大贡献或者重要影响的优秀建筑。全国各行各业推选了300家，佛山市第一人民医院荣幸入选。

10月的一天，佛山市第一人民医院举行了获奖庆祝仪式，并邀请黄锡璆博士出席。黄锡璆来到铭石前，看到了"自己"。

谭伟棠握着黄锡璆博士的手，向他表示祝贺和感谢。

就在这一瞬间，摄影师为他俩留下了一张珍贵的照片。

回想起和黄锡璆相处的日子，不少人都有共同的感觉：跟他在一起，很平凡、很普通的事情，但感觉就是不一样。他是很谦虚的人，不是那种很张扬、很引人注目的人。一堆人在那里，他是从来不会抢话题的，但他坐在那里就是一种气场。

"他就是毛主席所说的那种人——一个高尚的人，一个纯粹的人，一个有道德的人，一个脱离了低级趣味的人，一个有益于人民的人。"谭伟棠如是评价。

▲ 黄锡璆和佛山市第一人民医院副院长谭伟棠在铭石前（医院提供）

"黄博士涵养好，无论什么事他都没有表现出着急的样子。在工作中，博士有他的工作方式和智慧。遇到一些疑难问题需要沟通的，他耐心细致，而且尊重对方。如果没有说通，他并不重复说，说了一遍以后，对方没有认同，他会说其他的事情。然后，他变个路径再说回原来的事情上，让你换个角度来理解。等到问题解决了，你回过味来才恍然大悟，原来这个结论就是黄博士早先的主张，让你心服口服。这就是黄博士为人处世的艺术和智慧，也是他与众不同的人格魅力和境界。"这是不少人的共同感受。

"要做一个好项目，好的甲方是关键。要做好一个项目，好的设计师是关键。如果都听设计师的，甲方没有参与，这种项目也很难做到各方面都好。我们有几个比较好的，像佛山市第一人民医院、苏北医院等，甲方全心全意地参与，平等地共同探讨。双方齐心合力，这个结果是最好的。"曾任中国中元副总经理的王漪深有感触地说。

　　一直关注、支持佛山市第一人民医院新医院建设的市委钟书记调任广东省一家大公司的董事长，后来又任广东省政协常委。在新医院建成投入使用不久的一个星期天，老书记和时任市长梁绍棠轻车简从来到医院视察。老书记楼上楼下地看，脸上洋溢着欣慰的笑容。他对梁市长说："你还记得吗？我当年说过，建设医院是为民谋幸福。再过多少年都是对的。"

　　创新的价值，总是在历史的沉淀中得到证明。建成投入使用10年后，佛山市第一人民医院项目设计工程，在全国数万家医院中，仍然以开创性的设计和创新，荣获"中国建筑学会建筑创作大奖"，引领了医疗建筑发展的新方向。

　　2022年7月，在中央广播电视总台综艺频道播出的一档黄锡璆访谈节目中，佛山市第一人民医院院长陈国强应邀与黄锡璆博士进行了现场视频连线对话。视频中，陈院长看到黄老身体硬朗，精神矍铄，非常高兴。他称赞说，二十多年前，黄老以超前的设计理念为我院建造了一所现代化的医院，为医务人员提供了舒适高效的工作环境，也为佛山老百姓提供了良好的就医环境。竣工后轰动一时，被粤港两地媒体誉为"崛起于珠江三角洲的现代化医院"。

　　他介绍说，2009年，我们医院因其专业、典雅、现代的设计被评为建国60周年全国300项优秀建筑奖之一。为感谢黄博士对医院建设发展做出的巨大贡献，我院为黄锡璆博士竖立了纪念铭石。2018年，我们医院还荣获了"中国最美医院"奖，成为屹立于珠江三角洲上的一颗璀璨明珠。

　　陈国强还特别强调，经过这么多年，这些项目的设计理念和功能使用也毫不过时，其实用性依然特别适合我院。可以说是经得起历史和时间的考验。经过20多年的发展，我院又陆续兴建了一些新设施，让这座古老而又现代化的医院充满了人文气息。从空中俯瞰医院整体建筑群，气势巍峨、雄伟壮观，布局和谐统一。后花园里的小桥流水、长廊亭榭和绿树环绕映衬更显医院环境优美，步入其中，身心舒畅，为医患营造了轻松愉快的休闲和康复环境。

陈国强院长表示，我们新一届领导班子将和全体职工同心协力，依托现代化建筑的优势，向着新的、更高的目标迈进！

业界专家认为："黄锡璆博士的成功得益于解放思想、以人为本、流程再造的创新理念，和医院主街、标准化、模数化以及现代化的超前思维。"

黄锡璆用真诚的付出和生命的热度，为佛山人留下了一座温暖的生命港湾——现代化医疗建筑。

佛山人则以铭石雕像的方式把黄锡璆的敬业奉献精神永远留在这片热土上，也永远留在佛山人的心里。

第八章

"旧貌换新"的神奇魔变

　　老旧医院改扩建蓬勃兴起，我国医疗体系建设向现代化迅速转型。如何利用现有医疗资源壮大医疗卫生事业，更好地满足人民群众日益增长的医疗需求？

　　他以独具智慧的规划和设计让"旧貌"变新颜，被称为神奇的"魔变"，又一次开创了医疗建筑领域提档升级的新途径、新样本。

　　"魔变"的奥秘在哪里？

"让他设计才放心"

"旧貌"变新颜

"魔变"的奥秘

长沙人:为了心中的"中心医院"

外国专家的赞叹

"让他设计才放心"

1999 年初春，燕赵大地干旱无雨，料峭的北风裹着风沙肆意飞扬，给人留下灰蒙蒙、黄澄澄的记忆。

好在这天下了一场难得的春雨，一涤浮尘，把天地间洗刷得格外通透，令人清爽。

一辆小型客车在京石公路上走走停停。车上靠窗端坐着一位年过半百的长者。白皙的脸庞，宽阔的前额，戴一副眼镜，看上去像一位教授。没错，他就是被一些大学聘任的兼职研究生导师——黄锡璆博士。

不过，这次他不是去授课，而是兑现一个承诺。身穿蓝布制服的他与其他乘客挤在车厢里，并不显得突出。车上的人也没有在意这位衣着普通的旅客。

透过车窗，黄锡璆望着泛绿的田野，欣赏着大地的景色，想象着到医院后要做的事情。而他不知道，中国中元的同事和河北省人民医院的负责人，正为联系不上他而焦急不安呢！

黄博士去哪儿了？

设计院里有人知道他要出差，说是去石家庄，但怎么这么长时间还没到呢？中国中元医疗建筑设计研究所所长赵杰把电话打到黄锡璆家里。他爱人邢淑芬说，他今天走得特早，说是去石家庄。

"黄博士肯定是去河北省人民医院了。"赵杰又把电话打到石家庄，医院那边说,黄博士说要来的,但到现在也没见到人啊!

前几年,佛山市第一人民医院建成。由于设计科学、超前、实用,充满人性化,得到广大医护人员、病患家属乃至佛山社会各界的普遍赞誉。佛山市第一人民医院让黄锡璆一举成名,也让中国中元在全国建筑领域闻名遐迩,尤其是在医疗建筑界,因而业务量大增。全国各地慕名前来找黄锡璆设计医院的客户络绎不绝,其中就包括河北省人民医院。

前不久,河北省人民医院的负责人来中国中元,恳切希望黄博士能够主持规划设计他们医院的改扩建项目。

河北省人民医院老院区设施陈旧,已经远远不能满足当地医疗需求,迫切需要在原来的基础上进行重新规划和改扩建。河北省人民医院负责人参观过佛山市第一人民医院,留下了深刻的印象,称赞说:"这个医院好!我们也请黄博士来设计。"

此时,中国中元已经承接了河北省第四人民医院(肿瘤医院)的设计改扩建项目,正在紧锣密鼓的施工中。

不久,随着第四人民医院的整体改扩建效果显现,河北省人民医院领导班子更是迫不及待地想把医院整体改造扩建委托给中国中元。他们专门找到黄锡璆,请他去石家庄考察、协商,先提供一个概念设计方案。黄锡璆答应了他们的要求。

由于中国中元的业务激增,黄锡璆手上有几座医院工程设计都在进行中,一时无暇顾及,就安排其他人员为河北省人民医院做概念性方案。由于人手紧张,答应接手的同事一时忙不过来,以至一再拖延。

河北省人民医院的负责人并不完全了解这种情况。他们一遍又一遍地打电话催问。实在等不及了,终于有一天,医院负责人亲自到北京,认为黄锡璆的架子太,请不动,产生了误会,甚至发了牢骚。

黄锡璆听说后,陷入深深的自责中。他是一个有求必应的人,又是一个信守承诺的人,只要答应的事,他一定会做的。即便由于一些原因,客户偶有不满，他也总是反躬自问，从不推责于人。

答应的事没有办好，黄锡璆觉得亏欠了人家，于是亲自动手画了草图。

"那时候我精力比较充沛，也有一股子热情，周六周日和年轻人一起都在单位打拼。"黄锡璆说，"除了承担公司里的一些工程，我被聘为世界银行中国贷款医院基建项目的中国专家，经常参加世界银行一些项目咨询，包括配合国家卫生部的技术咨询工作，总有干不完的活，也不知道累，很有兴趣。我国医疗建筑项目属于民生工程，各地争先恐后地全面改造升级或扩建，进入一个快速发展期。我们应该多做点儿事。地方医院发展不容易，再忙也要去实地考察一下。"就这样，他携带草图独自赶往石家庄。

低调行事是黄锡璆的一贯作风。他知道单位车少，自己能解决的，尽量不给单位添麻烦。他购票坐上了北京开往石家庄的长途汽车。

临近中午，赵杰接到河北省人民医院询问黄博士什么时间到达的电话。他瞟了一眼墙上的时钟，如果黄博士去石家庄，已有七八小时了，应该到了呀！赵杰心中焦急不安。

原来，黄锡璆觉得坐大巴不如坐小客车快，早上7点半，就坐上了一辆长途小客车，认为上午11点半之前赶到石家庄没问题。哪里想到，这是一辆私人运营的长途小客车。不仅停站多，几乎每个站都要等人，上了客再走。眼看到正午了，小客车居然还没有跑出北京市呢！

此时，黄锡璆坐在小客车上，正颠簸在途中。这怎能不让大家着急呢？尽管如此，河北省人民医院的同志还是很兴奋，盼望的黄博士毕竟赶来了。

就这样，走走停停，停停走走，等到黄锡璆风尘仆仆地赶到石家庄的时候，已是华灯初上，夜幕降临。

河北省人民医院的几位负责同志嘘寒问暖，唯恐黄博士会埋怨。黄锡璆却淡淡地说了句："上当了，坐了个小巴，以为快，比大巴还慢。让你们久等了。"

看到这位大名鼎鼎的黄博士坐了七八小时的小客车，一点儿架子都没有，心中肃然起敬。黄锡璆没有休息，就和大家一块讨论医院改造的事宜，直到深夜。

回来后，黄锡璆立即组织设计团队投入紧张的工作中。有道是，一张白纸好画最美的图画，在一张旧图上要画出美丽的画来可就不容易了。经深入了解发现，在老医院旧址上改造扩建，并不是一件简单的事，甚至要比新建项目难度还大。

河北省人民医院是石家庄规模最大的综合性医院。医院的改扩建受到省政府及医疗系统的重视，也引起医院设计机构的广泛关注。为了保证工程质量，也为了公平公正，医院筹建部门采取公开招标的方式确定设计单位，并向中国中元做了解释。

针对这种情况，中元医疗院出现不同的意见，认为公司已经进行了前期的投入，此时进行投标，会不会有什么意外？个别领导提醒："不要上当受骗，最后竹篮子打水一场空，白白贡献好方案。"

但黄锡璆不这么看。他认为招标会有风险，但只要我们拿出诚意，提出好方案，被人家认可，就有机会拿到这个项目。

其实，医院方面已把招标重点放在中国中元。为参加公开招投标，黄锡璆还是如期到达现场。

招标过程中，经过筛选，最后一轮剩下了黄锡璆和另一位设计师。医院专门安排了竞标单位设计师讲标的程序。另一家设计院带来了幻灯片、图表，显然做好了充分的准备。黄锡璆因工作繁忙，进入较晚，来到就赶上了最后一轮竞标，来不及做更多的准备，但黄锡璆按投标要求认真做了符合投标的文本。

河北省人民医院这次招标也很特殊，由专家遴选后，再组织医院100

多名院领导班子成员、各科室主任、护士长和职工代表听取投标方述标，之后投票确定。虽然领导班子成员对黄锡璆很期待，但职工们并不了解他。

在讲标的时候，黄锡璆手里只有一张大体的规划图，有点儿仓促上阵的味道。但是，由于他的深度参与，又在现场进行了仔细勘察，登上讲台，侃侃而谈，显得从容自信。

黄锡璆提纲挈领地从现代化医院总体设计建设入手，给大家介绍了什么是现代化医院，现代化医院构成的基本要素和标准有哪些。然后，落到河北省人民医院的改扩建工程上，阐述怎样才能建成一个现代化的医院。他深入浅出、生动形象地给参会人员描绘了一座现代化医院的美好愿景。他那丰富的知识、上乘的造诣和对医院建筑的深刻理解，一下子把大家征服了。当场投票的时候，90%以上的人投给了黄锡璆。大家都说："让他设计才放心。"

但是，要把一个美好的设想变成完美的图纸，并把它展现在眼前的土地上，不是一个简单的过程。

"旧貌"变新颜

此时，河北省肿瘤医院的改建接近尾声，全新的面貌呈现出来。但是，河北省人民医院的改建难度要比河北省肿瘤医院大得多。

河北省人民医院始建于1959年，是直属卫生厅领导的集医疗、教学、科研、预防、保健、康复、急救于一体的综合性大型三级甲等医院。作为20世纪50年代初期砖混结构的建筑，历经50年见缝插针式的建设，犹如一个大杂院。院区门诊楼三层，病房楼五层；医院建筑布局混乱，功能用房严重不足，就医条件和环境较差，建筑设施陈旧落后，存在较多安全隐患。

随着时代的发展和社会的进步，从规模到设施，河北省人民医院已经远远不能满足人民群众日益增长的需求，改建、扩建势在必行。

2002年，河北省人民医院着手启动全面改扩建工程。但是，客户希望在医院"不停诊、不停床、不歇业、不关门、不影响运营"的"五不"条件下完成改造。

"这种要求难度太大，谁能做到？"年轻的设计师们皱起眉头。"停诊停床损失太大，停不起啊！"医院负责人恳切地央求说，"患者不愿意，医院的员工也不愿意。"

显然，这是一个高难度工程，被设计团队的年轻人戏称为"魔变"。"旧貌换新"的难度在哪里？

"一院一方，没有借鉴和参照。"一位跟随黄锡璆多年的助手感慨道，

"当时，我们一听院方的介绍，头就大了。我们第一次碰到这种在老院区的基础上改造的医院。"医技和病房楼是一期，门诊楼是二期；后边还有一号、二号楼改造，属于第三期；科研楼是四期；心血管楼是五期。整个院区，前后共分五期，都是在原地建设。"因为不能停诊，需要考虑门诊、医技、病房怎么连接，怎么让患者走的路线最短，如何分期进行建设，这真是一个高难度动作啊！年轻的设计师们直皱眉头，黄博士却不急不躁，从容淡定。"

如何让老医院脱胎换骨、旧貌换新颜？

面对新的挑战，黄锡璆带领设计团队先做调查，深入了解医院复杂的工作流程，倾听每个科室医护人员的意见，了解客户的实际需求。在掌握了第一手材料之后，他反复琢磨，潜心设计。

难点是，医院的总体布局设计，既要考虑当下的运营，又要考虑长远规划；既要保证功能配置完善，又要使新旧建筑融为一体，同时考虑实改扩建顺序，制订切实可行的分期实施规划设计。在新建的过程中不影响医院的正常运营，而且方便患者就诊。

面对诸多挑战，年轻的设计师们既有畏难情绪，又想在造型上别出心裁。黄锡璆提醒大家："现代医院设计，我们不能盲目追求豪华、气派，造成空间和能源的浪费。老医院的改造以后会越来越多，这是我国国情，改造设计就要多一番心思。我们要从实际出发，尽量做到平衡、精益、高效。只要用心，就能做好。"

就是在这种"较真"的态度下，黄锡璆带领设计团队经过实地考察，反复论证，统筹规划，精心安排，根据医院的现有条件，将创新理念融入医院的规划设计中，对整体结构进行了优化；规划了方格网交通模式和采用半集中的建筑布局，使功能布局科学合理、流程简洁、节能环保、经济高效，并有利于施工。确定最佳的设计方案，完成总体布局，再与施工方对接，科学安排施工时间，逐步分项实施。

经过一段时间的紧张工作，设计团队不负众望，很快勾勒出一个比较科学前沿、适合这家医院的改造设计方案。

一张张别具匠心、独辟蹊径的现代化改造设计图纸终于横空出世！这个方案得到了院方的支持，却没有得到河北省政府领导的认可。

工程施工刚刚展开，河北省政府主管医疗卫生的副省长到施工现场视察工作，看到施工图纸上宽敞的医院主街有些意外。新建的医院门诊楼的医疗主街怎么这么宽？认为这太浪费了，要求修改图纸。

看到副省长疑惑的口气，医院筹建处的负责人不知道如何解释。面对上级的不同意见，医院负责人一时很为难。

黄锡璆一向被人称为"谦谦君子、和蔼可亲的大师"，但在专业上，他并不一味迎合客户的要求，而是一个坚持真理的人。当客户一方提出的要求不合实际时，他总是循循善诱，以理服人。这是他在职场上始终坚持的科学精神。

黄锡璆了解到省政府领导的态度，便向院方详细解释了设计理念，希望医院向省政府领导如实汇报，支持设计方案。为此，医院负责人专门向副省长做了汇报，省领导终于默认了这个方案。

经过三年的施工，河北省人民医院呈现了全新的面貌，获得医院及各方好评，前来就诊的患者也交口称赞。

黄锡璆在河北省人民医院的改扩建中，对门诊、医技、病房各部分的流程做了仔细安排。门诊建筑面积达到4200平方米，包括1200平方米的大厅，整个建筑布局严谨，结构科学，分布合理。

医院改建完成投入使用，当初提出不同意见的那位副省长来到现场参加开业典礼。他走进医院一看，眼前一亮，看哪儿都特别舒服，称赞道："确实不错！感觉很好。"

经过一段时间的运行，患者来看病，都感觉到不像当初想象的那样宽敞和浪费了，觉得正合适。医院走廊里，来往顺畅，不拥挤、很舒适。医护人员说："想不到，原来杂乱的样子，经过改扩建变得这么漂亮。"

"我们医院赢就赢在整体规划上。一般医院改扩建往往都是见缝插针，这儿有一块地方盖一个，那儿有一块地方盖一个，全盖满了，这个医院也就乱套了。"河北省人民医院的负责人评价道，"黄博士是从整体规划入手，在给我们做全院整体规划的基础上，逐步分项落实，做到现在成为一个完整的院区——首先完成一期病房医技楼的建设，将相应功能迁入，再拆除部分旧建筑，进行二期门诊楼的建设及急诊楼的改造。随后对三号楼和二号病房楼等建筑进行改造，进一步整合全院区的功能。"

职工们都担心这么大规模改造会影响业务。黄锡璆用他系统思维的智慧为施工单位设计了一套拆建程序，医院的业务不仅没受影响，反而还有所增加。职工们高兴地说："大师的水平就是不一般。"

在新建门诊医技病房综合楼外形确立后，设计团队以此为基调，对整个院区老楼墙面进行了全部改造，整齐、规范、流畅的整体形象凸显出来。改造后的院区大气恢宏，焕然一新，实现了和谐统一的风格，彻底改变了原来杂乱无章的状况。

那么，河北省人民医院实现神奇"魔变"的奥秘在哪里？

▲ 改扩建后的河北省人民医院（中国中元提供）

"魔变"的奥秘

在河北省第四人民医院和河北省人民医院的改扩建过程中，黄锡璆根据医院具体条件，在不停诊、不停床的条件下，使两个杂乱无章的老旧院区双双实现华丽翻新。人们不仅要问："勘察设计大师"黄锡璆有什么神招奇功？

黄锡璆淡淡地一笑说："说起来也简单，一是理念，二是科学，三是用心、用情、用力。"

其实，这个"简单"的背后并不简单，里面包含着学识积累、科学态度和职业精神、责任担当等极为丰富的内容。

"医疗流程是否合理，关乎患者的心理情绪。流程设计简单便捷，就能最大限度地方便群众，这一点至关重要！"这是黄锡璆最大的关注点。

老旧医院的改造是在原来的基础上，绘就一张完美的图纸，并把它变为现实。由于受到原有建筑和空间的制约，这个过程并不简单。

首先，要通过对医院各种复杂的流线分析，整合规划各种流线，实行人车分流、人货分流、洁污分流、医患分流；做到各行其道，互不交叉，通畅便捷。同时，优化空间秩序，实现空间开阖有致。对医院的空间组合加以分析优化，重新组合空间关系，构架全新的空间秩序，保证内部空间结构的明晰性和逻辑性。

黄锡璆告诉他的助手们："医院是公共建筑中能耗最高的一种类型。

它不同于宾馆、戏院、体育场的一点就是它关乎人身安全，24小时都在运转。我们设计人员时刻要有对人民群众高度负责的态度，一丝不苟、精益求精，任何时候都不允许出现任何的差错和纰漏！这就要求我们设计之初要有前瞻性，编制建筑设计规划时，要综合考虑城市发展规划、人口结构等因素，为体量增长、技术装备升级预留建设空间。"

医院负责人深有感触地认为，医院是不是好医院，主要看医疗流程是不是合理。如果弄得跟迷宫似的，老百姓到了医院，找不到地方，连东南西北都分不清楚；看上去好像很新颖，实际上不方便。因为流程太复杂——从挂号开始到诊室去做检查，再开药方，最后取药，要跑很多部门。如果流程设计不合理，患者多跑路不说，还造成拥挤；如果流程简单了，对患者、医生都方便了很多。

黄锡璆把精益理念运用到设计中：大到整体动线设计，尽量使患者看病少走冤枉路，医护人员不做无用功；小到诊室一个洗手盆的位置，摆在哪儿最方便，都考虑得科学、合情合理。

其实，没有哪个医院的院长愿意把自己的医院建成迷宫，这有赖于设计师的努力。河北省肿瘤医院和河北省人民医院充分尊重黄锡璆的设计理念，尤其在"医疗主街"的引导下，把医院的旧院区和新院区完全连在一起，形成了全新的医疗格局。

河北省人民医院每天的流动人数约有三万人，但不会感觉到哪个地方拥挤。一位患者称赞说："在这里看病，不管是就诊、检查，还是治疗、住院，只需沿着一条线走就行，不会走回头路。"

渊博的学识加上勤于实践的职业精神，使黄锡璆对中国的国情有了更多的体会，对不同地区、不同规模的医院设计要求有了更深的了解，对客户的各种需求更加清楚。

黄锡璆在做项目时，总是细心研究医院的复杂工作流程，双向了解医生、患者看病、救治、诊疗的全过程。甚至到工地与施工人员"聊天"，听取他们的意见，从不放过任何一个细节。

细微之处见精神。黄锡璆认为："医疗建筑是很讲究的。比如，医院的门把手就有讲究——护士可能拿了一个托盘，放了药，如果是普通的门把手，要用一只手开门，托盘可能就打翻了。所以要做一个长把，便于护士开门。而且每个医院有每个医院的特殊要求，管理模式也不一样，你要体会它的要求，这样才能做得比较好。"

那么，"旧貌换新"的奥秘在哪里？

黄锡璆打开了"魔变"的密码："我们的原则，就是让患者走最短的路，花最短的时间，得到最好的医疗。"他把爱和温情升华为一种思考和理念。看似轻松的一句话，却融入黄锡璆"用心"的智慧和朝朝夕夕的付出。

黄锡璆在医院的改造扩建中坚守以患者为中心、以人为本的设计理念，无论总体布局，还是细节设计，处处都努力为患者提供方便、卫生、安全的就医环境，为医护人员提供良好的工作环境，适应大型医疗设施的空间环境和人流组织要求。

在河北省人民医院的院内有一处小桥流水，被人们称为医院的精妙之作。在这里可以感受到黄锡璆博士的独具匠心。

中国中元医疗二院副院长刘颖回忆说："河北省人民医院一期、二期建完以后，几座楼上设有屋顶空间，各楼之间还有空地，院方想把空地利用起来。怎么利用，会不会影响消防？我带着两个设计师去现场勘察。我们和院方现场研究后，认为可以将屋面或空地设计成休闲区，但是没有把握。回来跟博士汇报了，博士说，这个想法挺好的。当即画了一张图，他一边画一边告诉我们空间怎么利用，各楼之间怎么围挡、隔离，用什么样的材料，如何与周围的环境搭配，屋顶花园如何与室内空间联通，楼外空地如何营造医疗环境，如何保证消防通道符合要求，等等。最后设计小组设计出了一幅带有小桥流水的园林设计图。"

黄博士说，这个空间不是看病用，但可以让患者或者陪同家属在这儿休息、放松，也为医护人员中间休息时有个去处。对这个不大的空间，黄博士非常用心，出了好多主意。他还教我们如何跟消防方面沟通。最后，这个院中景观建起来了。小桥流水下面，莲荷出水，金鱼畅游，旁边还竖着一块院训石刻，融文化与风景于一体，成为前来就医的患者及其家属喜欢的小憩之地。

在医院设计的实践中，黄锡璆运用所掌握的知识，尽最大可能推动绿色医院理念的落实。他和他的团队采用局部竖向叠合的布局，充分利用自然采光、通风，利于节约资源，降低运行费用，改善医疗环境，尽最大可能做到安全、可靠、绿色、环保。

他还通过建筑布局、节能外围护构造、自然通风采光、节能照明、节水卫生器具、节能空调系统、节能环保设备的选用、隔声减噪等一系列的技术措施，充分体现绿色医院的概念。医疗主街和诊室围合而成的开敞式内院，引入自然采光和自然通风，使患者在集中式布局的建筑内没有空间闭塞的感觉，可享受明亮的光线、清新的空气，并且降低人工照明和机械通风的耗能。充分体现了黄锡璆博士营造良好的医疗空间环境、人性化服务的理念。

他一贯强调，医院是一种高耗能的公共建筑，如何在满足医院功能需求的前提下更好地实现资源节约、环境好、可持续发展意义重大。

"从医院的整体规划，到整体流程的设计、内部装修的风格，乃至外立面的设计，黄锡璆博士都非常用心，体现了中国中元在业内的高水平。"河北省人民医院的负责人评价说："黄博士是规规矩矩的人，他真的是从用户的角度着想，都是扎扎实实地做；不片面追求外立面的美观，非常实用。像我们这么一个现代化、智能化的医院，15万平方米，包括精装修在内，平均每平方米造价才4000元左右。我们省的建筑系统、财政厅、发改委等部门到我们这儿评估项目的时候，都不相信造价会这么低。"

黄锡璆带领他的团队，迎难而上，攻坚克难，采用先进的医疗设计理念、科学合理的流程布局，创造人性化的医疗空间，通过高品质设计严格控制造价。

经过5年的施工，焕然一新的河北省人民医院以崭新姿态展现在人们的面前，步入国内现代化医院先进行列。

一流的就医环境，设计独特的门诊大楼，科学的就医流程，吸引了越来越多人的关注，受到社会各界的好评。

我国医疗资源不足，老百姓看病难的问题越来越突出，医院的压力越来越大。当时像佛山市第一人民医院那样新建的大医院毕竟是少数，多数大型医院需要在原址的基础上进行改扩建，老医院改造纷纷上马。

事实再一次证明，河北省人民医院改扩建项目，充满人性化的科学设计，堪称技术与艺术的完美结合，又一次引发了轰动效应，在医疗卫生系统起到了很强的示范作用。先后有上百家医院派人前来参观学习，当年就有三部电视剧选这里作为外景拍摄地。

一位医学专家称赞："毫无疑问，河北省人民医院是医院改扩建的典范之作。"

2011年，国家卫生部在这里开过两次现场会，全国各省区市卫生系统领导来这里参观，赢得一片赞美声。

▲ 改扩建后的河北省人民医院（中国中元提供）

长沙人：为了心中的"中心医院"

黄锡璆在医疗建筑领域里开拓出一片新天地。有趣的是，后来的许多故事都与佛山市第一人民医院有关，甚至是它的续集。

那是1998年早春的一天，王南华带着探访寻路的心思独自南下，到改革开放起步最早的地区寻找他心中的"现代化医院"。走了不少地方，看了诸多医院，感到各有特点，却都不能尽如人意，不免有所失望。

这一年是我国政府机构改革的重要一年。长沙市决定将长沙市第二医院、第五医院、急救站、老年医学研究所合并组建为长沙市中心医院，并通过引进外国政府贷款项目，在原来的基础上建设一座现代化的长沙市中心医院，为人民群众提供更好的医疗服务。

一年前，王南华由长沙市卫生局医政科调到长沙市中心医院筹建处，就是为了实现这座现代化医院的梦想。

后经国家有关部门牵线联系、谈判，荷兰政府同意提供贷款，支持这一项目。双方对长沙市中心医院明确定位，必须是一座集医疗、急救、保健、康复、科研、教学为一体的三级甲等现代化综合医院。

那天，王南华和有关谈判人员送走荷兰使者，心里松了一口气，毕竟引进外国政府贷款有了着落。长沙市中心医院将与外国政府合作建设的消息不胫而走。

在经济大调整时期，一个大规模的中心医院将横空出世，犹如石落池塘。当地几乎所有带名头的建筑设计单位纷至沓来，希望分享这块大蛋糕。

筹建处一时应接不暇，只好做出决定：设计单位做出概念设计和效果图，经筛选后可参加招投标。

设计单位纷纷派出精兵强将，车水马龙地实地踏勘，夜以继日，精心绘制长沙市中心医院的蓝图。不出半个月，各大设计院的效果图琳琅满目地摆满筹建办的会议室。

王南华和筹建处的人员不断地品味、思考和比较。兴奋的是医院的雏形已跃然纸上，失望的是没有一幅蓝图符合他们心中的"现代化医院"。

然而，长沙市中心医院将建成什么样子？什么样的医院才是现代化的医院？他们心中仍然迷茫。为此，他们先后走访了北京、上海等地多家医院，每个医院都有其独到之处，然而与他们想象的长沙市中心医院仍有相当大的差距。

春节过后不久，王南华又一次踏上了考察的漫漫征途，追逐长沙人心中的梦想。

在广州市奔波了几天，无一所获；在深圳也未能如愿。大失所望的王南华准备打道回府，无意中听人说佛山市第一人民医院建设得不错。这个消息并没有给他带来兴奋，只觉得既来之，就去看看吧！俗话说，有枣没枣打一竿。他从广州踏上了去佛山的行程。

车到佛山，王南华看到公路两旁的市政建设和道路规划并无新奇之处，就下意识地认为，医院也不可能是什么惊世之作。

驾驶员左问右问、七转八拐，车子终于停了下来。王南华睁开惺忪的双眼，眼前一亮。他顿时兴奋地从车上跳下来，一座现代化医院建筑巍然屹立在眼前：宽大的前坪使人视野开阔；广场中央设有一个下沉式商业区，商业区里琳琅满目，别有洞天，视野里的宁静还原了医院本色；门诊大楼高大气派；住院大楼宏伟壮观，人性化设计使人耳目一新，功能化的布置令人有妙笔生花之感。来不及多想，王南华从一楼跑到四楼，又从门诊跑到急诊，马不停蹄地审视每个角落。接着又急不可待地来到佛山市第一人民医院基建办，了解有关情况。

得到中国中元的电话号码后，他立马与对方取得联系，之后匆匆赶回长沙向卫生局领导汇报。王南华认为，中心医院的设计必须交给这种类型的设计院。

此后不久，长沙市分管市长、卫生局局长先后参观了佛山市第一人民医院，对佛山市第一人民医院的现代化建设称赞不已。市卫生局也不失时机组织市直医疗单位的领导班子和中层干部分批次前往佛山。这次大规模的参观，打开了大家的眼界，明确了现代化医院的建设标准和方向，也使市直医疗单位负责人在医院建设理念上进行了一次洗礼。

此后，筹建办的王南华与中国中元只是试探性地进行了几次电话咨询，并没抱多大希望。一是担心对方是大牌设计院、央企单位，不一定承接这个项目；二是因为这里面有好多制约因素，其中之一是湖南省对外地设计院入湘开展业务有一定的限制。另外，外国政府贷款还没着落。

然而，机缘有时会在不经意间来临。

"这天，一位自称是北京的设计院医疗建筑研究所所长的哥哥邀请我们共进晚餐。"王南华说，他心里有些纳闷，"这位不曾相识的先生自称姓赵。赵先生究竟何许人也？"

饭桌上，这位神秘的赵先生做了自我介绍，然后直奔主题，对王南华说："中国中元接到你们的电话既兴奋又疑惑，高兴的是他们设计的佛山市第一人民医院得到你们的赏识；疑惑的是在市场经济的今天都是乙方找甲方，哪有甲方找乙方的？他们委托我和你们见个面，侧面了解一下具体情况，确认是不是真有长沙市中心医院这一回事。"

王南华听了这番话，心中一愣，一件简单的事情变得如此复杂，难道这种大事还有忽悠的不成？

"他们委托我先与您接触一下。"赵先生说,"他们单位在外地,想了解长沙市中心医院是否真想要他们来参加设计……"

王南华把长沙市中心医院的建设规模和指导思想以及资金来源详细地讲述了一遍,同时表明自己的态度,只要设计是最好的,不管设计院在哪里,筹建处都会考虑。

说完这番话,王南华如释重负。他说,接下来双方坐在一起,客套地一起用餐,然后期待着与设计方的实质性接触。

1998年5月,医疗建筑学博士黄锡璆和另一位设计师来到长沙。多年后,王南华记忆犹新:

"黄博士额头上稀疏的白发横搭,遮掩着光秃的头顶,一副深度近视眼镜架在鼻梁上。不知是眼镜太重,还是鼻梁太低,他总是微微抬起头和人交谈。一口浓重的广东腔普通话,讲起话来慢条斯理,笑容可掬。看上去是一位非常可亲的长者。"

当黄锡璆和同事马不停蹄地走访勘察,仔细聆听院方诉求,恰如其分地提出医院建设新理念时,王南华心中肃然起敬:"眼前的黄博士不仅是一位造诣很深的专家,对长沙市中心医院的建设规划很有见地,更可敬的是,他敢对我们说'不'。"

在此之前,将中心医院设计成什么个样子,他们没有明晰的概念。长沙卫生局何局长曾提出"占边空中心"的建设布局。就是说,医院的主建筑要建在区域的外沿红线边上,中心地带空出来,作为公共绿地。

此概念一出,当地的十几家设计院大都中规中矩地按照这个意图依葫芦画瓢。主楼高十几层为标志性建筑,都是临街靠边,大同小异创意不足。同时,对医院内部的现代化功能设计,各方案都不明确,设计师心里也没谱,令人无所适从。正是这个原因,王南华多次外出考察,长沙市中心医院的设计方案迟迟没有敲定。

黄锡璆对"占边空中心"的概念明确提出了不同意见。

"主楼占边临街临面，固然恢宏气派，然而，医院无回旋的前坪，不利于医院发展；医院临街临面带来环境污染问题，更不利于医院的可持续发展。这个方案不可取。"他断言，"没有停车场的医院是没有发展前景的，没有大停车场的医院更是不能大发展的。"

黄锡璆解释说，如果主楼占边临街临面，医院的垂直物流传输将难以做到以人为本的设计。比如，垂直传输的主要设备是电梯。由于医院规范的要求，电梯的运行速度受到了限制。如果楼高层多，电梯的数量必然增加，效价比和性价比都不划算。只有在土地条件受到限制时才会如此选择。中心医院如此之好的土地和环境条件，大可不必如此……

黄锡璆是他们遇到的第一个敢于说"不"的人，而且说得入情入理。长沙市卫生局何局长听完后心服口服。王南华说："我们听了黄博士一番话，如沐春风，大有相见恨晚之感。"

何局长对黄博士表示："我不是设计师，我是卫生行政管理者。原来的几家设计院都是唯我是从，发生了错位。今天是纠正错位的时候，你们可以不受任何束缚，充分施展想象力，在这块土地上为我们画出最美的蓝图。"

果然，中国中元不负众望，在设计招标中以绝对优势获得了一致认可。经过双方讨论和反复修改完善，一幅长沙市中心医院的美好蓝图展现在人们面前：

主轴线与韶山南路相垂直，横轴线与韶山南路平行。病房主楼高12层，建筑面积为3万平方米。总面积为1万平方米门急诊大楼，两楼之间以廊桥连接住院楼。前面设计为绿化广场，设有停车场、旱喷泉、直升机停机坪和绿化带。住院楼呈之字形向东西方向延伸，自然形成了坐北朝南的黄金态势。两楼轴线形成夹角，偏西夹角为锐角，用行政办公楼点缀，犹如在两楼之间镶嵌了一颗珍珠。

急诊门面平行于韶山南路，重心呈阶梯状向南偏东后移形成两个平行平台：一个为门诊出入通道；一个是儿科进出门面。门诊前部为 45% 的绿化面积，为生态医院建设打下了良好的基础。

　　整体布局恢宏大气，四平八稳。环院公路的布置、洁污分流的规划、网络缆线的入地，都使人感受到现代化医院气势带来的震撼。

　　震撼之一：医院在大楼和韶山路之间留出了 1 万平方米的土地作为广场建设。这在当时是难以接受的。因为靠近城市主干道的土地和建筑物有非常重要的经济价值，更何况医院红线与道路紧密接触有近百米之遥。显而易见的经济价值被一个公共设施替代，这不能不说是一种"奢侈"。同时这块地还要征购，预计近千万元。征购下来作为公共广场是否代价太大？这是一般人难以想象的。

　　震撼之二：大楼设计占地面积过大，使用面积比例过小；公共面积偏大，功能面积偏小。电梯设计近 40 台，全中央空调调节小气候等。考虑服务设施多，考虑造价因素少。预计每平方米 2600 元，这不能不说又是一种"奢侈"。

　　震撼之三：大楼设计的弱电系统为综合布线，主轴为千兆光缆，百兆网线到桌面，点位达两千以上。当时大家对网络的认识非常肤浅，认为技术数据无关紧要，难免对投资上千万元建设网络系统不理解。

　　种种担心和忧虑在当时都是可以理解的，因为在全国称得上现代化医院的实属罕见，没有多少先例可供参照。

　　长沙市中心医院筹建处组织卫生系统和建筑系统的专家进行了评审。大家都想把中心医院建成理想的现代化医院。经过反复推敲，汲取各种建议，一幅完善的设计规划图终于跃然纸上。

第八章 "旧貌换新"的神奇魔变

外国专家的赞叹

也许好事多磨。长沙方面渴望黄锡璆的设计蓝图尽快落地，却遭遇一波三折。

先是中国中元需要办理入湘许可证，否则没有资格开展业务。"我们这些知识分子想当然，认为在改革开放的今天，这不成问题，没想到这倒成了一个难题。"王南华说。

中心医院筹建处邀请中国中元参加设计投招标之前，向省建委递交了一份申请报告。在没有得到肯定和否定的情况下，长沙市建委对黄锡璆提供的设计方案组织了评审。省会各大设计院的专家在评审会上直抒己见。最后，绝大多数评委对这个设计方案给予了较高的评价和充分肯定。但不知何种原因，省建委的分管部门被邀请却未参加。

会后，长沙市建委发出了中国中元设计方案中标的通知。筹建办的同志到省建委办理有关手续。结果，三番五次都没有办成，说是不知情。问题来了。

"这件事，让我们这些知识分子着实磨了一阵子，才打通行政区划的藩篱。同时，也体会到改革开放的任重道远。"王南华感慨道，"后来想想，改革开放本身就是一个摸索尝试的过程，遇到羁绊和制约在所难免。"

此时，国家部门职能正在调整，原来由国家外贸部主管的外国政府贷款项目转由国家财政部分管，争取资金的渠道和申报程序不知道又会发生怎样的变化，一切要从头协调。这无疑给中心医院项目的资金来源增添了复杂性和不确定性。

筹建处心急如焚，却无力回天，但他们坚信，只要国家引进外资的政策不变，中心医院的建设项目就不会落空。只要希望还在，就不会放弃。

此时，荷兰政府也清晰表述有意参与这个项目的合作。5月，由荷兰咨询公司组成的荷兰政府考察团第一次来到中心医院筹建办，由此拉开了不同语言和不同思维方式的大碰撞。

王南华说，医疗废物垃圾的处理、放射性物质的防护和环境的保护，是我们医院建设项目的软肋。当时国内医院普遍存在着环境保护意识不强的建设行为。国内刚刚提出可持续发展的观念，与发达国家的理念肯定还有差距。好在医院的设计者黄锡璆博士比较有前瞻性，在中心医院的设计中已经考虑了这一点。

他们把黄锡璆从北京邀请到长沙，参加与外宾的座谈讨论。黄锡璆就医院设计如何做好放射性的防护，如何处理医院的废水、废气、废料，向外国专家做了详细的说明。同时，黄锡璆也非常谦虚地向外国专家请教了发达国家在环境保护方面的政策和新的技术要求。

黄锡璆先用荷兰语问候了几句，又用流利的英语与外国专家交流。他那渊博的学识、谦虚的态度及严谨的学风使荷兰专家由衷地折服。几位外国专家不再讨论这个问题了，而是对黄锡璆赞不绝口。他们对中国中元的其他人员说："你们设计院有黄博士这样的专家是你们的福气。"又称赞长沙方面说："你们选择北京的这家设计院是明智的。"长沙方面参加座谈的同志听了，都为正确的选择感到高兴，同时也觉得为中国中元入湘所做的努力非常值得。

同年8月29日至9月8日，荷兰政府考察团完成了中心医院建设的实地考察。中心医院引进外资工作进入实质性的阶段。荷兰考察团将出具可行性研究报告，向荷兰政府申报。长沙方面也将引进外资项目的申请上报国家政府有关部门。

不久，两国政府有关部门对长沙市中心医院的项目进行了磋商，双方确定作为执行项目予以立项。

与此同时，中国中元入湘一事也排除障碍，打开了通道。

经过多方的共同努力，按照黄锡璆博士的总体规划和具体设计蓝图，2004年，长沙市中心医院的医技楼和住院楼以宏伟亮丽的气势矗立于长沙城南的大地上。

国家卫生部一位官员视察了长沙市中心医院后感慨地说，他看到过上千家国内外各类医院，中心医院给他的印象是最深刻的。王南华说："其实，无论是官员、专家、普通百姓还是外宾，凡是到过中心医院的人，都对其智能化程度、人文理念和生态环境的高水平规划设计，由衷地发出感慨和赞叹。"

长沙市中心医院成立于2000年6月1日，王南华任长沙市中心医院副院长；2004年医院建成后，他担任医院党委书记。为纪念医院建成10周年，王南华写了一篇回忆文章《心中的医院》，发表在当地一家行业刊物上。

▲ 湖南省长沙市中心医院（中国中元提供）

与王南华一起历经了整个建设过程的长沙市卫生局何局长，读后写了一篇文章，感慨道："我觉得，在这个项目的建设过程中，建设者在策划、决策、组织和实施过程中所经受的艰辛更值得体味……细细读来，你会体会到这个项目的建设对城市医院建设的战略定位和人文模式转变有极其深刻的影响。"

何局长写道："事实上，中心医院的成功，带动了省会新一轮现代化医院建设的高潮。你也可以体会到这些建设者在医院建设的规划、设计、筹资和实施过程中的技巧和良苦用心。同样，这些技巧在其他医院建设中又发挥了很好的作用。你更可以体会他们在山穷水尽、柳暗花明、丛林迷雾、峰回路转等处境中的苦乐人生，相信你也会在他们的感受中得到共鸣……"

湖南省长沙市中心医院的建成启用，为长沙人民群众提供了多层次、多元化的诊疗需求，改善了长沙城南区域居民的医疗服务，为当地的人民群众增添了福祉。

第九章

难忘的国际合作与交往

学成回国，在奋力投身于国内医疗建筑事业发展的同时，黄锡璆自信满满，走出国门，积极参与中国中元海外市场的开拓与合作，渴望在专业领域的国际舞台上一展所长。

发展医疗卫生设施，涉及生命关怀和国民健康保障，是世界性的人道主义共同事业。在国外项目合作以及学术交流中，他以积极的心态广交朋友，打开眼界，互学互鉴，提升自我，与许多外国专家同行成为知己，甚至结成忘年交。

在黄锡璆看来，无论国际风云如何变幻，他与外国朋友结下的深厚情谊，已经播下友好的种子，至今生发着命运与共的融融暖意。

这些经历成为黄锡璆人生的美好时光和难忘的记忆。

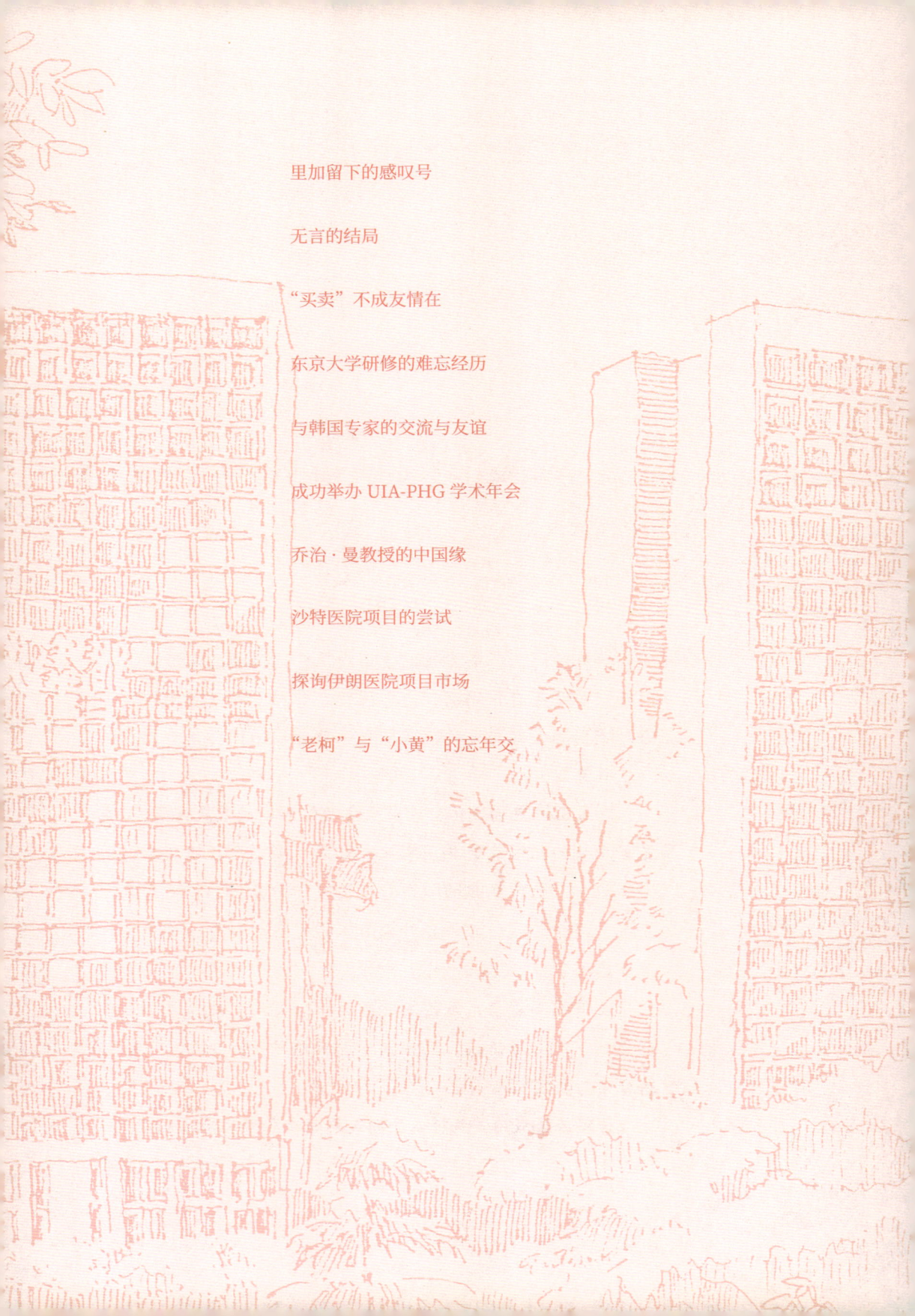

里加留下的感叹号

无言的结局

"买卖"不成友情在

东京大学研修的难忘经历

与韩国专家的交流与友谊

成功举办 UIA-PHG 学术年会

乔治·曼教授的中国缘

沙特医院项目的尝试

探询伊朗医院项目市场

"老柯"与"小黄"的忘年交

第九章 难忘的国际合作与交往

里加留下的感叹号

20世纪80年代末中苏关系解冻，两国贸易升温，人员往来增多。为开拓海外建筑设计市场，设计院与光大银行联手承接苏联加盟共和国拉脱维亚首都里加铁路医院的扩建工程。里加铁路医院隶属波罗的海沿岸铁路局，规模不到一万平方米，设计费约为人民币200万元。

能有机会承接海外项目，设计人员异常兴奋。大家认真研讨，提出方案。黄锡璆到国家图书馆借来介绍里加建筑的图书，并在本院图书馆查阅了馆藏俄文建筑杂志等书刊。

派往苏联考察项目的小组共4人，除黄锡璆外，还有任尼亚、许迎新以及光大银行在苏联开拓市场的业务员。

任尼亚是烈属，从小在苏联生活，毕业于基辅工学院，是土木工程师。她的俄文比中文还好。建筑师许迎新也是位女同志。他们一行出发前都有分工。任尼亚堪称"苏联通"，所有行程包括选择航班、购买机票由她负责，许迎新协助；黄锡璆则集中精力负责处理技术方案、设计原则等专业事项。但由于行程安排疏忽，路途冒了风险。

故地重游，对任尼亚来说自然是一大乐事。她想路经波兰见见老同事，选择波兰航空公司由北京飞抵华沙，再由华沙乘火车经基辅到里加。但她没有顾及由华沙乘火车到基辅要经过切尔诺贝利。两年前，切尔诺贝利核电站发生了核泄漏事故。当意识到这些，为时已晚，无法更改，大家只能硬着头皮出发了。

飞抵华沙，他们要住两天再乘火车去苏联。飞机降落后，应该进到达厅。谁知麻痹大意，鬼使神差，他们稀里糊涂进入过境厅，涌进排队转机的人群。当他们发现不对时，已经来不及了，那时没有手机也没法打电话与接机的使馆人员联系。眼巴巴等到天亮，才由持枪卫兵把他们护送至到达厅，与使馆人员接上头。搞得大家疲惫不堪，还给使馆人员增添了麻烦。

几天后坐火车经基辅明斯克，终于到达里加，投入工作。几天的双方谈判又经过不少折腾，总算把项目规模、设计准则、概念方案、商务合同一一敲定。直到签订了项目协议书，每个人的脸上才露出了笑容。

回国后，设计小组紧锣密鼓开展工作。那时没有俄文电脑打字，只能用俄文打字机打出字样，剪下贴到绘制好的工程图上，晒成二底图，再绘制蓝图。公司总工陈远椿，哈工大毕业，俄文基础好，不仅协助翻译打字，还帮助贴图。那时也没有彩色打印机，只得从屏幕里翻拍成胶片，冲洗出来贴到方案证明书页上。费工费时，可想而知。

当时小型桌面计算机还不普及，机械工业部两年前专门为公司购置了设计机构少有的计算软件，里加项目正赶上使用。可以说，获得部门的全力支持，占有先机。

此外院里还研究了下一步派往里加深化设计小组以及后期配合施工现场代表人员名单，抽调人员到北京外国语学院培训俄语，接待苏联医院项目单位来京考察团。双方进一步优化深化设计方案，为施工单图设计做准备。项目一切均按部就班，一步步推进。

谁能料到，仅隔一年所有的付出却因苏联解体化为泡影。皮之不存，毛将焉附？消息传来，大家无不为之扼腕长叹。黄锡璆回忆说："其实，我们与波罗的海沿岸铁路局官员交流时，他们已经流露出对国家前途的担忧，但没想到会这么快，犹如一座大厦一夜之间轰然倒塌。"

回想起当时的一幕幕，苏联社会的经济状况已露出不正常的端倪。市场萧条，生活物资极为匮乏。外国香烟论根卖，喝咖啡要排长队。黄锡璆说："想不到，我们曾经向往的苏联竟是这番景象。"

同时，他们也感受苏联的另一面。公交地铁车厢里、公园座椅上，常常看到人们聚精会神地读书看报；购物有序排队，待人彬彬有礼；上下公交车，秩序井然；参观博物馆，大家认真倾听讲解，无人喧哗……显而易见，国民的文化素养普遍较高。

"那期间参加这个项目的许多同事不分彼此，共同努力，一起打拼的情形令人感动。"黄锡璆感慨道，"苏联里加铁路医院项目的开展正赶在苏联东欧剧变前后的背景下发生的，项目虽然没有做成，称霸一时的苏维埃联盟大厦轰然倒塌，令世人感慨。从中引出的思考，无疑给我们留下一个大大的感叹号！"

无言的结局

其实，国际合作并不像双方期待的那样，一切能够顺理成章，因种种原因无果而终的项目并不罕见。甚至有的项目付出了许多努力和代价，最终成为"无言的结局"。

2005年秋，印度一家国际工程技术咨询公司的总裁卡比拉前来访问中国中元。院里安排黄锡璆与之会面。会谈中，黄锡璆了解到对方的意图。印度中央政府正在筹划建设大型综合医疗中心，分布在八个邦。目前，已有欧美设计企业闻风而动，跃跃欲试。卡比拉先生说他们公司在印度拥有雄厚实力和基础，并对中国中元设计水平早有所闻，希望双方合作，发挥各自优势，联手参与竞争，为承接这项重大工程共同努力，实现双赢。

双方会谈融洽，达成共识。此后通过传真联系不断，彼此积极主动。2007年夏天，印方发出邀请。中国中元派出由舒世安副总裁带队，黄锡璆、张洁、梁建岚共四人组成的赴印工作组，前往新德里具体商谈合作事宜。

印方对中方的到来比较重视，吃住行安排也很到位。按照事先制订的工作计划，印方组织了六七人的专家小组与中方对接谈判。关键节点，卡比拉先生还亲自出面。

从建设目标、项目规模、服务内容、功能定位、面积指标、机电公用系统、道路广场绿化、适配主要医疗装备、投资限额、建筑材料选用与价格、建筑设备价格、施工安装费用、人工费、造价概预算、进出口关税到不可预计的风险等，大凡能想到的，黄锡璆都一一提出，尽可能多地深入了解，不敢掉以轻心。国外工程如何防范风险，是一项必须做足的功课。否则，造成损失是无法挽回的。

从项目的交流中，黄锡璆一行人了解到印度的社会经济有了较大发展。由于人口不断增长，医疗保健设施急需增加。为此中央政府计划在各个邦建设大型综合医疗中心。为了节省设计费用、缩短设计工期，他们决定采用模数化、标准化、模块化的设计，开发出一套完整的综合医疗中心设计图纸，在八个邦付诸实施。针对这一想法，黄锡璆表达了不同的看法。他认为，印度地域广阔，地域气候条件差异较大，建设地段的地质条件、水文条件、周围环境，包括交通状况、市政条件各不相同，采用统一模式未必适宜。他还列举第二次世界大战后，欧洲一些国家开展的模数化、标准化、模块化建设医院带来的困扰，试图说服对方。对方不置可否。于是，对于一时不能确定的很多问题，只有记入备忘录。

在印度工作期间，双方友好交流，没有隔阂。印度至今仍保留种姓制度，种族众多，语言文化各异，多数人信奉印度教。中印文化交流源远流长，在文学、宗教、建筑等方面互学互鉴，彼此相长。黄锡璆还向印度朋友谈及北京大学季羡林先生留德十年学习梵文、巴利文、吐火罗文等古印度语言，回国后翻译古代印度经典古诗《沙恭达罗》的故事。双方交流，其乐融融。

为了深入了解印度医疗设施的现状，黄锡璆提出参观考察一两家当地医院。对方做了安排。不知什么原因，当黄锡璆一行来到对方说是安排好的一家医院实地考察时，却被保安拒之门外，不仅不让进，也不允许逗留拍照，态度近乎蛮横，未能实际了解，甚是遗憾。这次考察黄锡璆一行经旅行社安排，参观了世界文化遗产泰姬陵和红堡。这两处文化遗产果然名不虚传，令人震撼。建筑造型优美，构图比例精巧；夕阳西下时，微风徐徐，观赏水面中的倒影，令人流连忘返。红堡则是另外一种建筑风格，威严壮观，深暗红色的城堡，精细的雕刻，给人留下难以磨灭的印象。

黄锡璆说："在大学读书时，从开设的外国建筑史课程，就学习到这些著名的历史建筑，能亲眼看到，感到十分幸运。"在参观中经过一家售卖印度传统建筑、介绍印度文化的书店，黄锡璆兴致勃勃地选购了几本印度建筑图册。在他看来，与不同国家合作交流，深入了解对方的建筑文化，是必不可少的。

考察回来后，双方虽然一直保持联系，项目却没有实质性进展。后来印度方面告知说，因中央政府的资金问题，计划搁浅。虽说折腾了一番，无果而终，黄锡璆觉得，还是长了见识，开了眼界，有失也有得。

几年后，黄锡璆从一本英文医院建筑书籍的案例上，偶然看到印度大型综合医疗中心的设计方案。采用低层模数化的方案占地很大，估计很难付诸实施。

第九章 难忘的国际合作与交往

"买卖"不成友情在

改革开放 40 多年来，医疗建筑设计行业同经贸、文化、科技等领域一样，不仅走出去，也请进来，互学互鉴，兼收并蓄，才能促进自身更好更快地发展。

1996 年，设计院承接了北京大学第一附属医院第二住院部的改扩建项目。面对用地狭窄、功能面积要求多、城市空间限高、周围环境复杂、城市交通压力大等诸多困难，中国中元细心推敲，拟定一个不停诊、不停床的多层方案，形成了概念设计规划。

就在这时，卫生部传来信息，部里对该院的改扩建高度重视，希望该项目能得到芬兰赫尔辛基技术大学及 SOTERA 的咨询支持，做出高水准设计。

事后得知，原来卫生部一位副部长近期访问了芬兰，考察了芬兰的一些医疗机构，认为芬兰在医院规划设计方面的经验值得借鉴。

黄锡璆对芬兰赫尔辛基技术大学及 SOTERA 早有所闻。前几年在日本东京大学工学院建筑学科研修时，与这一机构的几位专家有过接触，对他们的研究项目有所了解。

芬兰地处北欧，是千湖之国，人口只有 500 万，不仅造纸技术、木材成品等工业技术发达，医疗器械、建筑器材也领先世界，诺基亚闻名于世，在医院设计方面也有不凡的成就。20 世纪中叶，阿尔瓦·阿尔托设计了举世闻名的帕米欧肺结核疗养院，还设计过芬兰地亚会议厅，位于爱氏波的赫尔辛基技术大学教学主楼。黄锡璆在大学读书时，接触过这位建筑大师的作品。芬兰与日本同属人口老龄化社会。老龄社会对老年医学、医院规划设计颇为重视，能与有水平的机构合作交流机会难得。所以，对主管部委领导的意见，中国中元是重视的，但也担心，前期为概念设计已经投入大量时间，对方是否认可？

为了保证项目的高水准，由北京大学医学院一位副院长带队，设计院派出黄锡璆、许以富、廖跃青三人参加，一起飞往赫尔辛基学习考察，并与芬兰方面进行交流。

日程活动安排相当紧凑。黄锡璆一行人参观了几家医院和爱氏波赫尔辛基技术大学。然后到帕的拉设计事务所访问，具体讨论北大医院项目，包括中国中元已经形成的概念设计方案。黄锡璆对项目概念、用地规模、功能计划、空间安排、市政设计、交通条件等一一做了详细说明。还把事先准备好的英文说明书、图纸交给对方，作为讨论的基础文件。

帕的拉与帕的拉建筑事务所是北欧一家老牌的家族设计企业，现主持业务的年轻的帕的拉继承了父亲、叔叔的业务，家族两代人中有很多人从事建筑设计工作，而且侧重医院类设计工程。在半个多世纪里，芬兰境内的多数医院项目都出自该公司。

双方进行了友好交流，芬兰方面并没有提出太多异议。在芬兰结束考察后，黄锡璆一行人乘船到瑞典参观了几家医院和生产伽马刀的厂家，满载收获回国。

不久芬兰方面派人来华，双方签署了技术合作协议。北大一院的改扩建项目，双方互派人员进行研讨，从此开展较为紧密的联系。

后期芬兰方面对中国中元提交的概念设计并无异议，仅在一些领域提出了改进意见；有一些意见改进了部分流程，影响了其他流程。经过黄锡璆解释，他们不再坚持改动方案。

与芬兰SOTERA的合作，还插入机械工业部医院项目设计论证。两个项目交错推进。黄锡璆既要担任主设计师，又负责出国考察洽谈，并担任翻译，忙得不可开交。尤其出国考察，对国外机构谈判方案，他极为谨慎，生怕出现闪失。回国后他还要及时整理纪要。他和同事们一起，付出了许多努力，也看到了与国外机构合作成功的希望。但是随着时间的推移，部门改革，医院逐渐归制合并，人事变动调整，机械工业部医院项目只能搁置。

而北京大学第一医院第二住院部按照国家计划分期陆续建成，已成为卫生健康委属下的疾病预防、医疗救治、医疗教育、医疗研究、康复活动的骨干单位。

常言道，买卖不成仁义在。中方与SOTERA的合作延续了好几年。黄锡璆说："在这个过程中，我们对芬兰医院建设的理念有了更多了解。他们开展的老年改造设施研究，也为中国中元提供了许多启示。我国快速进入老年社会，对这方面的研究很迫切，也很必要。各国都有各自的长处，相互学习借鉴很有必要。"

东京大学研修的难忘经历

经卫生部规划财务司、国外贷款办公室推荐，黄锡璆参加了世界银行中国卫生项目的基建咨询工作。在多次的随团考察中，他的专业水平得到了世行专家克里斯特（澳大利亚人）的认可。克里斯特建议卫生部建立专门研究中国医院规划设计的机构，并从联合国开发署申请一笔启动费用。为此，卫生部规划司制定了框架，用启动费购买了相机、录音笔等一些器材，但外派人员培训计划一直未有动静。

1992年，派了一人赴英研修用去大笔费用。当年年底，通知黄锡璆尽快联系赴国外研修。因为费用有限以及研修时限的制约，比较之下，黄锡璆认为赴日本东京大学工学部建筑学科比较合适，于是就有了赴日本短期研修之行。

1993年3月，黄锡璆终于办妥手续，登上赴日航班。接待方甚是热情周到，派人到机场迎接，并联系好住处。第二天到校，黄锡璆被安排在长泽泰教授的研究组里研修。长泽泰教授曾在英国MARU学习，思想活跃。他帮助黄锡璆协调好学习计划，每周有机会可以到他办公室讨论。这期间，芬兰SOTERA几位教授访日，长泽泰教授特邀黄锡璆一起参加聚会。聚会中，芬兰、日本学者对高龄社会老年医院的研究探讨，给黄锡璆留下深刻印象。长泽泰教授还邀请黄锡璆到他家中做客，见到他的岳父吉武泰水——被称为日本建筑企划学的鼻祖。还有一次，长泽泰教授邀请黄锡璆与巴布亚新几内亚的同学到他在市郊的乡间住宅小住，度过了两天难忘的周末。

在东京大学建筑学科研修，原计划 3 个月后回国，长泽泰教授主动帮黄锡璆延长了两周。在这 105 天里，黄锡璆主要在学习室里阅读系里丰富的专业文献，参加系里组织的"见学"考察。除参观医疗设施外，学校还组织参观了东京博物馆、上野公园赏樱花、郊区民宿泡温泉等，促进大家对日本文化、民俗风情的了解。

参观考察当地医院、康复设施、精神病院、血库等医疗设施，日本医院规划设计的精细化给黄锡璆留下深刻印象。当地建筑风格的简约明快、注重实效，也给他很大启发。黄锡璆说："日本是多地震国家，建筑物尤其是医院的防震减震、建筑布局与结构造型的高度融合，很值得我们学习。"

研修期间，黄锡璆还参加了几次研究生读书讨论会。会上几位研究生各自报告近期研修心得或文献阅读小结等，讲完由教授点评。会后集体到小酒馆小酌，联络感情，都是 AA 制。

黄锡璆不胜酒力，他们也不勉强。因为语言障碍，相互交流只能略知对方的大意。黄锡璆因此为多年前放弃在天津大学日语速成班的学习机会而后悔。

建筑学科图书馆资料丰富，日文中有大量汉字。文献中有英文摘录，作为技术储备，黄锡璆经常借出复印。系主任高桥鹰志教授对黄锡璆印象颇佳，告知办公室，黄锡璆可以使用系办公室的复印机。这样就免去了黄锡璆复印的麻烦，也节省了费用。同时，还可以用系里的传真机与国内卫生部及中国中元及时联络。高桥先生在许多方面都给予黄锡璆特别关照。比如，外出考察时黄锡璆可以领用彩色胶卷；大家 AA 制聚餐时，他主动为黄锡璆付费；一次深夜地铁公交停运，他打车将黄锡璆送回住处；还送给黄锡璆几册建筑心理学的研究报告。"他的热情友好和特别关照，至今想起来，仍觉温暖。"黄锡璆感慨道。

日本医院建筑学界一些著名学者对来自中国的研修人员也很关心。如早稻田大学的浦良一教授，多次访问中国并举办讲座。得知黄锡璆来日本研修，他专门安排陪同参观大阪儿童医院及血库等设施。他还允诺："若有需要可随时来函询问。"令黄锡璆非常感动。

在日期间，黄锡璆还参访了伊藤喜三郎设计事务所、现代设计、日建设计等一些著名的医院设计机构，了解当地设计概况，以及项目规划设计程序。

在日本短暂的时光里，有许多令人难忘的人和事。

当时，同在长泽泰研究班研修的王青，是天津大学毕业的一位女生。她了解到黄锡璆研修费紧张，参加高桥家派对时，特地从在横滨开餐馆的舅舅那里拿了酒或糕点陪同黄锡璆参加活动，还说这是黄锡璆带的。

黄锡璆回国时，图书装了整整3个大纸箱。他借了一辆自行车，请同住中日友好会馆的陈纯福同学协助到一家旅行社办理海运。不料因下大雨无法前往，而黄锡璆的回程日期无法变更，黄锡璆只好委托陈纯福同学为他办理托运。黄锡璆把存折交给他，他一看存折里不到2万日元，当即把存折还给黄锡璆，说这点儿钱还是给家人买些礼物吧，运费由他来付。

在那段日子里，还有一件令人难忘的事。卫生部资助的生活费每个月为9万日元。黄锡璆记得留学比利时时，每月350美元（后调至400美元）已很充足，哪知东京生活费用这么高昂。幸得校方协助联系，住在中日友好会馆，不仅住宿费用低廉，餐费也不高。后来卫生部贷款办访日代表团带来4万日元，黄锡璆精打细算，才完成研修计划。

"这些都是30年前的事了，但日本学者、友人以及留学同学的真诚相助、热心友善，令人感动，永远难忘。"黄锡璆说。

第九章 难忘的国际合作与交往

与韩国专家的交流与友谊

1992年8月,中韩两国正式建立大使级外交关系,结束了长期互不承认和相互隔绝的历史。其实,两国民间在经贸、科技、文化等领域的往来就没断过。

中韩建交前夕,国家卫生部基财司负责人就给担任部顾问的黄锡璆打招呼,说是部里计划派人赴韩参加学术研讨会,要他准备发言材料。依据交流议题,黄锡璆专门赴河北蓟县人民医院考察,以作为介绍案例之一。他精心准备了发言材料及幻灯片,整装待发,却又接到通知,上级只批准一人赴韩。黄锡璆服从安排,将所有备好的文档包括英文译稿、幻灯片交与另一名参会人员。黄锡璆虽与这次活动失之交臂,却为赴韩进行学术交流和双方友好往来做了铺垫。

时隔几年,黄锡璆收到西安冶金建筑学院(现西安建筑科技大学)建筑系主任周若祁教授发来的传真:韩国医院与福祉建筑学会会长、首尔大学建筑系主任李特求教授将在首尔组织举办医疗与福祉建筑研讨会。周若祁教授有意推荐黄锡璆参加。此前,黄锡璆曾陪同在比利时鲁汶大学留学时的恩师戴尔路教授访问过西安。在学术交流中,彼此相识,周若祁教授对黄锡璆的专业素养印象颇深。

这是个难得的机会。黄锡璆在感谢周教授的同时,立即着手准备有关资料。他对近期我国医院设计中护理单元以及病房设计的深度探索做了系统梳理，并与国外一些案例进行比较分析，形成比较完整的研讨会发言材料。

在赴韩参加学术交流会期间，黄锡璆结识了韩国医院与福祉学会会长李特求和前任会长金关文先生及一些与会同行，包括李正万教授、Nae-won Yang 等人。可能是因为两国同属东方儒家文化圈，彼此沟通和谐融洽。特别是李特求教授，文质彬彬，待人谦和，说话轻声细语，给黄锡璆留下深刻的印象。虽然他不讲汉语，但对中国古典诗词造诣匪浅，会用汉字押韵填词。他对专业的理解也有独到之见。在一次聚会中，他用餐桌上的白纸写下"建筑设计没有最终解，只有最佳解"的颇具哲理的观点。黄锡璆深表赞同。

此后几年间，中国中元与韩国同行互有交往，除进行学术座谈外，还到对方新建医院实地考察参观。后来逐渐扩大为中日韩三国建筑设计机构、大学院校等相关人员的交流合作，并形成机制；轮流每两年承办一次学术研讨会，连续承办了好几届，直到2020年新冠疫情才不得不中断。

由于与韩国学者交流融洽，中国中元还一度计划派人赴韩进修学习。朝鲜族辛春华曾是人选之一。她在大学里学的是俄语，也有韩语基础。为此，她还购买韩语教科书自学了一段时间。遗憾的是，因家中有事情，单位设计任务繁重，一再耽搁，派出计划没能实现。

随着中国与韩国、日本的交流逐渐扩大深入，专业方面涉及综合性医院的新建、老医院的改造、老年设施的建设以及专科医院的设计建设等多方面。黄锡璆兼收并蓄，从中受到很多启发。韩国一家医院在不影响原有设施使用的情况下在楼上加盖三层，扩建项目十分成功。他认为："这几年，我国与日韩面临的情况相似，已进入老龄化社会。在养老设施设计建设方面，东亚各国同行之间可以互学互鉴的地方是很广泛的。"

如今李特求教授、金关文先生等都已年迈，甚至有的已离世。黄锡璆感慨道："他们为国际学界交流播下的友谊种子，会在广袤的土地上生根发芽，不断成长。"

第九章 难忘的国际合作与交往

成功举办 UIA-PHG 学术年会

2007 年 7 月，国际建筑师协会—公共卫生组织（UIA-PHG）学术年会在中国北京举办。

国际建筑师协会是一个国际性组织，中文简称国际建协，英文简称 UIA。1948 年 6 月，由联合国教科文组织协调成立于瑞士洛桑，会址设在巴黎。协会现有会员 80 多个，代表世界 60 多万建筑师。国际建协下设 23 个专业工作组。国际建筑师协会—公共卫生组织（UIA-PHG）是其中之一，成立于 1955 年，拥有来自超过 60 个国家的成员，旨在促进建筑界优化改善医疗健康建筑的设计水平和环境品质，负责有关国际奖项评选，在专业上具有较高的权威性和广泛的影响力。

这次年会原本安排在非洲举行，但临近会期，因种种原因不得不更换举办地。UIA-PHG 成员将目光转向中国。

黄锡璆作为这一组织的中国代表，多次参加 UIA-PHG 组织的活动，对年会的组织和议程比较了解。UIA-PHG 年会都会安排两天学术发言，会后组织参观举办地有代表性的医院，游览一两处名胜古迹。

机构负责人向黄锡璆表达了在中国举办的意向，征询他的意见。黄锡璆权衡之后认为，虽然时间紧，工作量大，但这是一个展示我国医疗建筑设计水平、推动国际合作与交流的平台，也是提高我国国际影响力难得的机遇，对于促进我国医疗卫生大健康的发展很有意义，不可错过。

黄锡璆的建议得到有关方面的积极回应。中国建筑学会作为主办方，给予大力支持；中国中元主动担当，负责承办。会议地点安排在北京友谊宾馆。中国中元高度重视，公司主要负责人挂帅，专门成立了筹备小组，选调十多位具有一定外语能力的年轻技术人员，责无旁贷，黄锡璆自然成为会议筹备组织的"领军人物"。

UIA-PHG组长是荷兰人陆卜·威塞尔。他在年初到中国访问，了解年会的筹备情况。听说黄锡璆因车祸住院疗养，他专程到医院探望。正值春节，黄锡璆抱歉地说不能外出陪同，请他体谅，并表示，这次年会，中方正在积极筹备，一切都会仔细安排，请他放心。

回忆承办这次会议的经过，黄锡璆感触较多。他说："这种专业性较强的国际会议，参会人员不算多，但组织筹备比较复杂，遇到许多意想不到的问题。会议期间发生的那些'花絮'，至今令人回味。"

经过几个月的紧张筹备，UIA-PHG学术年会开幕的前一天，公司组织与会代表乘大巴车到颐和园游览。黄锡璆还在康复期，未能参加。组长陆卜·威塞尔临时提议，要求安排参观奥运会场馆。他说："大家都是建筑师，非常关心世人瞩目的北京奥运会场馆建设。"第29届夏季奥林匹克运动会，2008年8月8日将在中国首都北京开幕。

临时增加参观项目，对会议承办方来说，无疑是件麻烦事。为了满足大家的要求，黄锡璆当即向公司汇报。中国中元多方联系，得到的答复是：奥运会期临近，场馆已交保安部门接管，不接待一般性参观。与会者深感遗憾，但也有人不甘心，千方百计找门路。

傍晚，黄锡璆接到美籍华人巴德利克·孙（移民美国的菲律宾籍华人）的电话，说他能联系参观。黄锡璆当即回复请他赶快联系，可安排导游。深夜，巴德利克·孙来电说，没有联系成功。

"山重水复疑无路，柳暗花明又一村。"经公司多方协调，有关方面终于同意，可以安排在场馆外侧远眺鸟巢。得到这一消息，大家喜出望外。

参观鸟巢这一天，与会者踏上铺有红地毯的高高的平台，观赏气势宏伟的鸟巢建筑。身着盛装的礼仪小姐彬彬有礼，引导讲解，大家兴奋不已。北京奥运即将举办，国内外游客都想一睹鸟巢为快。为了满足社会公众要求，北京市政府在体育场外广场专门搭建了这个平台，铺上红地毯，有礼仪小姐接待国内外游客参观。正巧，与会代表成为获此幸运的参观者。

但意外情况，还是不少。

凡尼·瓦维利教授是一位来自希腊的代表，执教于契沙罗亚里士多德大学建筑设计与技术学院。这次她带了两位学生同行参会。有国际交流经验的她一时疏忽，竟然忘了办签证，三人滞留在北京首都机场不能入境。凡尼只得打电话向黄锡璆求助。

黄锡璆立即安排会议筹备组工作人员经中国建筑学会国际合作司与外交部领事司联系。几经周折，才把三位希腊朋友接到友谊宾馆，顺利报到。凡尼·瓦维利女士见到黄锡璆连声道谢，不胜感激。

美国建筑师亚松先生夫妇俩报名一起参加会议，并按规定预交了会费。不幸的是亚松先生突然病逝，夫人亚松女士仍如期来华参会。中国中元接待组热烈欢迎亚松夫人的到来，对亚松先生的去世表示哀悼，并退还了亚松先生缴纳的会费。亚松夫人很感意外，说："在其他地方是很少这样处理的。"黄锡璆解释说："这算不得什么。在中国，这样处理很正常。"

经过各方努力和精心筹备，会议如期开幕。

当天，来自世界各地的 60 多名中外专家学者会聚一堂。中国建筑学会理事长宋春华、中国中元总裁丁建等有关方面负责人应邀出席。黄锡璆做了主旨发言。他根据多年的实践经验，总结了医院建筑设计五大原则，即适用先进、人性关怀、系统安全、绿色低碳、经济高效。他的演讲博得阵阵掌声。与会者根据会议日程安排相继发言，气氛热烈。

这次年会的主题是交流医疗建筑设计创新成果和分析研究现状，探讨国际学术领域的新动向。会议取得圆满成功。与会专家学者非常满意，一致评价:"这是一次高水平的年会,给我们留下美好的中国印象。"

短短的三天半会期,无论室内会议、医院现场参观,还是城市游览活动,黄锡璆总是里里外外,忙不停步地精心安排,唯恐有失。他腰部手术痊愈不久,不堪劳累。尽管如此,也很难面面俱到,处处周全。他一再要求工作人员耐心细致,一旦出现情况,要及时应对。尤其对代表提出的种种要求和疑问,要及时回应,妥善处理。

会议开幕第二天有代表提出:"为什么没有同声翻译?"黄锡璆耐心解释,参会国别众多,使用英语作为会议沟通语言,是历届UIA-PHG会议的惯例。

在会议举办的晚宴上,中国中元领导以英语致辞;安排专业文化团体演出,场面热烈。不觉两小时已过,大家意犹未尽,主持人不得不按时宣布结束。

此时,黄锡璆发现,有外国朋友对桌上残留的大量菜肴很不理解,觉得可惜。想起这一幕,黄锡璆说:"如今,国家倡导'光盘行动'实为必要。珍惜粮食,尊重农民劳动,对于传承中华民族勤俭节约的传统美德更显意义。"

"当时承办会议,中国中元在大力支持的同时,也提出要求,节俭办会,精打细算。"谈起承办会议的经过,黄锡璆坦然道,"会议期间,代表们吃自助餐,工作人员吃的都是盒饭。对此,有外国代表不解。当他们得知这是为了节约会议开支,深受感动。"许多工作人员尽心尽力,热情服务,不辞辛苦。有的还主动为外国代表制作PPT、记录、打印发言稿,给外国代表留下非常好的印象。

为办好这届UIA-PHG学术年会,各方鼎力相助,付出了许多,一致觉得很有收获。黄锡璆认为:"其实,承办这样的国际学术会议,虽然人数不多,但对承办单位和参与工作人员来说,都是增长见识、提升自我的机会；通过一番历练，收获成长，也是一份难得的经历和永久的记忆。""为了繁荣学术，增进彼此交流，由专业协会支持指导基层单位具体承办一定规模的学术会议的经验值得推广。中国中元能把会议办到如此程度，得到专家学者的充分肯定，所有的付出都很值得。"

乔治·曼教授的中国缘

美国得州农工大学建筑学院的乔治·J.曼教授是研究医院规划设计的资深教授。在一次国际建筑师协会–公共卫生组织（UIA-PHG）的年会上，黄锡璆与他结识。乔治·曼是一位思想活跃、交际广泛的老人。他常在口袋里装着得州农工大学校徽的贴纸，与人交谈时，取出贴纸贴在对方的胸前或帽檐上，幽默地说："恭喜了，您已成为得州农工大学的一员！"

乔治·曼教退休后不再承担学院的授课辅导任务，但经常到学校巡访。只要有时间，他就会到学校与在读的年轻人交谈，了解情况，解疑释惑。这些都是义务的，也是志愿的。可以说，这位学者是一个爱岗敬业的楷模。

2007年7月，在北京友谊宾馆举办的UIA-PHG年会上，乔治·曼教授做了演讲。他是位犹太人，在演讲中，简要介绍了第二次世界大战期间，大批犹太人深受德国法西斯纳粹迫害的遭遇。他回忆了5岁时跟随父母流亡上海，后又转往美国移民的艰难经历，感慨和平时光来之不易。他的这段演讲打动了现场的每一个人，给大家留下了深刻的印象。

在北京举办的国际建筑师协会—公共卫生组织年会会后不久，黄锡璆在书店里偶然看到一本《犹太人在上海》的中文纪实作品。书中讲述了"二战"前后流亡上海的犹太人遭遇的苦难以及中国人给予的同情与帮助。书中前言为前驻德大使王殊所写，有英文译文。黄锡璆当即买了两本，寄给乔治·曼一册。乔治·曼收到后很感动，回电深表感谢。

乔治·曼与同行热心推动中美两国之间的学术交流。经过双方共同努力，促成美国得州农工大学、俄克拉荷马大学与中国中元、东南大学在医院建筑领域里的合作与交流。

后来，黄锡璆应乔治·曼邀请到美国访问。黄锡璆一行参观了得克萨斯医疗中心。据称这是世界上规模最大、技术先进的医疗机构。乔治·曼介绍说："这家医疗机构掌控着治疗疑难病症的高端技术，拥有高端设备，都是世界一流的。世界各地的患者包括王公贵族、富豪都会来这里求医。所以，这个医疗中心很能挣钱，非常富有。"

医疗中心基建、后勤保障部门有不少员工都是乔治·曼的学生。由于乔治·曼的亲自安排，黄锡璆得到了一些技术资料。通过这些资料和双方交流，黄锡璆了解到这座医院的设计建设有许多经验教训，很值得借鉴。最突出的一点，就是医疗中心由于选址低洼，曾遭受洪水浸淹。另外，由于历年扩建，因地块制约，虽已发展到已有40多家专科医院的规模，却互不衔接。医疗中心正在设想，建设一座长达几十千米的架空连廊将它们连接起来。黄锡璆还了解到，医院正在推广的绿色低碳计划，虽然投入较大，效果并不理想。这些都引发了他对医院规划设计以及技术应用的深度思考。

这天晚上，乔治·曼请黄锡璆一行到镇上小餐馆品尝特色美食。一路上有不少人与乔治·曼热情地打招呼。原来，得州农工大学是这个地区的大单位，乔治·曼长期执教，退休后仍住在这里，熟人熟地，是该居住区的荣誉市民，很受大家的尊敬和爱戴。

黄锡璆访美回来不久，中国中元与得州农工大学建筑学院在医院设计领域展开了合作。第一个项目是双方合作设计河南濮阳眼科医院。合作并非一帆风顺，而是不断产生碰撞。在接下来的具体讨论中，中国中元趋向于以现场实际为准，规划设计。美方人员更多地放开思路追求理想化效果。

后来在挪威奥斯陆召开的 UIA-PHG 学术年会上，黄锡璆与乔治·曼做了联合发言，介绍中美两家机构联合培训合作设计的经验，其中采用了河南濮阳眼科医院的案例。先由乔治·曼发言，黄锡璆后做补充。因发言超时，挪方主持人缩短了提问时间。此后双方保持联系，一直到前几年新冠疫情被迫中断。不管怎样，中国中元与美国得州农工大学建筑学院在医疗设施领域的合作，在互学互鉴中共同促进，是积极有益的。

值得一提的是，在合作中得到在得州农工大学建筑学院执教的吕志鹏夫妇的热心帮助。几年来，他们主动联系沟通，帮助安排国内专业人员赴美进行交流，组织美方相关专家来华讲学研讨。他们夫妇还利用在美专业领域交往广泛、信息畅通的优势，多次帮助黄锡璆购买最新的医院规划设计资料，向国内同行推介循证医院设计等学术动态。

黄锡璆访美时曾到他们家做客。他们虽移居海外，仍心系祖国，言谈话语中流露着浓浓的家国情怀。黄锡璆感同身受，认为：“这恐怕是众多华人、华侨内心的真情流露。”

第九章 难忘的国际合作与交往

沙特医院项目的尝试

随着国际交往的扩大、经贸往来的增多,中国中元的海外业务也在探索中不断拓展。

2003年,公司经中介获知沙特阿拉伯王国有一批小型医院在计划建设。据说这是沙特国王为边远居民赠送的福利,要为这些远离大城市的居民改善医疗条件。经公司领导讨论,决定派员前往沙特,主动对接,力争拿下这项工程的订单。

公司得到的这项工程的基础资料显示:沙特准备建设的这批小型医院,每座医院设50张病床,并设置门诊、急诊以及必要的医疗技术部门,包括X光线检查、化验室、功能检查、手术室、中心供应、营养厨房等。比较特殊的是医疗区域男女分开,病房也分为男病区、女病区。

这批小型医院采用标准设计,已委托一家设计机构完成概念设计。每座医院总建筑面积约3000平方米,但要根据实际情况深化细化建筑方案。

中国中元组成了十多人的设计工作队,由黄锡璆担任该项工程的技术总负责人。黄锡璆认为,这个项目工地分散,人生地不熟,市政条件也不详,而且使用的标准规范与国内也不相同,必须把困难想在前面,未雨绸缪,不打没把握之仗。出发前,他组织设计工作队,开展了大量的前期工作。

经过充分准备,设计工作队一行十多人,于2003年11月飞赴沙特阿拉伯。经过十多小时的飞行，黄锡璆一行飞抵达沙特首都利雅德机场。机场建筑规模宏大，厅内还有小型喷水池。工作人员、来往游客，大多长袍裹身，戴头巾；妇女多蒙头遮脸，只露出一双眼睛，给人带来神秘的感觉。过海关时，托运的行李中因为有装有测量仪器用的铝合金旅行箱，开箱检查研究了半天才放行。

黄锡璆一行人在事先联系好的一家公寓内安顿下来。除住宿外用餐是一笔不小的开支，必须精打细算；大家准备自行开伙。黄锡璆一行人到使馆经商处报告，希望得到指导与支持。使馆人员很关心，做了指示，并特别交代安全事项，外出要当心，最好结伴而行。特别要注意交通安全，当地车速极快，年轻人飙车是常事，千万当心。

接下来，大家按计划分头展开工作。按照概念图，先为准备开工的两家医院做总平面图布局的优化设计。由于项目分布分散，还要了解当地的油气水电等各种基础设施以及建材规格、价格和人工费，还要与当地施工单位联系对接，工作千头万绪，困难重重。幸亏黄锡璆在国内组织大家进行了前期的充分准备，各项应对均有预案。

黄锡璆对计划先行开工的第一家医院建设现场做了踏勘。驱车来到现场，只见周围荒无人烟。当地人介绍的取水点距施工现场虽然仅有几十米距离，却有十多米高差，要用水泵提升。而援建这批医院的施工单位并未做好细致的准备工作，一时成为难点。

按照当地要求，工程开工前，要将图纸递交当地建设部门详加审核。黄锡璆递交了翻译成英文文本的工程图纸。审核程序进展缓慢，主管部门官员按部就班，约谈时间也不定，有时几天才能约上，让人心急如焚。几次约谈都是在下午。对方严格遵守穆斯林教义，一天要做5次祷告，每次要30分钟至45分钟，往往诵经声一起就要暂停。

利雅德是沙特的首都，市中心街道宽阔，车水马龙。有一些高大的新建筑，黄锡璆等人乘车去市中心游览，欣赏这些建筑，也是一份难得的收获。沙特阿拉伯的麦加，每年都会有世界各地的穆斯林来朝圣，包括麦地那，都是宗教圣地，非教徒不得入内。清真寺建筑宏伟，高耸的宣礼塔，巨大的圆形室厅围以拱券，错落有致，很吸引人。利亚德城中的清真寺规模也不小，但也有宗教警察守卫，外人只能远望不得入内。

工作期间，黄锡璆一行人得到使馆经商处的协助，联系并派人陪同参观首都的一家大型综合医院。这家医院设施先进，服务完善。医院前有大片绿地，还有小喷泉。医务工作人员多是从欧美聘请的。黄锡璆等一行人分成几个小组，分头参观。不料发生了一个小意外。

有一位暖通工程师出于好奇，打开了机械通风百叶口的百叶弹簧，张开后却无法合拢，撒手便走了。而他与同行的同事都没携带护照，语言又不通，在出口处就被保安拦下了。

原来约定在出口处集合，黄锡璆等人久等不见这个小组的同事。得知情况后，黄锡璆即刻返回，向保安出示了护照，解释他们是为医院工程建设来到沙特，这次是来医院参观学习。使馆人员也好言解释，保安人员便放行了。

黄锡璆说："年轻人出国，凡事都觉得新鲜，可以理解，但要谨言慎行，多了解多学习，不然，会造成不必要的麻烦。"

在沙特做工程项目的那段日子，大家工作繁忙，日常生活单调枯燥。沙特是禁酒国家，超市也没有啤酒售卖。工作队在沙特工作了一个多月，中间安排到吉达港口海边城市走了一遭，见到了碧海蓝天的海湾。黄锡璆和大家在途中一家小餐馆吃了一顿烤羊肉，这是出差沙特期间唯一享用的一顿美味。

黄锡璆一行回来后，与现场人员继续完成后续工作。为了使项目顺利开展，在每个工地设有沙方驻现场办公室，配备办公设备。设计人员在工地住宿，自行开伙。因工程拖延，开支超出，效果并不理想。

　　黄锡璆参与了许多海外的工程项目。谈起感受，他说："国外的项目并不是一厢情愿地付出就能成功。建设方的配合、各方的合作相辅相成，缺一不可。"他还特别强调，"涉外设计队伍不仅要具备技术素养，也要具备外语沟通能力，更要具备较广泛的国际知识，尤其是国际商贸规则，熟悉了，才能规避风险，完成任务。"

探询伊朗医院项目市场

2016年，中国中元决策层获知伊朗有关部门有意从境外引进外资建设医院工程。公司决定派员前往，探索合作之路，进一步开拓海外市场。

众所周知，多年来，伊朗深受西方制裁打压，经济活动受限。国内医院建筑老旧，设备老化，有心改造更新，改善民生，却因资金不足，人才缺失，无力改变现状。为解决国内医疗服务需求，伊方决定走与境外合作之路。

为中国中元牵线搭桥的是一家从事冶金工厂建设的公司。因多年在伊朗承接工程建设积累了一定人脉，这家中国公司了解中国中元在医院规划建设领域的优势，因此希望强强联手，在伊朗开拓医院工程建设业务，通过工程总承包，共同发展，实现双赢。

伊朗是中东有影响力的大国，是历史悠久的文明古国，也是产油大国，盛产波斯毛毯、漆器、银盘。在伊朗开拓医疗建设市场，意义深远。

公司派遣黄锡璆带着年轻的建筑师罗浩原和一位技经工程师，前往了解项目情况、医院建筑概况，并收集当地建材价格以及工程额等信息。

黄锡璆一行被安排在伊朗首都德黑兰市区的一家宾馆里。他们按计划走访相关单位。在与当地一家公司的接洽中了解到，当地在建的一家大型医院已停工。他们来到工地，与医院基建工程人员座谈，了解到原来这座医院委托一家德国设计公司设计，基本完成了地面以下工程。基建工程人员提供了该工程的平面布置图及主要剖面图，采用的是钢筋混凝土剪力墙框架结构。建筑大楼设计除多部电梯外，另设有一条宽大的连接地下几层的人行坡道。现已停工，或是资金难以为继。

德黑兰分为若干个区，项目落在哪个区就由哪个区的主管当局负责工程审批。伊朗属于多地震国家，全国划为不同地震强度的区域。伊朗的气候也因地理位置不同而有较大差别。

由于这座医院设有核医学科室，黄锡璆详细了解了对方使用的同位素类别状况和放射性污水的处理与排放，以及医疗废弃物的收集与外运处置等情况。

伊方热情安排考察组考察了德黑兰的一家大型医院，与医院核医学专科大夫座谈。为了更多地了解当地医院的情况，黄锡璆一行请司机带他们到一家私立大型医院参观。一一察看院区停车场、入口大厅、室内候诊区、建筑外观造型等，虽是走马观花，但也了解了许多情况。

他们还邀请一位当地有经验的建筑师座谈，了解当地工程的常用做法，依据的规范与标准。据建筑师介绍，伊朗国家编制有许多设计规范，涵盖机电专业、暖通专业。这位建筑师说："这些标准，有许多与德国的土木建筑机电等标准 DIN 相一致。"

黄锡璆请建筑师帮忙开列基本常用的目录，并译成英文目录。按照工作内容，黄锡璆等人一项项完成，生怕有遗漏。在一次讨论中，随行技经人员说当地建材价格无法了解，不好完成。无奈之际，黄锡璆意外发现在宾馆休息厅的报架上，有几份伊朗发行的英文日报，上面刊登了许多大宗建材交易信息，包括不同型号水泥，不同规格螺纹钢、圆钢筋、角钢沥青油毡、聚氨酯泡沫隔热板、加气混凝土、瓦楞金属屋面板材等。黄锡璆如获至宝，带回来做参考。

黄锡璆一行还拜会了伊朗卫生部的一位副部长。在短暂的交谈中，这位副部长向他咨询一家国际水准医院的投资造价，以及医疗设备的配置等问题。黄锡璆回答说:"各国国情不同,建筑费用会有差异,医疗设备因品牌、规格、标次的不同会有很大价差。"这位部长表示:"中伊是友好国家,希望工程合作能顺利开展。"

在德黑兰逗留期间,考察组有机会参观游览了伊朗国王宫。黄锡璆发现,王宫坐落在一片绿荫之中,呈几何对称形布置,十分讲究。位于楼座的国王宝座,面对开阔林地水面。宝座设在太阳晒不着的阴影区内,彰显君主威严,又处于严密保护中,饱含古代匠人的构思妙想。20世纪70年代,这座王宫被改成博物馆向公众开放。

考察组还参观了市郊纪念波斯王国2500年的巴萨提纪念塔。洁白的纪念塔坐落在大片绿丛的圆形广场上,造型别致,曲线优美,炽托高大威严的纪念塔塔身;川流不息的车流沿着从四面八方呈放射性道路聚焦于此,从很远处就会将人们的视线吸至这座纪念塔上。

回国后,考察组及时整理资料,完成考察报告。不久,传来信息:伊朗的工程规范目录很多,希望能派黄锡璆到德黑兰与伊方共同选择要翻译的标准规范名录。但是,由于项目资金一直未有着落,也担心黄锡璆前往会停留较长时间,影响其他工程业务,该项目没有继续进行。

此间,伊朗卫生部官员来华参加卫生会议。中国中元特意安排参观中国中元在苏州承建的医院项目,得到这位伊朗官员的称赞。但此后,双方合作未有更多进展。

"随着2023年国际形势的变化,阿拉伯世界正在展现新气象,类似的医院工程项目,有可能再次提到议事日程。"黄锡璆充满希望地说,"一切无法预测,但一切皆有可能。"

"老柯"与"小黄"的忘年交

几十年来，黄锡璆参与中国中元的许多海外项目和国际学术交流活动，与许多国外专家学者结下了终生难忘的友谊。在众多学界友人中，他与德国彼得·柯内力教授结下的深情厚谊，历经三十多年，至今仍往来不断，堪称国际民间交往的一段佳话。

那是20世纪90年代初一个"五一节"的前夕，黄锡璆接到国家建设部设计司窦以德司长的电话，说是一个由十多名德国建筑师组成的访华团近日将抵京。他们都是专门从事医院规划设计的专家，希望与中方对口单位见面交流。

黄锡璆是在比利时鲁汶大学学习时与窦司长相识的。当时，窦司长率我国建筑考察团访问比利时，黄锡璆被安排陪同参观考察并担任翻译。窦司长认为由黄锡璆所在单位——中国中元接待这批德国朋友比较合适，便与黄锡璆进行联系。

黄锡璆立即向公司领导做了汇报。公司领导认为，这是加强与国外交流、建立友好协作关系的难得机会，积极接待，义不容辞。然而，这毕竟是接待如此规模的国外访华团又赶上"五一"假期。公司听取黄锡璆的建议，在中国中元原办公楼二层中央大厅精心布置了接待场所，抽调几名会讲外语的年轻人，由黄锡璆带着负责接待工作。当时条件有限，但还是找来一些靠背座椅，在一块黑板上用彩色粉笔写了德文"热烈欢迎"的迎宾语。他们为外宾准备了十多套公司情况介绍样本，安排食堂准备了十多份简餐。黄锡璆特别叮嘱，要量少而精致；买些罐装饮料、啤酒、矿泉水，以备客人选用。

这天上午，德国友人准时来访。双方各自介绍情况，交流在医院建筑设计领域取得的成果和经验。通过广泛交流，达成了合作意向。双方都觉得很有收获，达到了预期目的。尤其简朴、真诚、务实的会议安排，令客人十分满意。德国访华团领队彼得·柯内力教授大为赞赏。活动结束后。他握着黄锡璆的手说："非常感谢！这次访问交流给我们留下了深刻印象。"

彼得·柯内力教授回国后，组织了中国项目小组，筹划与中方建立定期交流合作机制。柯内力教授积极推荐黄锡璆参加国际建筑师协会－公共卫生组织（UIA-PHG）的活动。这一组织当时由德国人卡德曼担任组长。正是在他俩的协助下，黄锡璆加入了国际建筑师协会－公共卫生组织，成为中方成员。从此，他代表国家医疗建筑行业，积极参与国际学术交流等活动，不仅打开了对外交流的更多渠道，也为提高我国在专业领域里的影响力和赢得更多的话语权做出了努力。

彼得·柯内力教授的真诚友好，黄锡璆至今记忆犹新。

翌年，黄锡璆在瑞典参加了 UIA-PHG 在瑞典斯德哥尔摩召开的会议。会后，柯内力教授邀请黄锡璆访问德国，并负责在德行程的所有费用。黄锡璆请示单位同意后，申请办理签证时，遇到不能同时向两国申请的问题。柯内力教授专程到德国驻瑞典领事部做了解释说明，又到德国入境口岸亲自安排，确保黄锡璆顺利入境。他亲自陪同黄锡璆参观医院，访问德国多家医院设计机构，会见 UIA-PHG 的组长卡德曼先生。双方都希望加强专业交流，建立长期合作关系。

从此，掀开了中德医疗建筑设计领域友好合作新的一页。

后来，柯内力教授又一次来华访问，黄锡璆积极联系协调并陪同他到国家建设部设计院、上海华东建筑设计院考察座谈，并邀请柯内力教授在母校东南大学建筑学院参观,在以上单位分别举行学术报告。

黄锡璆得知河南省新乡市开展城市医疗设施改革试点已获上级审批,有一批项目可以合作开发,两人便商定立即赶往新乡进行洽谈。新乡位居中原腹地,人口密集。柯内力教授设想在新乡建设一家具有国际水平的综合医院。这个设想引起当地政府的重视,这个项目进行了一段时间后,未能持续,美好愿望只能停留在总体概念布局的图纸上。黄锡璆说:"现在想起来,总有点儿遗憾。"

彼得·柯内力教授是德国建筑学会医院建筑设计组组长,早年在德累斯顿大学学习建筑,参加过柏林夏里德医院的重建,曾代表德方到我国南昌指导当地一家康复医院的建设,对中国热情友好。当时,在南昌康复医院项目中担任翻译的蔡和平女士给他留下很深的印象。他听说蔡女士未曾在德国留过学,却能讲一口流利的德语,非常赞赏。有几次他来华访问,都会联系蔡女士,有时请她为自己做翻译。

2000年,为了推动中德医院建筑设计界交流,他积极推动组织编辑翻译中文版《综合医院与康复中心》《专科医院和专科门诊》两本专著,由辽宁科学技术出版社出版,出版后他将此作为礼物赠送给黄锡璆。

柯内力教授多次访问中国,对中国的经济发展,尤其医疗设施的进步感触很深。为了帮助中国同行不断提升,他曾组织德国建筑师协会/医疗建筑和医疗保健组(BDA/AKG)的中国组成员制订了青年建筑师培训计划,每次选8位青年建筑师到德国设计机构培训考察。2008年启动了第一期,中国中元派出了一名青年骨干参加了培训。

每每谈起柯内力教授,黄锡璆就会想起在他的陪同下访问德国多地医院设计机构、参观医院和在他家做客的情景。一次在柯内力教授家中做客,用餐时,他饲养多年的一条狼狗竟然在桌旁站起来,偷吃他夫人放在茶几上的零食。他喝止爱犬,幽默地说:"经不住诱惑,看来嘴馋了。"后来他和夫人外出用餐时,总把残食打包带回,赏给这位已成家中一员的宠物。

　　黄锡璆与柯内力教授的交往至今三十多年了，他们的友谊依然释放着人间的温暖。这位年逾九十的德国友人十分珍惜与黄锡璆的忘年交。每隔一段时间，他们就会邮寄速写卡片写上"老柯""小黄"的问候语互致问候。

　　每当黄锡璆收到来自欧洲的问候，就备感亲切。柯内力教授自称"老柯"，称黄锡璆为"小黄"。其实，黄锡璆也已年过八旬了。他知道黄锡璆也喜欢写生，便将自己多年来速写的作品编辑成册寄赠给黄锡璆，作为友谊永存的见证。

　　不久前，黄锡璆读到文化出版社出版的中文译本《德累斯顿——一座城市的毁灭与重生》（〔英〕辛克莱·麦凯著，张祝馨译）。这部纪实文学作品详细描述了第二次世界大战时盟军轰炸德累斯顿城引起的灾难——这座城市就是"老柯"的故乡啊！

　　他把这消息告诉了"老柯"，远在他方的"老柯"若有机会读到这本书，会有怎样的感慨呢？

第十章

"世界奇迹"小汤山

如果说，一座座现代化的医院是黄锡璆绘就在大地上的一幅幅精彩之作，那么，北京小汤山"非典"应急医院则是他在中外医疗建筑史上写下的一部急就章。

军令如山，刻不容缓，连夜出台设计方案。千军万马，日夜奋战，施工现场困难、矛盾、冲突接连不断。但他没有退缩，始终坚持科学严谨的施工方案。"标准不能含糊""安全不能失守"，面对上级下达"三天建成"的死命令，他提出改为七天。他的建议直达北京市市长那里……

51天之后，小汤山的胜利惊艳全球。世界卫生组织专家考察后确认，这是"中国的创举""人类医疗史上的奇迹"。美国一家媒体著名栏目主持人发出感叹："没有任何其他国家可以做到。"

小汤山究竟隐藏着怎样的秘密？

北京告急

使命担当

安全不能失守

七天七夜

世界奇迹

小汤山再续前缘

北京告急

2020年，为抗击新冠疫情，武汉借鉴小汤山经验紧急建造火神山、雷神山等应急医院，快速控制疫情。小汤山"非典"医院再度走进人们的视野。

2003年的那个春天，一场突如其来的"非典"（SARS）疫情使全球30多个国家和地区遭到冲击，也把中国推到了全世界抗击"非典"疫情的最前沿。

当时，广东出现的第一例"非典"患者住进了佛山市第一人民医院的传染科病房——这是5年前，黄锡璆在设计建设佛山市第一人民医院时，为应对公共卫生事件而规划建造的一座传染科病房楼。

当初，有些人并不理解黄锡璆为何主张设计兴建独立的传染科病房楼。出于对他的信任，筹建方采纳了他的建议。发生疫情后，人们才明白，黄锡璆未雨绸缪，对突发公共卫生事件已有警惕。

然而，人们万万没有料到，广州出现的"非典"病毒魅影般向北方蔓延，在北京等地流行开来，而后波及全国，对人民群众身体健康和生命安全构成严重威胁，更给社会经济发展带来严重冲击。

春节过后的北京，大多数市民依然沉浸在节日气氛中。人们游园、逛庙会、走亲访友、聚餐、娱乐，一如往常。中国足球队和世界冠军巴西足球队的友谊赛，万人空巷，5万球迷见证了0∶0的历史时刻。人们在忙碌了一年之后，尽情享受难得的春节长假。3月6日，北京出现第一例输入性病例；10日，有十余名医护人员出现发烧及上呼吸道感染症状，并发现该病具有传染性。

此后的一个月里，SARS迅速渗入办公楼、学校等公共场所，感染人数与死亡人数不断上升。北京大学人民医院是一个拥有悠久历史的三甲医院，不到一个月就确诊了120多名"非典"患者，其中本院医护人员93名。本来是治病救人的地方，却出现院内感染，别无选择，只能封院。

连医院都难以幸免，人们焦急、恐惧，北京医疗体系承受巨大的压力！

"当时给我的感觉很可怕，患者已经多到没有地方容纳的地步，甚至治疗患者的医生也在不断倒下。"原解放军白求恩军医学院院长张雁灵后来回忆道，"突如其来的'非典'令人猝不及防。普通医院没有隔离防护的设备和能力，接收'非典'患者非常危险。即便是顶级医院配备隔离防护手段的房间也很少，根本不够用。"

"非典"犹如妖雾弥漫，恣意扩散。北京告急！北京市民人心惶惶。

党中央、国务院及时决策，北京市紧急部署，决定在北京建设几家应急设施，其中包括规模较大的定点医院。

4月21日中午，时任中国中元董事长、总经理丁建接到北京市规划委的紧急电话，对方急促地说道："北京'非典'形势严峻，北京抗疫指挥部决定立即在小汤山建设'非典'传染病定点医院，设计任务由你们中国中元来承担，请立即派人参加现场紧急协调会。"

丁建敏感地意识到，建设防治"非典"传染病定点医院意味着什么。他放下电话，立刻安排两名专家赶往小汤山参加会议，同时组织设计骨干做好准备，随时出征。

为了迅速控制疫情蔓延，2003年4月22日下午，在北京防治"非典"工作联席会议上，北京市采纳专家建议，决定征用条件比较好的小汤山疗养院，改造扩建成临时"非典"救治中心，用来专门收治"非典"患者。

小汤山医院位于北京城区北部的昌平区小汤山镇。小汤山镇是一座有着1000多年历史的古镇。这里的小山丘海拔仅有50.1米，地热资源丰富，山麓有温泉，素有"温泉古镇"之美称。古人称热水为"汤"，故名小汤山。

历史上曾为明清行宫，是明清帝后休沐之处。新中国诞生后，划属为军、地疗养院。1958年在周恩来总理直接关怀下，由四所军、地分属的疗养院合并组建为北京小汤山疗养院。

1988年12月，北京小汤山疗养院改为医院。小汤山医院已经具备了一定的医疗条件和区位优势。此时，北京市政府选择小汤山医院作为依托建设SARS定点医院，只因它与市区人口密集区有一定的距离，具备市政各项基础条件，是疫情紧急状态下的最优解。

兴建传染病定点医院具有非常强的专业性，情况紧急。

北京市主管部门听取国家卫生部专家意见，决定由中国中元承担设计任务。

中国中元经过多年的开拓耕耘，积累了丰富的经验，在医疗建筑设计领域打开了一片天地，设计水平独树一帜。设计建设的佛山市第一人民医院，赢得了广泛的赞誉，成为业界公认的"一流"。

此时，走过半个世纪风雨历程的中国中元，已成为国机集团旗下企业，完成了适应社会发展及市场经济大潮的企业转型，确立了战略发展的取向与市场定位。按全国勘察设计体制改革统一部署，由事业性质改为科技型企业，并入中国机械工业集团（简称国机集团）。

为了更好地开展医院工程业务，中国中元国际工程有限公司成立后，专门设立了医疗设施设计所，业务不断发展壮大，承接的医疗建筑项目遍布国内各地。中国中元展示出前所未有的发展实力和迅猛势头。黄锡璆是公认的领军人物，中国中元是公认的国内医院设计一流企业。

小汤山"非典"定点医院是应急医院，设计要求高，专业性强，容不得半点闪失。任务紧急，刻不容缓。中国中元的两位代表奉命匆匆赶到小汤山参加联席会议。北京市一位副市长及建委、规委、卫生局、小汤山疗养院的负责人已经在场。主持人传达了党中央的指示，通报了北京的严峻疫情，宣布了兴建小汤山"非典"应急医院的决定。

接下来，北京市领导带着部队专家、中国中元设计专家等有关方面的人员，进行实地勘察选址。小汤山医院院内，已建有四栋宾馆式的病房楼，里面还有一些疗养设施和鱼塘（原游泳池）。有人主张就在里面改造，有人说不合适，会污染温泉。中国中元的专家认为，在里面改造起来比较麻烦，建议找块空地新建一座医院。大家觉得有道理。

北京市的领导带着大家登上医院的楼顶，这里是整个院区的制高点，视野开阔，周围的地形地貌尽收眼底。大家把目光瞄向院区围墙外东北部紧挨着小汤山医院的一片空地。这是两三百亩的农田，属于医院预留的用地。

解放军总后勤部卫生部的专家实地勘察后，认为这块地离最近的居民点 500 米，四周环境空旷，便于机械化施工，适合建设临时病房。他们征求中国中元代表的意见，经营部部长赵杰是代表之一，他支持军方的意见，认为这里比较合适。遗憾的是，这块地已被一家民营企业买到手里。

北京市领导当场拍板："就是这块地了。"要求市建委抓紧落实征地手续，中国中元回去做方案，各单位回去组织人马，筹备建设用料，随时进场施工。

4 月 22 日下午，在北京市人民政府第一会议室召开了北京防治"非典"工作联席会议。北京市决定由六大建筑集团公司合力抢建小汤山"非典"定点医院，由建委牵头。市规委、建设单位、设计单位和施工单位等负责人全部到位。

主持会议的北京市建委负责人，手里拿着国务院刚刚回复的批件。北京市紧急征用昌平区小汤山附近土地40.3公顷，用于建设"非典"定点医院。主持人没有多少客套话，直接下达了上级命令：三日之内，务必在小汤山建成一所1000张床位的"非典"定点医院。

这所被寄予厚望的医院从一开始分工就很明确：规划设计、施工建设、后勤保障等事务由北京市政府负责；医疗设备、医护人员、管理使用则由中国人民解放军总后勤部负责。

小汤山应急医院设计任务委托国机集团中国中元国际工程有限公司承担，要求连夜出台设计方案。所有参建单位当晚到位，次日建设施工全面启动。

北京的夜晚显得异常清静，而那些在一线抗疫的战士和准备投入小汤山应急医院建设的千军万马却是不眠不休，正在火速集结、全力以赴。

历史的目光，在那一时刻投向小汤山。

使命担当

按照党中央的部署和北京市的要求，4月22日，北京市住建委连夜部署，由北京建工集团、北京城建集团、北京住总集团、北京城乡建设集团、北京市政集团和中建一局合力抢建小汤山"非典"定点医院。同时，要求承担设计任务的中国中元务必于23日一早拿出设计方案。

使命光荣，责任重大，任务紧急！

中国中元办公大楼五楼的会议室里，亮如白昼。医疗设计专家们被召集在一起，研究小汤山医院设计方案。

"显然，建设小汤山'非典'应急医院是一场遭遇战。军令如山，刻不容缓，公司压力很大。"丁建回忆说，"当晚，组织相关院、所的业务骨干讨论设计方案。大家都没经历过，议论纷纷，莫衷一是。"

24小时之内完成小汤山"非典"定点医院设计图，究竟有着怎样的工作量与工作难度？这是一般人所无法感知的。

时任公司医疗建筑研究所所长王漪记得："那天晚上我们在一起讨论方案，好多问题定不下来。比如，病房、治疗室怎么摆？医护人员怎么走、患者怎么进？厕所是设在病房里头还是设在外侧？等等。这些问题专业性很强，大家都没有遇到过，都在探讨。议来议去还是定不下来。后来大家都说，这样不行，还是请博士来心里踏实。"

当时，黄锡璆在北大第三医院做完视网膜修复手术，处于在家半休养状态。

几个月前，黄锡璆参加北大医院二部工程开工典礼，下车时由于不小心碰撞了一下，突然觉得眼前发黑，但没有在意。两天后，眼前出现了一片黑影，就什么也看不到了。同事们催他就医。到北大三院检查后，大夫诊断为视网膜脱落，急需手术。

幸亏医院给他紧急做了手术。"你自己是搞医院的，怎么一点儿保健常识都没有？"做手术的马教授嗔怪道，嘱咐他，"眼睛是需要休息的。"但他是一个闲不下来的人。

就在两位同事去小汤山接受任务的当天下午，黄锡璆被邀请到武警医院与院长讨论医院的扩建方案。

晚上9点，准备就寝的黄锡璆突然接到单位的电话，请他去院里讨论方案。他赶紧披衣下楼，心想，不是重大事情，公司不会在这个时候找他，他无法袖手旁观。老伴熟知他的脾气，单位有事，劝不住他，只得一再嘱咐："你这眼神不好，可要小心着点儿哪！"这时，医疗一所副所长李亮开车已到楼下。年逾花甲的黄锡璆顾不得眼睛不适，匆匆上车赶往公司。

当晚12点多，医疗院五楼会议室坐满了建筑结构、供电、给排水、供排风等各专业设计骨干。黄锡璆二话没说，立即投入工作，带着大家讨论如何在短时间内建成具备隔离、通风、防交叉感染功能的标准应急医院，确保患者得到有效治疗和医护人员的安全。国内外没有可供参照的先例，也没有相应的资料可供参考。这对黄锡璆来说，也是从未遇到过的挑战。

会议室灯火通明，气氛紧张。黄锡璆临危受命，与大家紧急协商。他对大家说："不管国内模式，还是国外模式，我们必须想清楚，急救中心与应急传染病医院是不同的。外国的经验也只能借鉴，不能照搬。这种传染病医院必须首先考虑对患者的隔离，对医护人员的保护，做到防交叉、防外溢。否则，前功尽弃，没有任何意义。"

几天前，北大人民医院因为医护人员大批感染，损失严重，不得不对整个医院进行隔离。新中国成立以来，这家医院第一次关门停业。有同样遭遇的还有北医三院、安贞医院、积水潭医院等医院。

传染病医院的建筑要求非常严格，通风、隔离的标准都很高，但SARS的传染源和传播途径并不清晰。面临的最大挑战就是"非典"究竟怎么传染？是直接接触传染，还是飞沫传染、气溶胶传染、粪口传染？无法确定。如何把各种可能性传染全都阻断？

"小汤山是一个应对突发卫生事件的设施，以前的传统医院没有涉及应急的特点。"黄锡璆说，"而这之前，我们做过以收治肝炎患者为主的佑安医院和佛山传染科病房的设计，跟这种情况比较类似。考虑到各种可能出现的情况，我们必须按照最严格的要求和标准进行设计。"

黄锡璆的头脑里仿佛有海量的库存，立刻调出以往设计传染病医院以及综合医院传染科的"图纸"和案例，并在脑海里迅速形成"应急传染病医院"的设想。

经紧张的讨论、果断的决策，黄锡璆决定采取"三区两通道"的设计，让医务人员与患者避免非必要接触。

他在一张建筑设计草图纸上，边勾勒边向大家展示说："采用'三区两通道'设计，医患通道分离，活动区域分隔，确保防交叉、防感染。"他意识到，传染病医院的设计必须坚持严格的防交叉感染的设计理念和原则。最后研究确定，决定采用一种建筑常用的标准板进行装配式拼装。这样既能节省时间，又可将清洁物与污染物分流，减少生物安全的风险，同时，还能防止医务人员与患者非必要接触，避免院内交叉感染。

在黄锡璆的带领下，十几位设计师推敲讨论、分别勾画，立即展开工程设计；建筑结构、水、电、排风等各技术小组人员连夜投入工作，群策群力。大家凭着平时深厚的技术积累，凭着高度的责任感和使命感，通宵达旦，争分夺秒，把一幅幅清晰的蓝图绘制出来。

第二天清晨，当一抹霞光透过窗户照进那几间开放的工作室时，大家完成了A、B、C、D、E五套各有特点的总体规划设计方案，准备带到小汤山会战现场。

但是，他们的心情依然忐忑。究竟能否通过，要拿到小汤山，经由指挥部及参建各方会商，才能决定实施方案。

此时，千军万马正向小汤山集结。对中国中元的设计团队来说，拿出初步设计方案只是第一步，更为严峻的挑战还在后面。

安全不能失守

4月23日,天刚蒙蒙亮,北京的早晨还带着暮春的凉意。黄锡璆带领30多人的设计团队,早早赶到小汤山。

此时,6家施工企业的6000多名工人先后开进了小汤山。与时间赛跑,与病魔决斗。争分夺秒,谁也不愿耽误一分钟,谁都知道分分钟意味着什么。

指挥部坐满了参战各单位的负责人,神情严肃,气氛紧张。经小汤山医院建设指挥部与各方现场讨论,确定按照中国中元的E方案施工建设。E方案采用标准版装配式拼装;这种装配式、模块化、标准化的方式最节省时间。

然而这仅仅是第一步,要把它变成施工图和完整的建筑,还要和施工单位协调,还有大量的现场工作要做。

为了方便设计团队开展工作,公司把电脑、打印机搬到小汤山现场。指挥部给设计团队安排了4个房间;空间局促,桌上摆电脑,椅子放不下,黄锡璆和设计人员只好坐在床上设计画图。打印机也只能放在走廊里。

施工队长等在复印机旁,设计图纸打印出来,立即取走施工。

工地上车水马龙,昼夜不停。6000多人的施工队伍展开了大会战。施工中的问题和矛盾接踵而至,需要随时沟通。设计人员不厌其烦,逐一解决,一刻也不耽搁。

第十章 「世界奇迹」小汤山

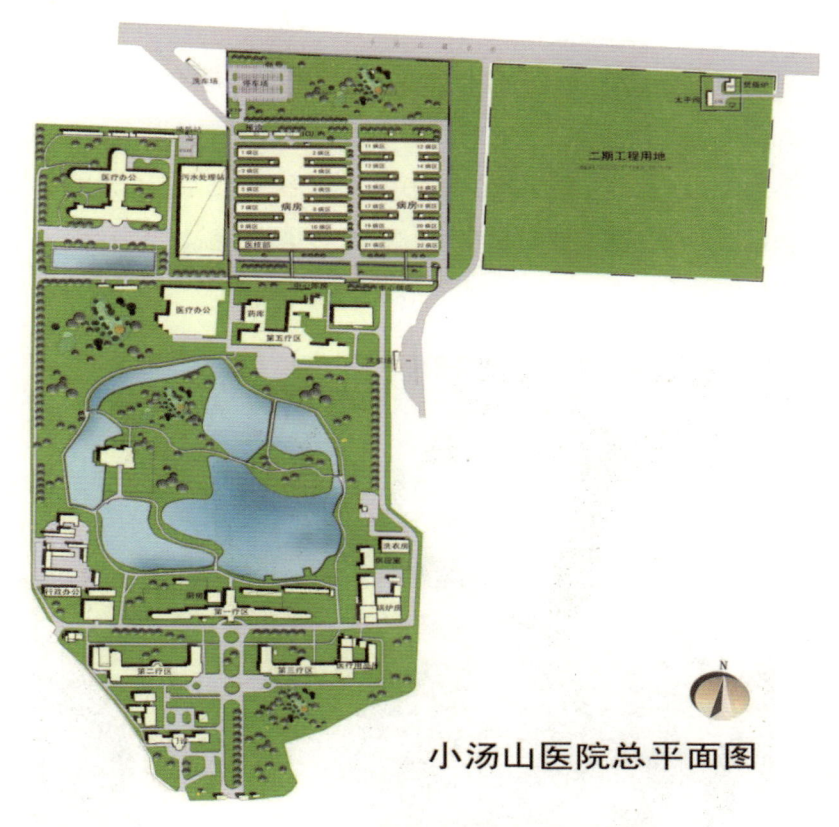

▲ 小汤山"非典"定点医院总体平面图（中国中元提供）

中国中元设计团队不仅负责设计，还要负责工程配合，检查施工是否符合要求。"医院不是别的建筑，是救命的地方，安全不能失守。"黄锡璆对大家说，"解决工程施工中遇到的问题，对工程全过程负责。"他定下"设计规矩"："按照传染病医院最严格的要求设计，坚持卫生隔离、医患分区，一切设计从患者和医生角度考虑。"

在建设过程中，设计团队与施工方因施工标准和要求，难免有磕磕碰碰，甚至争吵。这也难怪，施工人员不可能想到传染病医院的复杂性。

要求三天建成，不就是组装房子吗，怎么还要这么复杂的布局流程和净化要求？心急火燎的工人围住设计团队发难。甚至有人指责黄锡璆说：

"你这老头，不要这么固执！"

无论面对什么情况，黄锡璆待人处事，总是那样儒雅淡定、平和包容，即便对方情绪冲动，他也有足够的耐心平心静气地与对方交流沟通，从来不会发火。他的坚定永远在平静中，他的执着永远在行动中。

面对激烈的冲突，他耐心解释："这是传染病医院，既要给患者治病，也要保证医务人员安全。我们得按照规范来做。"

▲ 2003年4月26日，黄锡璆（前排左）及设计团队成员讨论医院建设方案（中国中元提供）

黄锡璆心里清楚，紧急状态搭建应急设施，也要满足基本医疗条件。尤其这种传染性较强的患者收治机构，除了必须满足生命保障系统安全、生物安全之外，还要满足结构安全、非结构系统安全、消防安全、环境安全、无障碍等。这些一个都不能少，一个都不能含糊。

回忆起当时的情景，几位设计团队成员感慨颇多。"我们跟着博士进入施工现场，本来想出去买些方便面，弄些吃的。我一看气氛不对，也不敢离开。"王漪说："我们压力很大。随着疫情的不断加重，北京建委希望医院尽快投入使用，以减轻市内防疫压力。不少人认为，这样的工程很简单，用现成的盒式房一搭，两个一套，中间是走廊，就行了。但博士认为，设施再简单，也要符合传染病防治要求，所以与施工方发生了分歧。一时各不相让，气氛很紧张。甚至有人与我们的设计师发生了激烈争吵。"

副所长李亮是搞建筑结构专业的，当时负责图纸设计与施工方联络。有一排病房是现成钢筋混凝土盒子结构，要求施工单位在外侧墙板窗口旁凿进门洞。在钢筋混凝土墙上凿洞很麻烦，既费工又费时。施工方不配合。李亮解释说，这是传染病医院的要求，还要求保证连接通风管道。对方不耐烦地说："你这是脱了裤子放屁——找麻烦吗？！我们不管那么多，就给我们三天时间要盖成！"

"你们必须开出窗洞、风道洞庭，不然将来会出问题。"李亮看对方不理睬，有些恼火，着急地说，"你们不按设计来，出了问题你们负责！"

在巨大的压力面前，人的神经变得十分敏感，情绪也往往最脆弱。

对方一听李亮这话，像被点着的干柴，立刻燃烧起来，大声吼道："让老子负责？你算老几！"不由分说，铁着脸，攥着拳，朝李亮走过来，一副铁匠铺开门——要打的架势。

王漪一看要动手，马上走过来拦住，劝说："师傅，不是我们和你们过不去。这是传染病医院，弄不好，我们的医生、护士会被患者感染。如果是那样，我们谁也负不起责任。"

对方见是一位女同志，而且说得有道理，也就不好意思再说什么了。这时，一位施工负责人走过来，从李亮手里接过图纸，表示要按照图纸施工，这才解了围。

后来，对方听说黄锡璆是医疗建筑设计大师，知道他的建议不可小觑，又因为有军方的医疗专家介入，认为黄锡璆博士的意见很重要，首先要保证小汤山医院安全可靠。北京一些医院出现医护人员感染被关闭的消息，已传得沸沸扬扬。

黄锡璆认为,"非典"传染途径尚不明确,设计人员、施工人员全力以赴,在这样短时间内建成符合标准的传染病医疗设施,实在有困难。望着眼前的情景,他神情凝重,思虑再三,对大家说:"应急设施虽是应急工程,但这是医院,人命关天,不能凑合,在生物安全、消防安全、环境安全等方面都必须满足要求。稍微有一点儿疏忽,就可能前功尽弃,酿成不堪设想的后果。"最后,他态度坚决地说:"在专业上如果不坚持,就是没尽到责任,就是添乱、浪费资源。不管从哪个角度讲,都不应该。我们必须向指挥部反映,工期要按实际推进。"

他提出:将三天工期改为七天。

是否将建设工期由三天延长为七天,指挥部谁也不敢拍板。由于中国中元设计团队的坚持,最后反映到北京市代市长王岐山那里。他强调说:"这事不能只求快,如果使用中出现其他问题更麻烦。只要建好,七天也行。"最终,原计划三天的工期改为七天。

因为小汤山医院完全按照黄锡璆确定的"传染病医院最严格的要求,坚持卫生隔离、医患分区,一切设计从患者和医生角度考虑"设计建造,尽管工期延长至七天,参战各方并没有感到轻松,谁都一刻也不敢耽搁。

经过七个昼夜的拼搏,一座高标准的"非典"应急医院建成了。5月1日,按时交付军方管理使用。

七天七夜,在中外医疗建筑史上也是前所未有的。

"非典"疫情过后,人们回忆小汤山的那段经历,许多人不免感慨,如果没有建设过程中对原则的坚守,很难说,北京小汤山医院能在抗击"非典"中留下精彩的一笔。

第十章 "世界奇迹"小汤山

七天七夜

4月24日一早,小汤山医院建设战役全面打响。6000多名工人、500多台设备投入大会战。上午10点,开始吊装房屋。晚上9点,已经吊装安装组合70间房屋,随即开始了房屋之间的连接和内外装修。

对中国中元的设计团队来讲,这种场景是非常特殊的。不少参与设计的同志感慨道:"跟黄博士一起做的项目,特别难忘的是小汤山医院。我们面临的挑战,第一个是要建什么样的,第二个是时间比较紧。博士带着我们讨论方案、现场画图。我们都没经历过这种情况,一边设计一边施工。博士手画的小汤山方案草图,讨论确定后,再安排给各个专业小组。各个专业小组按照方案,配置供电、给排水、排风等配套系统施工图,立马打印交给等在一旁的施工队队长。"

黄锡璆带领团队边设计、边施工,始终战斗在一线。为了及时调整图纸,解决施工安装问题,他也和大家一样,坚守在工作现场。

"施工人员看不懂的地方随时过来问,有时排着队问这个怎么弄、那个怎么弄。"给排水专业设计负责人刘颖回忆说,"我们一直盯在现场,图纸要边修改边配套。哪个环节跟不上,施工方就会发脾气。责任大、压力大。大家都在赶时间,这也是可以理解的。但是我们的设计一定得坚持严格的标准和质量要求,说服他们要苦口婆心。"

虽没有滚滚硝烟,但所有参战者都明白,这是一场与"非典"争时间、抢速度、轰轰烈烈的大决战，只能赢，必须赢！每个参战者都在为阻击病毒、保卫民众安危冲锋陷阵。快一点，早一刻，就会挽救更多患者的生命。

4月25日，北京市的"非典"患者增量不减，持续处于高位状态，面临的防控形势依然严峻。

一早，北京市代市长王岐山来到小汤山检查工程进度。工地上车马不停，日夜鏖战，一派紧张繁忙的景象。他看到工人们不顾施工条件艰苦顽强拼搏，十分感动，一再强调"要保护好施工工人，他们躺在草地上休息可不行，要紧急调运毛毯和纯净水到工地"。当天下午，4000条毛毯、5000箱矿泉水被送到了工地。

六七千人的施工现场，场面壮观。因参战公司多，现场比较混乱。针对这种情况，黄博士积极规范工作流程，要求图纸按照流程走，每个环节都按步骤来，不能乱给图纸。施工混乱的问题很快就解决了。

"非典"疫情不允许黄锡璆及设计人员有更多的犹豫。

▲ 小汤山建设现场（中国中元提供）

与病毒抢时间，与疫情拼速度。坚守在小汤山的建设者们昼夜不息，挑灯夜战；冷了就喝口热水，困了就用手搓搓脸。吃饭也是找个角落一蹲，拉开口罩赶紧往嘴里扒。公司医疗一所所长许海涛说："这是施工现场，同样也是战场，必须咬牙顶住！"4月27日，"非典"治疗区病房开始通水通电。

快点儿，再快一点儿！小汤山医院施工现场日夜轰鸣、不眠不休。每一道工序的时间安排都精确到以分钟来计算，每一名建筑工人都在争分夺秒、不舍昼夜。

不少同志，实在困了就在当坐凳的床上眯一会儿，起来接着再干。同事们劝黄锡璆也休息一会儿。他说："我年纪大了，觉少。现场这么多施工单位等着图纸，我睡不着。"

面对这场没有硝烟的战斗，中国中元设计团队与建筑单位不辱使命，密切配合，各尽所能，挑战一个个困难。大会战越打越响，各路兵马越战越勇。

在紧张的施工现场，人们看到，一位头发花白的长者出入工地、办公室。他以"电量满格"的拼搏精神，与设计团队一道日夜奋战，边细化边调整，24小时接力画图，确保"人员不停歇，思考不停歇，工序不停歇，设计优化不停歇"！

那段和死神抢时间的日子，黄锡璆每天都忙碌到深夜12点，有时甚至凌晨3点才拖着疲惫的身体由同事开车送回家。翌日清晨，同事开车接他早早来到小汤山建设工地，与大家一起又开始了一天的奋战。

第五天晚上，北京市领导到小汤山召开现场调度会，对中国中元设计团队提出了表扬。不少同志感慨道："博士带着我们奋斗下来，那个场面挺感人的，这辈子不太容易忘。"

在各方共同努力下，5月1日，一座医院"拔地而起"。短短七天时间，在一片空地上建起了这座高标准的"非典"定点医院，可谓奇迹。

"黄博士不顾眼疾,临危受命。"经营部部长赵杰回忆起在小汤山的日日夜夜,"我们用四天的时间把所有的设计基本上都做完了,剩下的就是配合施工方材料、设备的不同进行修改调整。那真是没日没夜的连轴转,施工也都不停。整个设计团队日夜奋战,直到建成,才全部撤回来。因为要移交给军队,最后是博士带着几个人在那里盯着,直到部队接管。"

说到这儿,赵杰拿出一张照片,说:"这是去年郝晓赛找到的一张照片,是我们五个人在小汤山医院竣工现场的照片,有黄博士、林向阳、谷建、我和郝晓赛。晓赛是博士的学生,后来到清华大学读博士,现在在建工大学当教授。照这张照片时,我们一个个还都是一脸的'旧社会',神情很严峻。"

▲ 小汤山设计团队部分人员合影(中国中元提供)

黄锡璆和设计团队的成员们"连轴转"地战斗了七天七夜。在指挥部下令撤离前的几小时,为了完善重症监护室的布局,黄锡璆还蹲在马路牙子上,补充设计草图。

"当时的一些媒体大量采访报道了小汤山医院的六大建设施工单位,

却很少提到设计团队。"赵杰说,"这也难怪,建筑设计专业性强,一般人不太了解,一说建筑,想到的就是施工企业。只有香港的一家媒体专门采访了黄博士。让我们感到欣慰的是,后来,小汤山医院给我们中国中元送来了一面锦旗,对我们在小汤山医院建设中付出的劳动给予了肯定。"

黄锡璆因在抗击"非典"疫情中表现突出,被评为中央企业抗击"非典"先进个人,受到表彰。

小汤山医院的设计建设,在世界上也是前所未有的。

小汤山医院"非典"病房区占地 122 亩,其中建设用地 60 亩,建筑面积 25000 平方米,可容纳 1000 张病床。整个医院病房区划分为东区(疑似 SARS 感染者)和西区(SARS 感染者)两个治疗区,中间有条马路隔开。"非典"病房区总体划分为 22 个病区、508 间病房。其中东区 216 间病房,西区 292 间病房。为了防止医护人员被传染,治疗区内设有医护人员专用通道,将医护人员与患者隔离开。

小汤山"非典"医院按照一级传染病医院的要求,安装配套了各种防护设备,是当时世界上最大的、也是最完善的传染病防治设施。比如,病房与走廊间设双层玻璃门传递窗;设计单向气流通风系统,保证气流从清洁区流向污染区,设有氧气和真空吸引集中供应设施、紫外线消毒灯等。同时,还专门设置了氧气站、供应氧气系统、停尸房、焚烧炉、呼叫系统、吸引系统、化粪池、污水处理系统、消毒系统、生活供应中心、液化气供应站、雨罩、坡道等。

北京工商、公安交通系统以及水电、电信等相关建设单位也全力配合交叉作业。小汤山医院的建成,展现了军民团结、万众一心、众志成城的伟大力量。

4 月 30 日,小汤山"非典"定点医院工程通过验收交付使用。傍晚 6 点,所有施工工人全部撤出工地,军方正式接管。

黄锡璆带领的中国中元设计团队交出了一份圆满的答卷,所有人员全

▲ 黄锡璆（右三）与小汤山医院设计团队部分人员撤出时合影（中国中元提供）

部撤离小汤山。

20时30分，中国人民解放军白求恩军医学院院长张雁灵被任命为小汤山"非典"定点医院院长兼党委书记。

当夜，先期到达的北京军区、沈阳军区、济南军区等七支医疗队伍共339名医护人员到达小汤山待命。

5月1日深夜，小汤山"非典"定点医院开始接收患者。

世界奇迹

就这样，边设计、边施工，花了七天七夜，一座占地25000平方米、可容纳1000张床位的小汤山医院，在一片荒地上拔地而起。

按照以往的经验，拥有500张以上床位的传染病医院，建筑周期至少需要两年。小汤山医院创下了世界医院建筑史上的奇迹。

北京市代市长王岐山高度赞誉：小汤山医院的建设者创造了建筑业的"吉尼斯"！

北京市政府将这所医院命名为"非典"定点医院，部队则将其定位为一所野战医院。"也就是说，医院的房子有些简陋，但是里面的监护仪、CT设备、呼吸机等都是非常先进的。"据说，小汤山"非典"医院投入使用后，部队还新增了一个番号：中国人民解放军小汤山医院。

世界的目光都在关注着小汤山。小汤山能不能扛得住？事实上，就是检验小汤山的设计水平和施工质量能否过关。

新上任的张雁灵院长来到小汤山"非典"医院里里外外看了一遍。4月30日深夜，在医院即将启用的第一次会议上，张雁灵严肃地对大家说："我们如今只有三条路可以走：第一条路，没有完成任务，带着耻辱走出去；第二条路，发生大范围感染，大家一起死在小汤山；第三条路，患者得到有效救治，医护人员零感染，我们完胜而归。"

张雁灵把桌子一拍，以一种背水一战的豪迈说道："我们走第三条路！

没有其他路可以走，大家回去做准备。"

其实，这位军中医界战将绝不是冲动，他的决心来自肩负的使命担当，来自对小汤山医院的设计和建设的充分信任。

▲ 小汤山"非典"定点医院正式启用（中国中元提供）

2003年5月1日，第一辆闪着蓝灯的救护车从小汤山"非典"医院开出，接入首批156名患者。

但小汤山"非典"医院并不为人们所了解，社会上一时谣言四起，甚至把小汤山医院描绘成鬼城鄷都般的恐怖之地。小汤山医院从上海一家世界500强的医疗器械企业订购了一单重100多公斤的货物，到了北京站点没人肯送，甚至有人当场提出辞职。最后，老总不得不亲自送过去，据说去之前还写好了遗书。

一位从其他医院被救护车接来的中年女患者，看到小汤山医院门口那戒备森严的武警，当场就倒在墙根下痛哭着说："这里是不是'死亡集中营'？你们是不是要拿我们做实验？"这种心情可以理解，但是，她未曾想到，住进小汤山医院后，恐惧和身上的疾病一起，在很短的时间就烟消云散。不少患者在治愈出院时眼含热泪向医护人员致谢："小汤山给了我第二次生命。"

其实，在那些令人惊恐的日子里，黄锡璆也揪着心。他反复回忆、考量着整个设计细节和建设的过程。他坚信，中国中元设计团队和建设者们尽心尽力，是能够得到圆满回报的。

接到调令，全国各地114家军队医院的1200名医护人员分三批抵达小汤山。小汤山"非典"医院及其他定点医院相继建成收治"非典"患者，极大地缓解了北京抗击疫情的压力。北京SARS疫情形势开始趋向缓和。

当初，一些国外媒体不看好小汤山医院，断言："大量患者会在这里丧生。军人也会在这里倒下。"

5月15日，小汤山"非典"定点医院第一批7名患者痊愈出院。它用无可辩驳的事实向世界证明了自己。

这期间，中国中元不断收到各地要求提供小汤山设计方案的求助函，包括内蒙古自治区、天津等，全部无偿提供。"小汤山"被复制到各地，成为中国抗击"非典"的"桥头堡"。

6月20日，小汤山医院最后的18名患者出院。6月24日，世卫组织将中国大陆从疫区中除名，"非典"战役告捷。

小汤山，给了世界一个惊奇！

小汤山一度引来国外关注的目光，不少外国专家和媒体不相信中国创造了东方神话，各种猜测和谣言沸沸扬扬。有国外媒体质疑："那么多条件优越的传染病专科医院都没有挡住疫情，一座临时的野战医院怎么可能创造奇迹？"

为了探明真相，世界卫生组织、香港医管局等派专家来实地考察。国家卫生部、北京市有关方面的负责人陪同考察。小汤山解放军医疗队和总设计师黄锡璆也到了现场。

世界卫生组织等专家详细察看了小汤山医院的外部环境及内部设施，

边走边看，随时提问。

"正常情况下，混凝土凝固需要28天，设施怎么能在七天建成？"一位荷兰专家提出疑问。

"不是七天，是七天七夜。"黄锡璆回答，"除了基础是混凝土，大量板材都是现成的标准化成品，我们全部采用了模块化、标准化安装方式。"他介绍，按照传染病医院标准和建设要求，在设计方案中，每个护理单元采取了独立的标准模块，有利于平行施工。各单位可以按选用的模块拼装，可以同时作业。每个护理单元面积相当于防火区间，一旦发生火灾等紧急情况时，可及时将该单元彻底封闭，保全医院其他单元；发生院内感染也便于封闭消毒。

一位英国专家在室内风口处贴上纸条，打开通风开关，检验空气流向。当他看到纸条稳定地偏向一边时，确认："单向送风，很好。"他看到有一排病房的排风扇，按了开关既能正转也能反转；反转时可将导致污染的气流返流至清洁区。他不禁眉头紧蹙，疑问的眼神投向黄锡璆。

黄锡璆解释说，那是因为施工单位一时买不到合适的产品，不得已选用了这种型号的排风设备。在使用时医护人员会严格地控制，防止反转倒流。其实，仅有一排病房存在这个问题，其他都是单向排风的。

"废水是如何处理的？"一位专家提出疑问。

作为一个能容纳一千多名患者的传染病医院，患者食物、排泄物及每天所产生的废水总量是一个不小的数目，处理不好就会产生二次污染和传染。那么，对于这些废物废水将如何处理，如何保证医院周围的环境不受污染，显然，这是人们关注的问题。

"利用院区内一处废旧的鱼池（原游泳池），在上面加盖板密封、在池内加隔板装置改造而成。"面对专家的种种提问，黄锡璆和陪同的中方专家从容以对。

为了确保生物安全，设计院与院方专家现场讨论，专门设计了医疗废弃物处理系统。除少数需回收使用的物品先做化学消毒，再循环处理外，其余防护隔离衣帽及一切可能造成污染的患者用品等，以及一般固体废弃物、医疗废弃物，均由专人收集送焚烧炉焚烧处理，也做化学无菌处理再集中转送。

黄锡璆介绍说："为保证医护人员的安全，我们实行了严格分区。病房为污染区，医护准备工作区为半污染区，医护办公区为半清洁区，医护人员值班休息区域为清洁区。医护工作人员进出不同区域均需通过卫生通道。"

从外部环境到内部使用上，医院采用了"三区两通道"模式。"三区"是医护人员区、患者区、缓冲区；"两通道"是医护人员和患者分开的专用通道。其可靠性无可置疑。专家们对小汤山医院的设施布局、流程设计、技术措施表示赞赏；对小汤山医院采用中轴对称的"鱼骨状"布局表示肯定。世卫组织考察组专家吉姆斯认为："能在七天内建成世界上最大的传染病医院简直不可思议。"

黄锡璆第一时间想到"鱼骨状"结构，得益于他对传染病医院设计的长期关注，以及之前设计建造佛山市第一人民医院传染科病房楼的探索，也是小汤山医院保障1383名医护人员"零院感"设计的秘密所在。

专家们还看到，小汤山"非典"医院医技科室设为两区，又各分成了南、北两部分：南侧是X光室、CT室、手术室；北侧为重病监护室、接诊室和检验科，配备全套的治疗设施。每间病房都设有独立卫生间及浴室，除氧气、负压吸引、呼叫和空调照明外，还预留了电话、电视等接口。

带着疑惑与挑剔的世卫专家们信服了，认为小汤山医院的总体布局、流程设计等符合国际传染病应急医院的标准和要求。

他们一致称赞小汤山医院是"中国创举"，也是"世界医疗史上的奇迹"。

▲ 黄锡璆（后排右一）和中国专家组与世界卫生组织、香港专家考察团在小汤山医院的合影（北京卫健委提供）

奇迹的背后，是科学严谨的设计。作为设计师的黄锡璆将自己毕生所学用在"刀刃"上，率领团队，七昼夜即完成应急工程。这份担当来自他对事业的忠诚，来自对生命的敬畏。他绘制的医院图纸做到了最大限度的精益求精，毕其功于一役。

小汤山医院为突发公共卫生事件的处置方案提供了"北京经验"。

此后的小汤山医院，赚足了世人的眼球——因为它的神奇受到各国媒体的围观，并在世界面前迎来高光时刻。

美国一家媒体的主持人发出感叹："没有任何其他国家可以做到。"

小汤山再续前缘

第十章 "世界奇迹"小汤山

在疫情高发时期，小汤山医院的建成启用，成为当年北京抗击"非典"疫情的重要转折。科学的设计方案，严格的建设标准，使得这所"速成"医院在运转的51天里，创造了共收治680名患者、占全国七分之一的奇迹。而在小汤山医院日夜奋战的1383名医护人员，无一人感染。小汤山创造了人类医学史上的一个奇迹。

6月23日清晨，小汤山医院首批900名医疗队队员撤离。这座占地2.5万平方米的临时建筑暂时关闭。它对于今后我国处理重大疫情具有重要的借鉴意义。

国难当头，黄锡璆带领中国中元设计团队为小汤山建设立下了汗马功劳。对一些报道中称小汤山"非典"医院为几天之内建成的"世界一流的传染病医院"的说法，黄锡璆不以为然。他说："可以探讨、可以提升改进的空间还很多。"

他平和地表示："在没有规范可依又时间紧迫的情况下，小汤山'非典'医院作为非常时期的应急措施是基本可以满足要求的，但也有不完美的地方。"他认为，小汤山医院是一排排病房经由中间走廊串接组合的，为了保证生物安全，设计团队希望每排病房楼间距为18米。但因为用地紧张，最终楼间距只有12米。小汤山医院医技科室，如医学影像设备、CT布置安装的位置，按照诊断流程，放在院区中间位置更合适，但当时最佳位置已架设变配电柜，来不及再挪动，后来医院配置电瓶车运送患者。还有，"小汤山医院建设时，因时间紧急，来不及建造钢筋混凝土结构污水处理设施，只能利用鱼池（原游泳池）改造"。

小汤山定点医院的建设，展示了中国人民万众一心、众志成城抗击"非典"的伟大壮举，也见证了"小汤山奇迹"的诞生，对我国应对重大突发公共卫生事件具有重要的参考价值。

小汤山医院设计项目，中国中元全部无偿投入。小汤山医院建好后，内蒙古等很多周边地区规划兴建类似的"非典"定点医院，中国中元全部免费提供小汤山医院的数十张设计图。

花了七天七夜建好的小汤山"非典"医院，使用了51天。为防病毒泄漏，在人员撤离后，小汤山医院彻底消毒后停用，被贴上了封条。

2010年4月2日，北京市卫生局宣布，拆除北京市小汤山医院"非典"病房。

两年后，北京市卫生局发布消息，同意北京小汤山医院的名称改为北京小汤山康复医院，医院被定位为以康复为主的三级甲等康复医院。

历史也将永远记住2003年北京的春天。在这个春天，突如其来的"非典"疫情，为这座城市带来了危急、恐慌和悲壮；也正是在这个春天，危急时刻，全市上下紧急动员，在党中央的领导下，坚持群防群控，携手共克时艰，有效控制了"非典"疫情。抗击"非典"，凝聚了党心、民心、军心，由此催生了"万众一心，众志成城，团结互助、和衷共济，迎难而上、敢于胜利"的伟大精神。

2020年，新冠疫情席卷全国。1月28日，北京未雨绸缪，决定重启小汤山医院改扩建工程，建设床位1600余张。

1月26日大年初二，黄锡璆随中国中元国际工程有限公司设计团队一行十多人，又一次来到小汤山。他们全力支持北京市建筑设计院和施工单位，打破专业界限。承担此项特殊任务的北京市各单位不分彼此，各尽所能，日夜鏖战，仅用53天就完成了重建任务。

没有一个冬天不可逾越，没有一个春天不会来临。当春光普照在小汤山时，一座高标准的现代化医院拔地而起，为守护人民群众生命安全和首都平安筑起一道坚固防线。

小汤山再续前缘，借鉴了17年前"鱼骨状"结构布局。如今的小汤山医院，已今非昔比，建筑材料和装备、建设模式乃至医疗设备、医疗技术已有了较大提升。

在黄锡璆看来，医疗建筑事关人民群众的健康福祉。医院不仅是患者治病就医的场所，也是医疗人员具有安全保障的工作空间。

在小汤山医院之后，他对医院的设计建设思考得更深入。如何把医院建成全周期保养生命的场所，提供完善的健康呵护？随着医疗科技的迅速发展，一个个医疗建筑新理念进入他的思考范畴——安全医院、绿色医院、智慧医院的概念，在他大脑里生成。

在此后的医院设计中，黄锡璆把安全、绿色、智能渗入医院的每个细节中，让医患人员不失尊严并从中感受愉悦，让每一个用户享用更高水平的医疗环境，成为他追求的新目标。

黄锡璆曾建议，中国每一座超大城市，都应该有建设"小汤山医院"的预案，作为人口密集城市应对突发卫生公共事件的备用系统。近年来，各类突发公共卫生事件较为频繁，现有医疗机构也应该有一个可平战结合、功能可互转换的应急医院。

"非典"之后，黄锡璆主持设计的首都医科大学附属北京地坛医院是新建的传染病医院，位于北京市朝阳区京顺东街，建筑面积7.5万平方米，是亚洲一流传染病诊疗、研究中心，也是北京市突发卫生事件救治基地之一。

2020年9月，国家发布了关于建设国家传染病医学中心的标准和要求，面向全国各医疗机构贴出了"皇榜"。建设国家传染病医学中心是贯彻党中央、国务院决策部署，落实全国卫生与健康大会精神的重要举措，是完善传染病医疗服务体系顶层设计，优化传染病医疗资源区域布局，提升应对重大疫情救治能力，提高传染病医疗卫生服务能力的有效路径。

首都医科大学附属北京地坛医院作为一家以治疗传染病为特色的三级甲等医院，总体设计中，采用了"三区三廊"的布局，严格划分清洁区、半污染区和污染区、办公区、医疗区，完全做到人流、物流分开。各个楼梯既相对独立，又有走廊将其并联一体。既能保障平时传染病治疗，应急状态下又可满足规模性防疫抗疫的需要，成为平战结合的现代化综合传染病医院。在重大疫情防控救治体系建设中处于国内引领地位。

正是黄锡璆带领的中国中元设计团队的科学设计，2020年新冠肺炎疫情来袭，地坛医院再次成为北京市第一个承担医疗救治任务的医院，北京唯一一家定点收治医院，成为北京市投入救治最早、收治患者最多、持续时间最长的医疗机构。创造了低死亡率、高救治成功率、零院内感染率的佳绩，被誉为北京抗击新冠肺炎最安全的"前沿阵地"。

第十一章

情暖生命驿站

与"杏林"大师结缘,助"国医"之花盛开;一座医院改扩建项目,在他手上屡屡获奖,服务奥运。

意外车祸——躺在病床上的他,作为一名患者,审视自己的"作品",体悟医院之于生命的价值和意义。

如何建立完善的医疗体系,提供更多"人性化"医疗资源?如何让一座座"生命驿站"带着温度与患者共情?

获奖感言是他的真情告白,也是他心中沉甸甸的责任和最美的愿景。

助力中医之花盛开

改造项目为何搁浅?

破解难题,服务奥运

"他是我的良师益友"

与厦门分院的合作

车祸发生之后

面对殊荣的真情告白

第十一章 情暖生命驿站

助力中医之花盛开

2002年11月30日，风和日丽。中国中医科学院眼科医院隆重举行医疗综合楼落成庆典。

应名誉院长唐由之的邀请，全国人大常委会副委员长何鲁丽，中央外事办主任刘华秋，以及卫生部、国家中医药管理局、国家民委、中国中医研究院等部门的负责同志悉数到场。朝鲜驻华大使馆、印尼驻华大使馆也派代表前来祝贺。

来宾们热烈祝贺中国中医科学院眼科医院的落成，对中国气派的医院综合楼赞赏有加。来宾中有一位不大被人注意的人物，被安排在主席台就座。他就是这座眼科医院的设计师、医疗建筑大师黄锡璆博士。

医疗综合楼落成典礼上，名誉院长唐由之发表了《中医眼科要领先西医眼科不滞后》的讲话，引起中外来宾的阵阵掌声。仪式甚为隆重。

这座医院在北京市不算大，也不起眼，为什么惊动了国家领导人和外交使节？名誉院长唐由之又是何许人也？黄锡璆博士又是怎样设计这座医院的？

时间要回溯到20世纪80年代。1983年4月，中国中医科学院广安门医院新建的病房大楼即将投入使用。在讨论各临床科室病区分配时，为了满足更多眼病患者的实际需要，医院提出将眼科病房由原来的30多张病床扩大一倍。由于病房紧张，引发了科室之间的争执和矛盾。医院有人向中国中医研究院副院长、仍坚持在广安门医院眼科定期出诊的唐由之反映了这一情况。

唐由之认为，双方的意见都是本着为病人着想的目的，但要解决这一矛盾，最好的办法就是另建一个眼科专科医院。从那时起，建一座眼科医院就成为唐由之放不下的一个心愿，一直想办成这件事。于是，以此为契机，他向上级主管部门提出创建眼科医院的申请，开始从多方面努力做争取的工作。

唐由之因他的传奇经历，在中国医疗界的影响力非同小可。他的建议得到国家有关部门的重视，但他没想到这条路如此漫长曲折。

1926年7月，唐由之出生于杭州中医世家。他在中医眼科领域有许多创新，经多年探索，治疗眼病多有建树，掌握独门绝技。当年他成功地为毛主席做了白内障手术，还曾为朝鲜民主主义人民共和国金日成主席、柬埔寨王国宾努亲王、印度尼西亚共和国瓦希德总统等外国元首、政要治疗过眼病。中医诊疗的"神奇"之法和优势备受推崇。据说，印尼瓦希德总统的眼疾，经几位西方专家治疗均未见效。唐由之采用中医方法为他治疗，视力大大改善。因而唐由之先生在国内外享有盛誉。

中国中医药是中华文明的重要组成部分，是中华传统文化的瑰宝，被誉为"国医"。唐由之钻研医术，学贯中西，完成了一些被西医认为"不可能成功"的手术。正因为他在国内外的影响力，促成了中国中医科学院眼科医院的建设。

1986年10月25日，国家卫生部正式批准中国中医研究院建立眼科医院。院址选定之后一直没有进展，主要是经费不到位。后来惊动了国务院副总理谷牧。副总理高度重视，拨款200万元的专项资金，中国中医院才有了启动经费。但资金远远不足，只建了一个仅有40张病床的简易医院。

1994年9月30日，经国家中医药管理局批准，中国中医科学院眼科医院宣告成立，任命唐由之兼任该院名誉院长。由此开始了中医科学院眼科医院的规划和设计建设。

中国中医科学院对眼科医院的工程设计非常重视。经多方调研考察和甄别筛选，中医药管理局最终选定黄锡璆团队担任设计。

"建筑大师"黄锡璆被委以重任，并因此与"国医大师"唐由之相识。两位大师携手合作，倾情付出，为我国的中医医疗事业发展留下了值得书写的一页。

在黄锡璆的设计生涯中，承担过一些中医院的设计。他公派留学归国后的第一个医院设计获奖项目就是浙江金华中医院。在多项中医院的设计建设项目中，中医科学院眼科医院的建设尤其令人难忘。

唐由之先生创立的中医科学院眼科医院是一所次三级甲等临床中医专科医院，对新医院的建设有较高的期待。中国中医科学院对建设中医科学院眼科医院也给予大力支持。

为了使设计人员更深入地了解中医科学院眼科医院建设特点和要求，做到高标准、现代化，筹建方与设计方联合组成调研小组。唐由之与黄锡璆亲自带队，专程到南京、上海等多地进行考察，力求中医院的医疗工作环境与建筑空间环境有效融合，更好地满足患者和医务人员的使用要求，努力推动中国中医院现代化的新发展。

唐由之平易近人，是一位睿智的中医泰斗。在外出调研途中，他讲述了自己求学、工作的经历，以及对中西医结合发展的长远设想。同时，也断断续续地讲述了他在1970年以来为毛主席、柬埔寨王国宾努亲王等人做眼科手术的不平凡经历，给黄锡璆留下深刻的记忆。

1974年，唐由之48岁，当时是北京广安门中医院眼科的大夫。春节前的一天，一位40多岁的解放军同志来到他家，确认他就是唐由之后，说有一项任务需要他出去几天。在此之前，他参与过几次对一位病人的大型会诊。病人没有出现，病历报告中也没有病人的姓名与职业。他意识到，这次可能是去见那个病人。

他简单收拾了一下，跟着军人直奔机场。登上飞机，他还不知道去哪儿。看看地面和太阳的方位，他判断是向南。大约两个钟头后，飞机降落在他的家乡杭州。医疗组一行五人。有人告诉他们说，明天你们要见到毛主席了，主席请你们来为他检查一下眼睛。他们既高兴又紧张。

第二天见到主席，大家都很难受。主席很憔悴，穿了一件带补丁的旧毛巾衣，脚上一双旧拖鞋，靠在沙发上。原来，主席得了白内障已经一年多，基本看不到东西了。

从主席那里回来后，大家开始讨论治疗方案。医疗组里就唐由之一人是中西医结合专家，常用的金针拨障术具有神奇疗效。根据主席的身体状况，很可能更适合这种方法。之前他已经用针拨术做过数千例白内障手术。其中，有不少是疑难手术。

经过讨论，中央决定由唐由之来给主席做手术。他特别激动。手术前，要求他为主席讲解白内障是怎么回事，药物治疗是否有效，为什么必须手术治疗；当时主席是不太愿意接受手术治疗的。

其实，毛主席对中国中医是非常支持的。解放初期，医学界曾对发展中医药有过激烈的争议。1958年，毛主席说："中国医药学是一个伟大的宝库，应当努力发掘，加以提高。"使一时低迷的中医药重新振作起来，全国医药界掀起了学习推广中医药的热潮。中医药也被称为"国医"。

唐由之引用了两句诗："盒中空燃决明丸，金针一拨日大空。"他对主席解释说，就是患了白内障，用针一拨就豁然开朗。唐诗里就已经有这个说法了。主席终于被说服了，决定先做左眼。

手术室就设在主席的书房。手术前，主席提出，手术用的器械一律要用国产的，不要用进口的。按照周总理的指示，专门从苏州和上海定制了一套手术器械。

1975年7月23日深夜，终于等来了手术时刻。为毛主席动手术，唐由之高度紧张，但他迅速控制了心绪。

手术很顺利，大概只有四五分钟就做完了。他用纱布包扎好后，说："主席，手术已经完成了。"主席说："那么快？我还当你没做呢！"手术时，主席让播放昆曲《满江红》。虽然音乐响着，唐由之竟然什么也没有听见。

手术结束后，主席进卧室休息，唐由之就守在卧室门外。刚过了一小时，主席突然醒了，叫身边人员拿一支笔、一张纸过来。

主席眼睛蒙着纱布，提笔写了一首诗："岂有豪情似旧时，花开花落两由之。"他告诉唐由之，这是鲁迅悼念杨杏佛的一首诗。杨杏佛是进步人士，被国民党暗杀了。他的名字叫由之，主席联想到这个。唐由之说："主席，送给我吧！"主席说："好，我给你签一个字。"

就这样，唐由之使用金针拨障术，让毛主席左眼重见光明。他也得到这幅珍贵的毛泽东手迹。因为是蒙着眼睛"盲写"的，字迹有些不正，但并不难认。唐由之先生小心珍藏了多年。"文革"后，作为历史文物，他把这幅手迹捐赠给了中国人民革命军事博物馆永久珍藏。

黄锡璆深为唐由之先生的传奇经历和大医精诚的情怀所感动。黄锡璆也向唐由之谈起自己公派留学归国创业的经历，以及对发展我国医疗卫生设施事业的愿望。唐由之为黄锡璆博士浓浓的家国情怀和对专业的追求所感动。

唐由之先生曾为伟人及国际知名人士做过手术，但也牵挂着患有眼疾的众多百姓，产生了一个强烈的愿望——在北京创建一座中医眼科专科医院，既能为更多的患者康复治疗，也能更多地培养中医人才，把国医一代一代传承下去。

对于如何在现代医院中体现中国传统医学文化精髓，双方进行了深入的探讨和交流。他们谈得十分投机，彼此留下了深刻印象。

此后，两人虽各自奔忙，联系不多，但黄锡璆敬重这位"国医"大师的高尚医德、高超医术，钦佩他行医的非凡经历，始终没有忘记唐由之先生的嘱托。

黄锡璆团队推敲设计方案时认真研究，精心推敲，很快完成了中医院设计方案。在中医眼科医院筹建办多次组织的方案讨论会上，他们又反复进行修改完善，终于完成了设计图纸。建设方案上报中医药管理局以及北京市规划局后，很快获得批准，不久正式开工建设。唐由之先生非常高兴，多年的心愿终于有了希望。他说："建成之后，不仅能为更多的患者治疗眼疾，国家也有了系统开展中医眼科人才培养的基地。"

然而，国家部门资金有限，建设资金一直没有着落，中国中医科学院眼科医院项目迟迟未能开工。但黄锡璆和他的设计团队相信，凭着国家对中医药事业的重视，加上唐由之先生的影响力和他的执着精神，这座医院不会成为一个"流产"的项目。

经过各方面的努力，直到2002年，在国家有关部门的支持下，中医眼科医院终于落成。唐由之先生期盼多年的希望之花，终于结出灿烂之果。

医院位于北京市石景山区鲁谷路33号，占地面积77亩，建筑面积约2.5万平方米，有住院床位170张。

▲ 中国中医科学院眼科医院（中国中元提供）

黄锡璆在医院整体建筑设计风格上，彰显了大气端正的中医文化意蕴和对传统的继承，且有眼科医院的独特艺术表达。

医院建筑的布局采用方形共享中庭，将一高一低的两栋板式建筑，沿南北方向组合在一起，这样可以使建筑内部空间获得更多的自然采光。建筑外观是朴实光洁的灰白色面砖，在主入口处镶嵌了一个梭形玻璃体，象征眼睛晶体。

医院内部环境充分考虑到眼科疾病患者的身体状况和就诊特点，各个功能区都分布在宽敞明亮的共享中庭周围，两两相连。患者可以在同一楼层就近接受诊断、检查和治疗。典雅别致的共享中庭体现了明确的秩序感，使患者在任何位置都对空间方位有清晰的感知。大厅顶部天窗投射下柔和明快的自然光线，整个大楼里明亮通透，能够很好地缓解患者因为视力障碍引起的行动不便和焦躁心情。

中庭正中的大楼梯既是上下楼层的联系通道，也是室内空间的特色点缀。二楼后沿环廊的迎面一侧，设有中医文化展示区，将患者等候停留的空间巧妙地转换为介绍我国悠久传统医学传承的科普园地。

医院建筑规模虽然有限，但功能结构非常紧凑。患者使用的楼内电梯集中布置在建筑正中间的部位，尽量减少患者往返行走距离；医护人员和物品运输的电梯分别设在稍偏的位置，既适当隐蔽，又可以区分用途，做到洁污分区分流。

中国中医科学院眼科医院投入使用后，得到了广大患者和医护人员的高度评价。20年来，经过历届员工的不懈努力，它已成为具有专科特色的"三级甲等中医院"。如今，它是国家中医药管理局直属医院之一，承担眼科疾病预防医疗、科研、教学任务。

中华人民共和国成立以来，中医药事业有了很大发展，但由于服务需求过大，投资有限，中医院的发展也经历了一段艰苦奋斗、不断拓展的历程。黄锡璆带领的设计团队，在承担中医院项目设计中，深为中国传统中医药的博大精深所触动,也被中医药医务人员、专家学者为发展中医药的不懈努力所感动,先后设计建造了江苏常州中医院、天津中医药大学附属第二医院、宝鸡中医院等。在这些中医院的设计建设过程中,凝聚了设计团队与医院专家、基建人员的心血。

黄锡璆在中医院的设计建设中,深受中华医药的熏陶与影响。他带领设计团队与中、西医药系统的医务人员一道,努力探索,共同推敲,努力为百姓健康谋福祉。

在探索中医院的设计建设中,为彰显中医药的特色,设立了院史陈列和名医堂,按中医特点配置中成药草药中药房、煎药室、制剂室以及针灸、按摩、推拿、熏蒸等诊疗室,为患者提供更多个性化、人性化的诊疗服务。在建筑外观造型、内部装修装饰上,汲取中华传统文化符号,展现中华文化的内涵。

黄锡璆深切地感到:"随着中西医的结合与融合,中医院的发展与综合性医院的现代化发展一样,日新月异,不断进步。我们设计工作者,应不断学习,守正创新,尽自己所能,助力中医之花满园盛开。"

改造项目为何搁浅？

北大医院院长助理张庆林 1998 年上任伊始，就发现一个问题：国家卫生部给北大医院批了一个外科楼改建升级项目，搁置多年，一直没动工。

北京大学所属六家医院，其中有三家综合医院，分别为北京大学第一医院、第二医院、第三医院。

北京大学第一医院（简称"北大医院"）位于北京老皇城内，创建于 1915 年，是我国最早创立的国立医院，也是国内首批建立的临床医学院之一。1946 年随北京医学院与北京大学合并，由此得名"北大医院"。

历经 80 年的风雨沧桑，北大医院的建筑老旧，面积狭小，急需改扩建，尤其需要新建一座外科楼。

1996 年，北大医院申报的外科楼住院部、手术部改扩建项目达 6 万多平方米，这在当时算一个体量较大的升级改扩建项目。为什么搁置了两年多没有进展？据说是国家卫生部的拨款一直未到位。

1998 年，张庆林任副院长，分管医院基建工作。这时北大医院的功能和社会医疗保障能力因条件限制受到严重的制约。他决心推动这个项目尽快上马。

张庆林拿着文件到国家卫生部分管部门协调拨款。分管部门的负责人毫不客气地说："你看看最后一句写的啥。"一句话把他怼得没话说。这位负责人是从北大医院调过去的，他们原本是同事。张庆林这才注意到文件后面的那句话：将可行性研究报告报国家卫生部批准。原来，没拨款的原因是上级需要的相关材料一直没报上去。

张庆林是医生出身，对基建项目接触甚少，问什么是"可行性研究报告"。对方说："赶快去机械部设计研究院找黄锡璆博士。"

张庆林找到机械部设计总院，见到了黄锡璆。他这才明白，可行性研究报告主要是指可行性评估、设计概念方案、任务需求、项目规模、项目概算等前期规划。

张庆林到佛山考察了佛山市第一人民医院，脑洞大开："原来这里还有这么一座医院！"眼界一下子打开了。他说："以前我们做大夫的满世界跑，到处学习培训，看了不少医院，像日本的、韩国的，包括以色列的，以为都见识了。没想到机械部设计研究院设计建造了佛山这么一座医院，完全不像过去想的那种，给我冲击挺大的。"

双方一拍即合。在黄锡璆博士的主持下，机械部设计研究院为北大医院量体裁衣，制订了一个被医院和国家卫生部都看好的改扩建方案。奇怪的是，在卫生部组织的专家评审会上竟然没有通过。

但凡一个新事物打破藩篱、脱颖而出的时候，传统观念形成的思维定式很难轻易接受。

专家的理由是：宽大的前厅太浪费；宽阔的楼道没必要；病房带卫生间、装空调过去从来没有过；地下大停车场用得着吗？总之，对这些新的设计理念，这些老专家不认可，把北大医院的规划否定了。

"没想到会是这种结局，我们心里一下子凉了。"张庆林说。

但是，卫生部写了一个意见，推翻了专家的结论，明确表示坚决支持黄锡璆的设计方案，并附上设计图纸和专家评审意见，报送国家发改委。他们还到发改委当面说明情况。发改委的领导一听就明白了，当即签批：就按此设计方案办。真是"山重水复疑无路，柳暗花明又一村"。

这个方案为什么会发生戏剧性的反转？一座三甲医院的改造升级项

目，为什么要送到国家卫生部和发改委的案头？况且两个部门的态度如此坚决，这背后究竟有什么背景？

北大医院改建项目牵动着申办 2008 年奥运会。这里不是硬把它们扯在一起，确实有着深刻的时代背景。

人们对 2008 年的北京奥运会记忆犹新。那次奥运会的巨大成功，给世界留下了美好的中国印象，甚至一度成为世界奥运会史上的巅峰之作，令中国人备感骄傲，但背后却历经了不少坎坷和波折。

其实，这并不是我国第一次申办奥运会。1990 年，在北京成功举办第 11 届亚运会后，我国就着手申办 2000 年的奥运会。奥林匹克运动会不仅是一种精神的象征，也是一个国家综合国力的体现。经过多年的准备，我们已经具备了相应的实力。

1993 年 9 月 23 日，在万众瞩目的蒙特卡洛投票现场，呼声很高的北京以两票之差输给了悉尼，我国最终与奥运会失之交臂，中国代表团泪洒当场。

1996 年，国家奥组委启动申办 2008 年奥运会。申奥的条件之一，就是要有良好的医疗卫生保障中心。我们恰恰在这方面还有短板。

张庆林到国家卫生部争取项目资金时，正值国家申奥再次提上日程，各方重整旗鼓，再度发力。卫生部的人抱怨说："咱们又在申奥，第一次没成。这么多年，国家没少给卫生系统投钱，北京连个像样的医院都没有。亚运会报了中日友好医院作为医疗卫生保障中心，我们就憋着一股气，那是日本援助的，报也就报了。隔了这么多年，申办奥运会还是中日友好医院。考察组不满意，说北京市就提不出一个像样的医院来。协和那楼老旧了，再不弄出几个像样的医院来，申奥咋能硬气？"

所以，国家卫生部和发改委看到黄锡璆博士设计的北大医院改扩建方案，非常满意，当即就批复了。发改委的同志说："你们报上来的这个项目我们看了，特别好，将来服务奥运会，就照着这个方案做。预算超了也

第十一章 情暖生命驿站

没关系，只要做得好，超的部分我们也给。但是，丑话也说到前头，如果不够水平，别再跟我们提钱的事。你们去干吧！"

几经周折，北大医院改建项目终于有了希望。北大医院立即组成由张庆林牵头的项目专班，决心把这个项目干好。就这样，2000年五一节，正式开工建设。此时，北京市各大医院新一轮瞄准国际水平的改扩建工程拉开了序幕。

这时，机械部设计总院经过改革调整，成立了中国中元国际工程有限公司。也是这一年，黄锡璆被评为全国"勘察设计大师"。中国中元的美誉度和影响力与日俱增。

破解难题，服务奥运

第十一章　情暖生命驿站

2001年7月13日，又是一个世界瞩目的不眠之夜。国际奥委会第112次全会在莫斯科举行投票，决定第29届奥运会举办城市，但这一次似乎已无悬念。中国人终于圆了奥运梦——北京一举赢得了2008年的奥运会举办权。

"北大医院将来要服务奥运，可以说，要代表国家医疗水平和形象。但是，在改扩建中面临不少难题。"张庆林说，"这里离城市中心近，建筑受到许多限制，有些方面处理起来，确实没有好办法，但在黄锡璆博士的主持下，迎刃而解。黄博士不愧是'设计大师'。"

北大医院住院楼限高6层，不能超过24米；门诊楼22米，不能盖高了，面积也有限，怎么办？黄博士用平面换空间，创造性地把护理单元平面布局加宽加厚。面宽相当于四跨，四个护理单元形成两组，每两组共用竖向交通枢纽，并充分挖掘利用楼层少、高度低的潜力。病房楼平均层高只有3.6米，做完以后一点儿都不显得压抑。因为功能单元比较矮、比较宽，做了四跨；护士站呈半圆形设在中间，没柱子遮挡，视野开阔；房间里也没柱子，布局非常经典。这种设计，在其他医院是没有的，也是一般人想不到的。

2002年9月，北大医院外科楼改建项目一期完工。虽说价格不菲，却也值得，受到各方的好评。

医疗建筑大师 黄锡璆

▲ 北京大学第一医院（王鸿鹏拍摄）

一期外科楼项目验收之前，医院举行了竣工仪式，邀请国家发改委、卫生部的几位主管这方面工作的司局长参加。他们看完后非常认可，留下一句话：赶紧报二期（内科楼）。很快二期项目就批下来了。

后来，业内的专家都说这个设计实在高明。好就好在虽然受到各种限制，却充分利用了现有条件，做出了这么一个经典的方案。北大医院建成以后，影响很大。

张庆林不无自豪地说："北大医院这个改扩建升级项目建成，不仅为保障奥运会争了光，就是在北京、在全国也树立了一个老医院改造的标杆，大型医院的病房楼就该这样做。佛山市第一人民医院是地区医院，做得确实不错。北大医院是在首都，层次、标准应该追求更高。在京圈里，北大医院一步跨进了中国式的现代化，称为第一号，相当于打了个头炮。"

"无论是这里的医护人员，还是来参观的人员，至今挑不出大毛病来，觉得特别好。"张庆林得意地说，北大医院的这个项目还获得了"中国建设工程鲁班奖"，简称鲁班奖。

鲁班奖是由中华人民共和国住房和城乡建设部指导、中国建筑业协会评选的奖项，也是中国建筑行业工程质量的最高荣誉奖。

张庆林记得，当时评奖，国家建设部的一位女专家转了一圈什么话都没说，最后站在大厅里看了一会儿整个空间结构，又盯着墙上那幅展示医院文化的巨大壁画，不由自主地说了一句话："没想到医院还能做成这样，赏心悦目。"张庆林一听，心里暗自乐了。他说："我就知道这鲁班奖没跑了。为什么？那位女专家是组长。"

"我们医院还有一个经典，上面看不到。"张庆林神秘兮兮地说，"它在地下。咱们可以去看看。"来到地下，一条600多米长的地下通道将平安大街南侧新建的门诊大楼与第二住院部主院区连在一起。两者之间交通使用电瓶车，简单方便，避免了患者徒步的辛苦。这的确是一个绝妙的主意。

他还说，医院空间设计合理与否，直接关系到患者看病是否便捷。在北大第一医院，很多设计传递出"人情味"。比如，在门诊楼与住院楼之间设计有地下通道；在手术室正下方设计了供应室，直运货梯能实现手术器材消毒与无菌对接；将护士站设计在病区中间连接病房的圆心位置，实现了视野角度和区域最大化，以减少护理路程，减轻护士工作强度；在等候区设计休息空间，摆放绿植，可以缓解患者情绪……

在2008年北京奥运会期间，北大医院与北京另外几家医院组成了奥运会医疗卫生急救中心，在奥运会保障工作中不负所望，发挥了积极作用。

"我不是从事设计专业出身的，没资格从专业的角度去评判。但我可以从用户的角度去看待成品。"张庆林深有感触地说，"俗话讲，鞋子合不合适脚知道。我们客户和患者的真切感受才是一座医院优劣的最终检验者。后来，我们又做了内科楼、门诊楼和保健中心。国家后来实行招投标制度。但是中国中元对我们医院了解得比较多，做的东西也比较适合我们，招标也没的说了。项目的成功有它的原因，不管什么原因，设计是前提，起决定作用。没有好的设计，给钱再多也白搭。"

张庆林也有遗憾。他说："当初北大医院的外科楼有点儿亏。前面差一米多顶着教学楼，又不能拆。客观条件受限，那座楼腿不够长，差一跨，一个单元的床位数仅有31至33张。要是再弄一跨出去，内科楼能多出好多床来，如果能达到40床，就更理想了。"

北大医院的一期、二期工程完成之后，接着又上了三期、四期。包括改扩建和新建的，断断续续做下来，至今经历了20多年。张庆林说，竣工的四个项目中，一个得了鲁班奖，两个得了"国家艺术工程"。内科楼38000平方米，体量稍微小一点儿，不能评奖，但仍然得了"国家优秀投资项目"奖。

他认为："准确地说，我们改扩建的四个项目获得了四个国家奖，这都得益于黄锡璆博士的设计水平，否则，不可能个个获奖。几年前，我们又跟中国中元合作了第五个项目：坐落在大兴区的新院区，是一个完整的医院，以儿科医院为主。预计2023年竣工（注：已于2023年12月18日启用）。我敢说，它也会成为一个优质工程。"

"他是我的良师益友"

第十一章 情暖生命驿站

张庆林自1998年认识黄锡璆开始，主持北大医院外科楼、内科楼、门诊楼、保健中心工程以及北大医院南院区等工程建设的工作。20多年来，通过黄锡璆引入先进的医疗设计理念和工艺，在医院建设行业里树立了一个个标杆。

谈起我国医疗建筑行业的发展，张庆林侃侃而谈，纵论医疗建筑领域发展的得与失。某某医院设计上存在什么问题，建筑上有什么优劣，他都有独到的看法，并经常受邀参加医疗建筑项目设计方案的评审评估。他是外科医生出身，俨然成了医疗建筑方面的专家。

"黄博士是我的老师。"张庆林笑道，"我这点儿本事，是跟黄博士学来的。"

自从跟中国中元打交道，认识了黄锡璆，引起了张庆林对医疗基建工作的兴趣，他决心在这个领域打拼一番。

张庆林说："这里面有大学问，我也喜欢琢磨。跟着黄博士学了不少东西，慢慢地入了门。我们接触了20多年，他给我留下许多难忘的印象。最深刻的就是黄博士那种老一代知识分子胸怀特别大、职业精神特别强的印象。用古人的话讲，黄博士就是那种'学而不厌，诲人不倦'的人，让人发自内心地敬佩。他那种谦谦君子、为人师表的风范对我产生了深远的影响。"

最初，黄锡璆到北大医院来勘察，征求意见，与医院领导班子进行交流。"黄博士给我们留下深刻印象。"张庆林说，"学有所长，术业有专攻嘛！我们在建筑方面都是外行，一开始跟博士交流特别谨慎。外行跟内行交流，内行往往没耐心解释，不太愿意理你，或者给人居高临下的感觉。黄博士不是这样。你跟他谈医院建设的问题，即使你不懂、说不到点子上，他也不会否定你，更不会笑话你，而是规规矩矩地记在本子上，然后一一给你解答。那口气、那态度，就是和你真诚地商量。"

黄博士到医院科室征求意见，大夫们说要把科室建成一个什么样子，难免凭想当然，有的不靠谱。但是，不管谁跟他谈，不管你讲什么，博士从来不说话，只是笑眯眯地听着，一笔一笔在本上记着。他自己心里没底？肯定有嘛！他首先从尊重别人出发，就凭这一点，他就了不起。所以，我们都愿意向他请教。

"我当副院长十几年，四任院长和几届院班子，大家都跟黄博士经常接触，都说博士这人好，特别谦虚、特别亲切。他可是建筑设计大师啊！即便是有点儿居高临下也不奇怪，但我没见过黄博士跟谁说话很严厉、很摆谱，待人一直都特别谦虚，特别客气。"

为什么首先要尊重客户、关注客户的想法？黄锡璆认为："医院里多是医疗专家，在职业精神的影响下，医生都特仔细，人家提的意见都是深思熟虑的，最起码要把人家的意见听完，这是最基本的尊重。"

张庆林也有切身感触。医疗专家有特别强势的，不好商量。当大夫的有一个优点，认准了的东西，觉得很有把握掌握了这个东西，他就会这么干下去。这个优点有时会变成缺点。在医院设计建设方面，他们虽是外行，但也有自己的想法。后来，张庆林发现："其实，做设计挺难的，碰到固执的客户也挺为难。但我认为，任何一个客户碰到黄博士这样的人，估计也没什么脾气。黄博士的人格魅力就在这里。"

他看到，博士修改方案图纸的时候，跟年轻人商量也是挺客气，跟下面的人也很客气。"我们医院的工作氛围、工作环境就不一样了。我当外科大夫的时候,深有体会。在患者身上不能出现丝毫差错,有的差错连挽回的机会都没有,所以,有时候工作上比较严厉。早上起来查房,小大夫先让老大夫训一顿,晚上查房又训一顿,这种情况是难免的。但是,黄博士对人始终很客气,有问题也和风细雨地告诉你。他要求很高,也很严格,给你纠正东西很认真,还给你说为什么要这样。他用道理、用专业的东西说服你、征服你,让你认可。他那种循循善诱的方式,特别能让人接受,也对我们大夫的工作作风产生了很好影响。跟这样的人在一起,你不想学东西都难。只要用心,假以时日,都能有所成就。这么多年,我就是跟他这样耳濡目染,慢慢成为'内行'的。"

张庆林还记得,前些年,每到逢年过节,客户之间都相互发明信片、贺年卡。黄锡璆博士的贺年卡是用自己的速写作品做成的,在上面规规矩矩写上贺词,非常精致。后来单位有统一定制的贺年卡,他还是坚持用自己的速写做贺年卡。看得出来,他对每件事都很用心。

"这么多年,我们明显地感觉到,黄博士带的这个设计团队是逐渐成长进步的。跟着博士干的那些年轻人后来都成长为专家,在国内医院设计领域里也有了话语权。"张庆林说,"像总经理助理许海涛,现在也是大专家级别的。他特别像博士,从来不发火,你说什么他都是认真听着,认真往下记。还有医疗研究所所长梁建岚,整天笑眯眯的,你说什么,她也不跟你急,像黄博士一样待人和颜悦色。我们跟中国中元的人接触,基本上都是这种感觉。黄博士的这种风格慢慢地感染了他这个团队。大家和谐相处,工作踏踏实实,把一个个项目都做出了精彩。这好像就是师徒之间的一个默契、一种传承,并形成一种企业文化延续着。"

张庆林说,20多年来,北大医院一直按照黄博士最初的总体设计,从外科楼开始,总共干了四期,全部拆旧建新。改造后的北大医院比较方正,占地5万多平方米,建筑面积将近20万平方米,成为一座代表中国现代化水平的大型综合医院。

2012年1月，在北大医院召开的教职工代表大会上，副院长张庆林做了《基建工作报告》，介绍了新门诊楼、科研楼的工程建筑特色和完成使用情况，以及保健中心项目的设计方案和城南院区工程项目进展情况。他说："尤其新门诊楼的启用，使北大医院以患者为中心、朝着愿景又迈出了坚实的一步。"院长刘玉村在大会上发出这样的感慨：2012年对医院来说是个好年，北大医院终于"从背阴胡同走上了平安大街"！

"这个过程，我学到不少东西。"张庆林说，"当初连'可行性报告'都弄不明白，现在对医疗建筑也能说出个所以然来。"

2019年，张庆林退休后，被推选为中国医学装备协会医院建筑与装备分会副主任，经常受邀到各地参加医院规划设计的评审工作，并参与有关医疗建筑奖项的评选活动。

"一路走过来，与中国中元合作了20多年，医院上上下下都特别满意。我与黄博士也成了忘年交。"张庆林发自内心地感慨道，"如今，我能有这种局面，这都是黄博士传帮带的结果。在这方面，黄博士是我的良师益友，一点儿都不夸张。"

与厦门分院的合作

随着业务的发展,中国中元在北京总部之外的多个城市相继开设分支机构,医院工程设计业务不断向全国各地拓展。除由总部直接承接外,各地分支机构也积极承担医院规划设计。在20世纪90年代,黄锡璆便与上海、海南等分院一起奋战。近年来更多地频繁出差福建省,先后与总部同事承接福建医学院东海医院、云霄县人民医院、文登县人民医院、漳州市长泰区人民医院,并与厦门分院同事承接上杭县人民医院、华西医院厦门分院、厦门大学附属心血管病医院工程设计。艰苦创作,团结协作,打造精品工程。每一项工程都来之不易,每一项工程都有许多争论交锋与协商磨合,都经历了许许多多不分彼此、共同拼搏争取完美的日日夜夜。

福建省厦门市主管当局对医疗建设事业高度重视,近年来更是不遗余力地提升医疗服务水平与能力。除了对原有机构进行改扩建之外,厦门市在五缘湾开发区布局建设新的医疗机构。厦门大学附属心血管医院是设立在五缘湾西北侧的专科医院,与厦门弘爱医院、厦门弘爱妇幼医院毗邻,与上海复旦大学附属中山厦门医院遥遥相望。这些新的医疗机构起点高,目标都瞄准华东领先、国内一流、世界先进。

2015年5月,中国中元获得厦门大学附属心血管医院工程设计的中标通知书。建设方、代建方、设计方投入工程设计的进一步推敲、完善、细化落实到工作中。从总体布局、科室布置、设备配置到装修构造、工程造

第十一章 情暖生命驿站

价、预算控制，每一关键节点都会拿到会上讨论。项目总设计师不辞劳苦，多次飞赴厦门参加现场讨论，还利用网络视频线上实现持续跟踪讨论。

对这个项目各方都高度重视。医院方王焱院长、蔡跃峰书记、基建科后勤付雷，中国中元厦门分院洪峰院长、蔡福锦副院长，北京总部的杨旭华以及陈子平、洪雅铃、林德修等，都倾心投入。

五缘湾医院建设用地偏紧。为了实现资源共享，大家极力主张将相邻的三家医疗机构，在地下设置连廊沟通。不仅将各家地下车库贯通，还节约地下管网物流联系通道。在市规划部门及市政部门的支持下，这一设想终于实现。投入运行的厦门大学附属心血管病医院利用这一先机，将手术部中心供应的配套服务委托给毗邻医院，而将省下的建筑空间用于开展诊疗服务。

在总体布局上，设计上还遇到一个具体困难。原来规划条件不允许院区在东侧开放出入口，而实际情况是院区东西宽112米，南北长190米。根据布局将急诊急救入口设在东侧最为快捷理想。还有院区西南角原规划没有此区域共用的高压变配电站，高强度的电磁场对医院里的影像设备如CT、MRI、DSA可能产生电磁干扰。针对以上情况大家逐一分析，仔细讨论。功夫不负有心人，规划部门允许为急救车在院区东侧开设专用出入口，设计上将配电感应磁场敏感的应用设备远离区域变配电站，避免干扰，稳妥解决。

厦门大学附属心血管病医院王焱院长是著名的心血管病专家，他始终对项目的进展高度重视，对急诊、急救流程包括急诊部、介入中心、ICU、CCU、手术部的布局与相关流程与设计团队反复探讨。例如，对ICU的摆放位置反复挪动推敲，电脑模拟病人移医路线，直径最短最佳，终于敲定。

对介入平台的布局，也做了多方案比较，分析了国内外已建项目的优越点，包括美国加州大学洛杉矶分校以及日本东京心血管病医院的案例。对介入手术室的房间布局，有的案例将控制室设于手术室端部，有的将控制室设于手术室的侧面。厦门大学附属心血管病医院的介入手术室将控制室设于手术室端部。2017 年，院方邀请新加坡菲利浦团队参与手术部室内设计，将控制室地面局部提升，在控制室与手术部之间设置了通长大面积的监视窗。这种布局极大地改善了手术部手术大夫的工作条件，扩大了监护视野。另外为了缓解手术部医务人员工作节奏紧张、精神高度集中、易生疲劳的氛围，在介入手术操作室天棚设计了大面积的蓝天白云天棚。这些举措使厦门大学附属心血管病医院与众不同，建成后成为一批批前来参观学习的考察人员打卡的重点。

对工程的室内装修、色彩运用、外观造型、园林绿化，医院领导也深度介入，与设计人员逐一讨论，包括医院院徽、标志铭牌在医疗大楼的位置、比例大小、灯光显示等。中国中元厦门分院设计团队全力以赴，洪峰院长勾勒推敲具有中国红花格纹饰的外围方案，使象牙白宁静优雅的建筑体量增添了温馨灵动的暖意。

出于对项目品质的高度期待，医院方在 2008 年专门请来从事医院工程的三位日本专家对厦门大学附属心血管病医院工程进行评议。在厦门大学附属医院的六层会议室里，来自医院、建设方、代建方、设计院等单位的 20 多人进行了一整天的评议。在王院长的主持下，由医院方介绍概况说明意图，设计院代表简约汇报工程，请日方专家提问题及建议。

黄锡璆专程赶来全程参加，与日方专家见面时，他用仅会的几句日语问候并自我介绍，此后使用英语与外方讨论，不时插入简短的汉语向与会人员介绍讨论要点，对日方专家的问题逐一解答，讨论始终顺畅。日方深入了解工程设计情况，并没有太多可以做大的改进之处。通过交流，认为设计考虑周全，概念完善可靠。作为设计团队代表，黄锡璆谦虚地表示希望保持联系，欢迎他们随时提出建议。

2019 年 5 月，福建省举行第一届中日医院建设学术交流会，黄锡璆应邀参加并做学术报告。在此次会议上，他与几位日本专家见面，会议期间友好交流，还一起合影，这是后话。

在各方的通力合作下，厦门大学附属心血管病医院于 2009 年 6 月投入使用，6月22日举行了剪彩仪式。这家设置有600张床位、总建筑面积8.63万平方米的现代化心血管病医院以新的面貌屹立在厦门五缘湾，为厦门、福建乃至周边地区患者提供心血管病专科服务。竣工剪彩典礼当天，还安排一架直升机，停靠在病房楼顶，以专用电梯护送病人至手术部做介入手术的演练。仅用58秒，便将病人送达手术室，显示了医院急救通道的短捷，凸显了心血管医院医疗服务稳、准、快的特点，给参加典礼来宾留下深刻印象。

　　厦门大学附属心血管病医院的投入使用，缓解了厦门乃至福建省患者的医疗需求。热诚服务、手术卓越，业务很快饱和，面临再次扩建任务。2022年，第二期工程正式启动。二期工程将增加床位300张，总建筑面积8.32万平方米，重点加强高端医疗、科研与教学研究以及一期工程中亟待增强的医学检查等。在多家角逐中，中国中元厦门分院再次中标。当前医院建设进入技术高质量发展阶段，在生物安全、绿色低碳等方面都有新的使用需求。中国中元厦门分院设计团队与黄锡璆紧密合作，扎实推进，期待不久的将来厦门大学附属心血管病医院二期工程将以崭新面貌，屹立在五缘湾畔，成为厦门医疗工程的又一颗明珠！

▲ 厦门大学附属心血管病医院（中国中元提供）

第十一章 情暖生命驿站

车祸发生之后

2007年新年到来不久的一天，黄锡璆博士与副总经理王漪带着年轻的女设计师小王到济南商谈一个医院建设项目，返回北京途中不幸发生了车祸。

本来，济南的这个医院项目黄锡璆没有介入，他正紧张地组织北大医院第三期项目建设施工和第四期工程设计。公司考虑到济南医院项目要跟德国一家公司合作，就安排黄锡璆博士一起前去洽谈。

他们三人与德方代表分乘两辆车赶往济南，在现场与医院代表一起讨论德国设计师的方案。黄锡璆看到德方的方案是从一个斜边上设计医院的大门，提出了不同意见。他认为，这不符合中国人的传统和习惯，中国人讲究正门正道，斜的通道会被认为是"歪门邪道"，这是一种忌讳。院方对这个意见非常重视，他们详细交流总体规划，一直讨论到傍晚。德方也认可。为了赶时间，他们决定连夜赶回北京，修改方案。

当时，中国中元的业务量飙升，工作量大，多家医院设计建设工程同时进行，大家始终处于高速运转的状态。他们与院方讨论完方案后，又赶到现场考察，谢绝了医院方安排的晚餐，便匆匆往回赶，离开济南时已是傍晚了。

大约晚上10点，行至天津郊区静海附近，突然发现前面高速路中央隔栏边有一辆违章停车的大巴，司机来不及躲避，发生了碰撞。

后面德方设计师乘坐的车超过去后,感觉不对,就给他们打电话。打不通,立刻掉头回来,发现车辆与大巴车相撞了。黄锡璆坐在副驾驶座上,幸亏系上了安全带;王漪和小王坐在后排没系安全带,受伤严重。

他们立即打急救电话,先后有两辆不同医院的急救车赶到现场。黄锡璆认为将受伤人员送到同一医院比较妥当,分送两家医院会有麻烦。于是,受伤的三人被送到较近的静海医院。经检查,黄锡璆腰脊椎粉碎性骨折。王漪四肢骨折了三处。小王头颅出血,昏迷不醒。

"黄博士比较清醒,觉得自己伤得比较轻,就坐在救护车边椅上,让我躺在中央仅有的一副担架上。其实,黄博士是第四节腰脊椎粉碎性骨折,挺危险的,那会儿不知道。"王漪回忆说。

他们被抬到急诊抢救室检查。医院床位紧张,只能躺在病房的走廊上等待救治。

在那个不幸的夜晚,这位医院建筑设计大师又是幸运的。他庆幸自己始终是清醒的,庆幸自己系上了安全带。但他也焦虑不安,因为双腿不能站立,不知伤势如何,将来能不能正常工作生活?不知同行人伤势如何?当然,他更不知道,妻子邢淑芬正在经受着从未有过的不祥预感。

"不知为什么,那天晚上我在家里干什么都心神不宁。出事当天晚上也没给我打电话。我心里老是琢磨着,他应该回来的,怎么没回来呢?一夜也没睡好。"邢淑芬回想起那个夜晚,仍然心有余悸,她说,"儿媳妇要生产。第二天,我要去儿媳妇家照顾坐月子。我给儿媳妇打电话说,你爸昨天晚上应该回来的,还没有回来,他也没来电话,不知你爸会有什么事,我过不去了。没过多大会儿,单位就来了电话,说是他在济南回来的路上撞车了,接我去医院,没有危险,不让我着急。都这个年纪了,出了车祸,我怎能不着急啊!当时就急得掉眼泪。"

躺在医院走廊里的黄锡璆,想起一生中的三次住院:

第一次是不满周岁的时候,他得了痢疾。那时候还在印度尼西亚,他还没有记忆。母亲说他病得很厉害，把他隔离了，差点儿没命。

第二次是在安徽下放劳动。安徽冬天冷，加上工作比较累，他突患消化道出血，晕倒在厕所里，被同事送到123部队医院，诊断为消化道溃疡。那一次住了将近一个月的院。他记得，在这之前，因为胃疼，到北大医院看过医生。医生开了点儿云南白药，吃了就好了。后来由于现场设计工作紧张，休息不好，几次出现过胃痛便血，但他没在意，稍微注意一下饮食就挺过去了，没想到那次在安徽蚌埠病得厉害了。123医院的大夫建议他回北京做胃镜，后来也没顾得上。

第三次住院是2002年10月，视网膜脱落做手术。他参加北大第一医院奠基，下汽车的时候一位同事关车门把他的头碰了一下，当时没感觉。他坐在主席台上，主持人介绍他时，他起身时只觉眼前发黑，活动结束后立刻做了检查。医院的马教授对他说，那种撞击对他很不利。但是几天后，他要赶到德国参加一个学术会议，签证已办理，飞机票也买了。他想从德国回来再说。医院的马教授、曹教授一致认为，他必须立即住院，趁视网膜刚掉下来，比较新鲜，有利于治疗和恢复。教授批评说："你是搞医院的，怎么一点儿保健常识都没有？"

那次做眼科手术，黄锡璆住在自己设计建造的医院里。他记得，刚开始住进去的时候纯粹就是一种患者的无奈心情，最担忧的就是眼睛还能不能复明。等到快康复的时候，职业意识强烈地促使他想走一走、看一看，观察一下自己设计的医院还有什么不到位的地方。

哪能料到这次出差会发生车祸，自己又成了一名危重伤员住进自己设计的医院里。作为医疗建筑设计专家，黄锡璆对医院似乎有一种与众不同的特殊感受。一个在痛苦中挣扎的人，面对陌生的医疗环境，是否会感到焦虑不安？一个在病痛中焦虑的人，当他无法掩饰自己的软弱时，是否会在呻吟中感到有失尊严？一个生命垂危的人，当得不到及时救治，是否会感到绝望？

第十一章 情暖生命驿站

医疗建筑大师 黄锡璆

医院是什么？是一个没有人喜欢去而又离不开的地方，是生命的"诺亚方舟"。你不需要它的时候，它会静静地等待在一旁；当你需要它的时候，它会用温暖的胸膛呵护你的生命与健康，为你带来希望。每个生命都会在这里到来，又在这里归去。无论到来还是归去，它都会给每一个生命抚慰和尊严。如若没有这些，医院的存在又有什么意义？那些在医院走廊里匆忙走过的医护人员看到躺在眼前的一个个待救的生命，他们能享受到职业的快感吗？

此刻，黄锡璆的心情异常复杂沉重，充满了一种对生命的敬畏之心、对弱者的怜悯之情。医疗设施远远不能满足人民群众健康保障的需要。他身体受伤部位的不适感，进入他内心的深处，一种责任感似乎替代了伤痛感……

小王伤势较重，被送进抢救室，黄锡璆和王漪在走廊临时设置的病床上一直待到天亮。第二天，中国中元派人联系到北大医院副院长张庆林。张庆林听到这个消息非常吃惊，黄锡璆博士一直为北大医院的改造升级操劳，他们合作了将近10年，想不到会发生这样的意外。好在黄锡璆博士和王漪都比较清醒，他立即派出两辆救护车把黄锡璆与王漪接到了北大医院救治。令人痛心的是，设计师小王终因伤势过重，抢救无效身亡。

邢淑芬放下单位打来的电话，心急如焚，她立即告诉孩子："我伺候不了月子了，你们请人吧，我要去医院照顾你爸爸。"单位司机把她接到医院。她看到老伴躺在病床上不能动弹，心里非常难过。都这把年纪了，怎么会落得这般模样？黄锡璆安慰她说："没事的，做个手术，养几天就好了。"邢淑芬心里明白，他话说得轻松，谁也不知道腰脊椎粉碎性骨折会留下什么后果。

这真是悲喜交加、福祸俱临的一天，小孙子的出生，让黄锡璆几乎忘却了所有的疼痛。

动完腰部手术，在医院里住了将近20天，手术后的黄锡璆躺在病床上并没有停止对医院的研究和思考。出于职业的本能，闲不住的他常常细心观察、征询医护人员和患者对医院建设的反馈。

这次住院，他作为一名患者，真切地体验到他设计的医院带给患者的感受。这种角色的转换实在不可思议，但他不愿意放弃任何研究医院的机会。他认真审视每一个细节是否存在缺陷，以及如何改进。他发现医院的洗澡间用的是莲花喷头，淋浴时水会溅到隔帘之外，而地面上的防水挡条，把外溢的水挡在外面流不回去；墙脚夜间底灯的位置比较刺眼；病区走廊到天台花园的外门未设门套；等等。这些设计还是有欠缺的。

然而，更让他深深受到触动的，还是躺在静海县医院急诊科抢救大厅的等待。在病区走廊里备受煎熬的那个夜晚——有多少患者会躺在走廊里熬过一个又一个夜晚？

如何建立完善的医疗体系，为社会提供更快捷的救治系统、更完善的医疗资源，满足老百姓的医疗需求？如何让每一座医院都成为有温度的、护佑生命的家园？这成为黄锡璆心中沉甸甸的责任。

黄锡璆动手术后，腰椎上打了4个钉子与H型支架。出院后他始终没有停下奔波的脚步，他要为设计建设更多的医院而继续奔走，他要用赤子深情温暖每一座生命港湾。

面对殊荣的真情告白

在几十年的职业生涯中，黄锡璆曾多次随国家医疗卫生部门和世界银行团组到偏远贫困地区考察，深入了解群众的医疗需求和基层医院的建设状况。

每次考察回来，黄锡璆总是用心思考，写一份详尽的调研报告，交给当地政府或医疗卫生管理部门。不仅提出自己的设想，对一些具体的细节问题，都一一列出。比如，医院选址、当地环境安全、变配电设置、自然条件的利用等，依据当地情况提出切合实际的建议。有些建议受到当地有关部门的重视，有的成为政府决策参考，有的被采纳。

无论医院规模大小，黄锡璆都会用心设计，以求方案最佳，尽其所能，把医院建得更好。浙江金华中心医院、河南辉县人民医院、湖南宁乡医院、江西丰城医院等县级医院，都是慕名找到黄锡璆，邀请他主持医院设计建设。黄锡璆并没有因为是基层的小项目而有推托之意，而是真诚地答应对方；也没有推给助手或其他人，而是不辞劳苦、不计得失前往踏勘现场，与医院各方交流想法，认真记录，与设计团队的年轻人认真讨论，反复推敲规划，精心设计方案。他的工作作风和执着精神备受客户的称赞。

2020年，近80岁高龄的他与同事承接南京妇女儿童医院项目。他坚持沿步行梯走上四楼会议室和大家一起研究方案，直到客户满意。医院负责人感动地说:"他是位大师级人物,还出过车祸,带着伤病。原以为他看看图纸就不错了,没想到他会亲自来现场勘察,还多次来南京参加讨论。"

对于承接的项目,不论规模大小,他都坚持亲力亲为,坚持勘察现场,与用户面对面讨论。

▲ 南京市妇幼保健院丁家庄院区(中国中元提供)

"黄博士伟大,不在于他设计了多少所医院。"原中国中元党委书记、董事长丁建由衷地赞叹道,"在一系列实践中,黄博士还为中国医疗建筑设计确立了基本规范和理念,并已成为大家共同遵守的标准,形成中国现代医院建筑格局,大大改善了人民群众的看病条件。"

2003年中元国际工程设计研究院与中国机械电脑应用技术开发公司和机械工业规划研究院重组,组建中国中元国际工程有限公司。中国中元与时俱进,顺应市场经济大潮,通过战略与市场定位的调整,在实践、发展与创新中不断转型,营业收入、利润总额大幅提升,经营能力显著增强。业务范围涵盖了工程咨询、工程设计、工程总承包、项目管理、设备成套等方面;业务领域发展为医疗、民用、物流、工业、能源五大板块,尤其医疗板块增速迅猛。

正是由于黄锡璆博士在医疗领域里的开拓引领，中国中元进入一个前所未有的高速发展期。

为进一步实施资源整合，有效发挥技术优势，中国中元对原有生产运营体系进行了优化和调整，建立了咨询、设计、工程承包三位一体的运营模式。设立了医疗建筑、机场物流、工业工程、民用建筑、能源与环境工程五个专业性设计院，在持续巩固扩大设计技术优势和市场业务份额的同时，带动相应工程承包类业务的发展。

中国中元注重科技创新，主编和参编了大量国家规范和技术标准，积极投身行业学会、协会建设，为规范和提高行业设计技术水平，推动行业进步，做出了突出贡献。

黄锡璆在医疗建筑领域里，从理论体系建设到规划设计实践，始终没有停下探索进取的脚步。

他十分关注医疗工程项目的安全性。他说："医院设计要注重安全。这个安全包括结构系统的安全和非结构系统的安全，非结构系统的安全范围更广泛。比如，水暖电系统的安全、吊顶墙体的安全。""5·12"汶川地震后，他到现场考察，发现有家医院在地震中房屋结构没有损坏，却因手术室吊顶塌下来，砸坏了手术台，无法开展应急救援。

此后，他对年轻的设计人员多次强调："其他建筑，在面对突发灾害时可以停用，而医疗建筑不能。医院是救人的地方，必须在任何情况下都能保持运转。尤其在地震发生后的72小时黄金救援时间内，保证医院能够抢救生命至关重要。所以，对医院的设计建设要有特殊的要求。"为此，他进行了"防震医院"的设计研究，提出了"安全医院"的概念，将民用建筑抗震技术应用到医院设计建设中，取得显著成效。

黄锡璆长期致力于医院建筑绿色节能的研究与推行。他认为，医院需要为患者提供24小时治疗与康复，要求有温度、湿度控制的环境，许多大型医技设备耗能较大。医疗建筑在所有公共建筑中是能耗最高的建筑。即便是临时应急医院，在设计建设中也要考虑节材、节水、绿色节能，做到实现环境友好。在设计理念研究与教学中，他积极参与推广"绿色医院"的设计建筑概念，并在实践中广泛应用。

黄锡璆还十分关注高科技在医疗领域里的发展。他认为，随着机器人、远程医疗等人工智能高技术的推广与应用，医疗建筑的设计原则、规程和标准也会发生相应的变化。比如，机器人咨询导引，可以替代医院大厅里的分诊台；远程医疗可以减少患者到城市中心医院就诊的数量。这些都会影响医疗建筑的设计，甚至带来变革。他积极探索"智慧医院"的内涵，并开展相关设计技术和方法的探索。

评价一个人的价值，就看他在一定的历史时期内，为国家、为人民做出了多大的贡献。

"为中国人建造自己的现代化医院，改善中国人的就医环境"，是黄锡璆毕生追求的梦想。而他的梦想，总能在关键时刻释放出明亮的光焰。

几十年来，从佛山市第一人民医院等新建大型综合医院，到河北省人民医院、长沙中心医院等老旧院区改扩建；从北大医院、北京医院、301医院、协和医院、中南大学湘雅医院、苏北人民医院等区域中心医院，到小汤山应急医院以及汶川、玉树灾后重建项目，黄锡璆总是倾尽心血，创造一流的设计，交出堪称完美的工程，成为中国医疗建筑经典或行业标杆。

"目前，我们做了近200所医院。全新的医院不是很多，大部分都是改造，包括北大医院、北医三院、朝阳医院都是改造。这些改扩建项目，单体可能很好，但是整体看缺胳膊少腿，而佛山市第一人民医院是一个完整的、按新模式建的医院。"谈起医院的设计建设，黄锡璆谦和地说，"多年来，我们不断研究思考和在实践中探索积累，这些成果能得到社会的认可，很欣慰，但我们有得有失，也有遗憾。在后来的设计中，我们不断吸取经验教训，不断提高设计水平和能力。尤其是年青一代的设计人员，做得越来越好。"

业界的专家们认为:"黄锡璆博士的成功得益于解放思想、以人为本、流程再造的创新理念,和医院主街、标准化、模数化以及现代化的超前思维。"

正是凭借对中国现代化医院发展的卓越贡献,2012年,黄锡璆荣获中国建筑学界的个人荣誉最高奖——第六届"梁思成建筑奖"。12月21日,在人民大会堂隆重举行的颁奖典礼上,颁奖词评价道:

> 黄锡璆博士对公共建筑特别是医院建筑的平面布置、空间组织做了革命性的变更和创新,提出矩阵排列、庭院格局、顺畅交通等理念和手法,最大限度地使医院建筑与大自然亲近和谐、最大限度地使医患感受到亲情和温暖。

在一阵热烈的掌声中,黄锡璆走到台前发表获奖感言:

> 人的一生经历生老病死,社会的发展离不开医疗设施的建设。我虽年过七旬,但我愿意脚踏实地与广大同行一道继续前行,不断进取,为改善我国的医疗设施面貌而贡献自己的绵薄之力。

他的获奖感言质朴无华,充满了对事业的执着与热爱,也是他对人民医疗卫生事业的真情告白。

2013年,他荣获"国机精神楷模"荣誉称号。

黄锡璆成为医疗建筑界当之无愧的"设计大师",成为业界人人景仰的泰山北斗。

比利时鲁汶大学阳·戴尔路教授曾多次来华访问。每次访问中国,黄锡璆都会热情陪同导师,除了在北京,还到过西安、重庆等地,在一次访问途中，戴尔路教授意味深长地对同行们感慨道：

"我有两个学生值得骄傲：一个是伊拉克的学生，他回国后，在国家卫生部制订了一个全国的医院发展规划，但由于战争爆发没有实现，非常遗憾；另一个是黄锡璆博士，他回国后在中国取得了卓越成就。"

▲ 福建医科大学附属二院东海分院（中国中元提供）

第十二章

"一带一路"上送"福音"

    几十年来，中国中元积极参与国家援外项目，践行国际化战略，服务地区覆盖非洲、亚洲、东欧、拉美和南太平洋地区的数十个国家和地区，成为我国"一带一路"建设的重要力量。

    在承担的国家援外项目包括一批医院工程中，黄锡璆积极参与其中。他以独特的视角和设计艺术，与团队一起贡献中国智慧，分享中国经验。那一座座友谊医院，为远方的生命送去中国"福音"。而每一座医院，都成为中国中元走向世界的亮丽名片。

佛得角之行

非洲大地上的友谊之碑

"中国医院"是我们的福音

老挝阿公：这座医院太好了！

金边立体"生命通道"

佛得角之行

2002年12月，黄锡璆在前往佛得角共和国执行援建任务时，途中意外遇到麻烦，差点儿中断非洲之行。

援建佛得角医院是单位改制后成立中国中元国际工程有限公司两年来承担国家对外援助任务拿到的第一单。

进入新世纪，随着我国加入世界贸易组织，在世界上的影响力越来越大。中国作为发展中大国，承担起更多的国际义务和责任，对外援助力度加大。尤其非洲一些发展中国家，与我国有着半个多世纪的传统友谊。中国中元的迅速发展也具备了"走出去"的实力，所以，作为国企，承担国家对外援助任务是义不容辞的。

但是，对中国中元来讲，非洲是陌生的，不仅路途遥远，而且语言不通，文化背景、生活习惯都有很大差异，不可避免地遇到许多挑战。尤其像佛得角这样的国家，对大多数中国人来说比较陌生。

佛得角共和国是非洲西部的一个岛屿国家，位于大西洋佛得角群岛。佛得角共和国奉行不结盟外交政策，1976年4月25日同我国建交，双方一直保持着良好的合作关系。对佛得角的援助，是为了进一步发展两国几十年的合作与传统友谊。

对佛得角医院建设项目，中国中元十分重视，决定由黄锡璆亲自主持设计。黄锡璆多次召集专业设计师研究讨论，进行前期设计论证，拟订初步方案。先遣组到达佛得角后感到情况比较复杂，马上给黄锡璆博士订了一张周末飞往佛得角的机票，希望他尽快到现场。没想到黄锡璆博士在途中转机时被海关人员拦住。

黄锡璆乘坐的是法国航班，到法国巴黎后换乘飞机飞往里斯本，由里斯本再飞到佛得角。在法国巴黎机场转机时，机场通关处说他没有签证，不让通过。他说他是路过转机。海关人员说场内转机到里斯本等于进入欧盟境内，没有签证是不能通过的。这下麻烦来了，黄锡璆被拦在机场海关。

黄锡璆经常受邀出国参加国际学术活动，还从来没遇到过这种情况。黄锡璆一时无法与前方取得联系，想了想，唯一的办法是与对方沟通。他再次来到机场签证处，与对方交流，希望对方了解自己的情况，争取对方的理解和帮助。对方看他英语说得好，问他在哪里学的英语。黄锡璆说在比利时，曾经在那里学习研究医疗建筑设计。对方又问他到非洲干什么。他说："我们中国在佛得角援建了一座医院，我去那里做工程设计。"他解释说，"很抱歉，我以为不出机场就可以在这儿直接转机。"对方说："这个不对，你已经进入欧盟境内，必须有签证。"

这位海关人员审视着眼前这位散发着学者气息的中国人，友好地一笑说："这次就给你办一个临时签证吧！"

当黄锡璆拿到签证回到法航办事处办理转机时，法航的人很惊讶。像这种情况一般都会原机送回去，怎么放行了呢？

黄锡璆说明了情况，他们肃然起敬。不过原来的航班还是错过了。法航的工作人员送他一张午餐券，黄锡璆在机场的一个餐厅安心地吃了一顿很不错的法国餐，等到下一趟航班，才经由里斯本飞往佛得角。

回想起这件事，黄锡璆说："这件事能够妥善解决，沟通固然起到了重要作用。在我看来，还是我们国家的国际地位提高了，我们的援外工作也得到了国际上的尊重。"

中佛建交以来，两国关系发展顺利。几十年来，中国向佛得角提供了一些经济技术援助，援建了人民议会堂、政府办公楼、帕尔马雷诺住宅、国家图书馆、国父纪念碑、国家礼堂和泡衣崂水坝等一些项目，惠及佛得角人民。中方援建人员一代代的付出，赢得了佛得角人民的称赞，也为中佛友谊树立了一座座丰碑。

黄锡璆是世界银行中国卫生贷款项目专家，多次参加国际学术会议，对境外有所了解。在援建的医院项目中，双方总体合作愉快，但也经历了一些磨合。

中国中元的前身是国家机械工业部第一设计院，1953年成立时就决定了它是"国家队""顶梁柱"。自1965年援建巴基斯坦重机厂开始，承担了越来越多的国外援助项目。随着任务的不断增加，公司的一部分逐渐演变成一个做国际项目的研究团队，并于2012年成立了国际工程研究院，简称"国际院"，现已发展成为200多人的团队。

中国中元的成长史，包含着对外援助的光辉历程。1965年，第一设计院代表机械工业部援建巴基斯坦重机厂。那时候，黄锡璆毕业刚一年。几年后他参与了重机厂后续工程设计的部分工作。此后设计院还承接了朝鲜轴承厂、缅甸农机厂、机器制造工厂的设计等。设计工厂是第一设计院的强项，当然也是国家在这方面的主力军。

20世纪80年代之后，设计院开始转型。黄锡璆博士留学回来，医疗建筑设计逐渐发展起来。此时，随着我国外派医疗队的援助，医院建设开始跟进。设计院开始承担受援国的医院建设项目。佛得角，是早期接手的一个项目。

黄锡璆认真考察了佛得角的国情。佛得角是海岛国家，缺乏天然资源，但由于政治稳定，人口少，旅游业蓬勃发展，生活质量位居非洲各国前列。这里属于热带干旱气候，年平均气温约25℃。

医疗建筑大师 黄锡璆

▲ 黄锡璆博士在非洲当地医院考察（中国中元提供）

但是，当地的现代化水平相对较低，缺少专业技术人员，对电器设备的维修能力较弱。黄锡璆向中国大使馆建议，把医院的建筑控制在三层以下，不用电梯，因为电梯出现故障后难以维修。使馆工作人员反映，确实出现过这种问题。早先援建的议会堂电梯经常出现故障，当地没有专业技术人员，只好从国内派人过来检修。为了一个小配件，也要派人从国内发运，来来回回，维修成本很高。

黄锡璆的建议得到了我国大使馆的支持和佛方的首肯，随即敲定了佛得角医院的建设方案。

几年来，中国中元援建了非洲几内亚比绍医院、肯尼亚医院、纳米比亚医院。除了援建了西非的佛得角医院，东非的桑给巴尔奔巴岛医院、毛里求斯医院等，不断加大参与我国对非洲民生领域的援建工作。

佛得角还是联合国、世界贸易组织、不结盟运动、非洲联盟、西非国家经济共同体等组织的成员。2009年，中佛签署关于成立经济、贸易和技术合作联合委员会的协定。2010年7月，中佛经贸联委会首次会议在北京举行。两国的经贸合作进一步加强。

医院建成启用后,为表达对中国的友好情谊,热情的佛得角人民载歌载舞举行欢庆仪式,用国歌《自由之歌》表达最美的心声:

> 唱吧,兄弟,唱吧,我的兄弟,
> 为自由是颂曲,人民所确立;
> 庄严地把种子埋在这荒岛的尘土里,
> 生活犹如绝壁,希望犹如大海把我们抱在怀里;
> 海和风的哨兵坚定不移,在繁星和大西洋之间唱着自由的颂曲……

非洲大地上的友谊之碑

2012年,中国中元承接了非洲桑给巴尔奔巴岛的阿卜杜拉·姆才医院的改建项目。

黄锡璆又一次飞越万水千山。由北京出发没有直飞航班,要先飞到香港,再飞行9小时,前往非洲的坦噶尼喀。从坦噶尼喀转机飞两小时到桑给巴尔,再飞半小时才到达奔巴岛的阿卜杜拉·姆才医院所在地。路途之遥,行程之艰,可见一斑。

坦桑尼亚联合共和国由坦噶尼喀和桑给巴尔两部分组成。作为半自治地区,桑给巴尔拥有自己的总统和议会。"桑给巴尔"在阿拉伯语中的意思是"黑人海岸"。

20世纪60年代,非洲国家掀起了民族解放运动的高潮,坦桑尼亚和赞比亚分别于1961年和1964年独立。坦桑尼亚总统尼雷尔年轻时便投身民族解放运动,因此被称为坦桑尼亚国父。尼雷尔总统是中国人民的好朋友。他一生13次访华,是访问中国次数最多的外国元首之一。独立初期的坦桑尼亚国力孱弱,百废待兴。尼雷尔曾向欧美、苏联寻求援建帮助,均遭拒绝,而中国伸出了援助之手。

应尼雷尔总统和赞比亚总统卡翁达的请求,中国投入大量人力、物力、财力,援建了长达1860千米的坦赞铁路。坦赞铁路至今仍是中国最大的单个对外援助项目,为南部非洲民族解放运动提供了关键性支持,为沿线地区的经济社会发展发挥了重要作用，成为中坦、中非友好的丰碑。除了这条铁路之外，中国还帮助非洲援建了一些医疗项目，坦桑尼亚的桑给巴尔岛医院就是其中之一。

1969年，周恩来总理访问非洲，和尼雷尔总统一起出席了桑给巴尔岛的一排大楼和一所医院的奠基仪式。医院建成后，一直由苏州市20多人的医疗队进行管理。每两年轮换一批，40多年如一日，一直坚持到现在。时光荏苒，桑给巴尔岛医院见证了当地人民的生老病死。40年后，这座医院变得斑驳陆离，设备老旧。国机集团中国中元国际工程有限公司承担了这座医院的改扩建项目。

▲ 1969年中国援建坦桑尼亚阿卜杜拉·姆才医院的奠基石（中国中元提供）

最初，当地政府打算把整个建筑全部拆除，黄锡璆勘察后认为"这座楼太有纪念意义了，见证了我国对非洲地区多年援助的历史，应当保留"。

对此，当地政府并不理解，误以为中方为了省钱。黄锡璆解释说，这不是钱的问题，而是两国友谊传承的问题。它是两国老一辈领导人和两国人民友谊的见证。另外，加固旧楼，扩建新楼，医院不用停诊停业，可以一举两得。黄锡璆终于说服了对方，决定把第一座有历史意义的楼留下来。在原来建筑的基础上，通过改扩建打造成现代化的医疗设施。对黄锡璆博士来说，每一个项目都不是单一的工程，而是一座有骨血、有经络、有温度的建筑，是一种有历史、有文化的传承，是一项有发展、有创新的事业。

▲ 黄锡璆设计团队与桑给巴尔岛官员在中国援建的医院旧楼前（中国中元提供）

中国中元的不少同志感慨：黄锡璆博士在勘察项目时，不单纯地从建筑的功能和设计艺术上考量，而是站在历史的高度、文化的深度和保护自然的角度来审视项目的价值和意义。所以，他的设计方案总能令人信服。

"好事要办好"，是黄锡璆援外工作追求的目标。他说："各国有各国的国情，要改变这种思维定式。现在非洲许多地方还比较落后，都依靠柴油发电，供电不充足。医院一定要考虑修建坡道。患者上下楼，坡道是最方便的。尽管多占地方，但它符合当地实际。其实，在20世纪五六十年代，我们国内也有过这样的经历。"从非洲的医院到拉丁美洲的多米尼克医院，黄锡璆首先从当地实际出发，推敲设计方案。

"2009年，我们公司承担了援助纳米比亚医院的设计建设任务，是博士主持的。我也去过。"丁建深有感触地说，"博士做海外医院有个想法很重要，就是他不追求高大上，而是与当地条件相结合，追求节能、环保，包括医院的坡道和分散式结构。他还提醒大家，别看非洲国家是发展中国家，但很多人都受过高等教育，有的到欧洲或我们中国留学，对我们中国的东西很认可，但他们也有自己的想法和坚守。对于双方的碰撞，博士处理得比较好。"

黄锡璆博士常常嘱咐年轻的设计师："我们要学习受援国的文化历史，对其国情、民族宗教都要研究和了解，要更多地为当地人着想。建医院不要只考虑外科、内科的各种功能，还要考虑当地的风土人情、民族宗教习惯。由于信仰不同，医院提供的服务也要有差别，设计时都要有所考虑。"

中多友谊医院是在医院用地内进行扩建并维修的，拆除了部分破旧建筑，新建筑面积达到16500平方米。黄锡璆采用"树枝状"建筑布局，通过医疗主街将新建部分与原建筑组合在一起。

▲ 2013年，多米尼克总理斯凯里特接见考察组成员（中国中元提供）

多米尼克国位于东加勒比海向风群岛东北部，属热带海洋气候，6月至11月底为飓风季节，雨水较集中，常有热带风暴。

在设计过程中，黄锡璆博士充分考虑了当地高温、高湿、飓风等特殊气候特点，汲取当地建筑传统设计手法，利用挑檐、遮阳外廊、阳台等，实现自然采光和通风，保证室内环境质量。

▲ 2013 年，黄锡璆介绍医院设计方案（中国中元提供）

这个援建项目是在原基础上进行改扩建的，施工期间医院要求不停诊不停床，尽量减少对医院日常服务的干扰。为此，黄锡璆博士精心制订了一次设计、分步实施的方案。他在设计过程中充分考虑施工期间医院运营需求，提前规划，制订分期施工方案。

6 年来，项目管理团队和施工技术组在我驻多使馆指导下，常年坚守在施工现场。特别是 2017 年 9 月"玛利亚"超强飓风灾后建设和新冠肺炎疫情期间，中方人员克服诸多困难，迎难而上、攻坚克难，统筹调度前方施工和后方保障，科学组织，有效保障了项目的顺利进行。

援建多米尼克医院改扩建项目是中多合作标志性项目之一，也是重要的民生工程，得到了当地政府及各界的高度关注和认可。为表达对中国政府和人民的感激之情，2019 年 9 月，多政府将该医院由"玛格丽特公主医院"更名为"中多友好医院"。

2021 年 11 月，泛美卫生组织负责人视察该院后，称赞这座医院的设

▲ 中多友好医院全景（中国中元提供）

施是世界级的，将成为加勒比地区最先进的医疗卫生中心。

2022年8月，在多米尼克国迎来独立44周年之际，总理斯凯里特致函中国政府，盛赞这座医院是"中国赠送给多米尼克的珍贵礼物，为增进中多友谊做出了重要贡献"。

"中国医院"是我们的福音

2019年4月，中国中元中标援卢旺达马萨卡医院改扩建项目，援外团队又一次踏上非洲的土地。

位于非洲大陆中心的卢旺达，是世界上人口最稠密的地区之一，又称非洲之心、千丘之国。这里气候宜人，风景优美，是撒哈拉以南非洲地区经济最开放、发展较快的国家之一。但由于基础薄弱，民生设施相对落后，医院设施十分有限，无法满足当地需求。

我国应卢旺达政府的要求，在马萨卡镇医院一期建设的基础上，新增建设项目：总建筑面积为6万平方米，总床位数为837张。项目建成后，会成为卢旺达最大、功能齐全的国家综合医院和最高等级的大学教学医院，是中东非地区重要的医疗中心。

卢旺达马萨卡医院依山而建，建设用地近30米的高差给医疗流线组织提出了不小的挑战。

黄锡璆在设计方案中，巧用地势变化，优化总体布局，缩小各栋建筑间距，使建筑群相对紧凑。对外门诊楼沿城市干道布置，位于山坡高处；内部布局沿用一期的内外廊组合方式，实现医患分流。因马萨卡位于南半球，把楼内病房设置在北侧，住院患者充分享受阳光和大自然的美景，体现以患者为中心的理念。黄锡璆说："建筑形象强调医院沿街立面的整体性，空间处理及色彩与一期呼应，使之成为完整的一体。"

卢旺达政府非常重视马萨卡医院的建设，总理马库扎曾亲自到建设工地视察，详细询问医院科室、病床等设置情况，对工程的进展和质量表示满意。

马萨卡医院在建设过程中，共有200余名当地技术人员和工人参与。菲尔伯特是马萨卡医院的工程师，主要负责医院设备的检查和维护。在马萨卡医院建设中，他和同事们与中方技术人员通力合作、相互支持，克服种种困难，圆满完成了建设任务。

"医院非常漂亮，我特别喜欢这所医院。"医院临床院长玛赛尔说，"这所医院对我们这里的人来说非常重要，在这个距离首都基加利较远的地区，能有这么一所医院是我们人民的荣幸和福祉。"

"中国医院"大大缓解了当地人民看病的压力。卢旺达卫生部部长阿吉斯表示，我们非常感激中国人，除改善了当地的医疗卫生状况，也为当地的经济发展带来"福音"。他认为，中卢卫生领域的发展合作是南南合作的一个典范，不仅帮助卢旺达提高了公共卫生发展水平，也促进了两国的文化交流，加深了两国人民的友谊。

2020年7月，由中国中元承担设计和项目管理的赞比亚利维·姆瓦纳瓦萨医院交付使用。在全球疫情暴发的严峻形势下，赞比亚因医疗资源匮乏，疫情防控工作面临巨大挑战。刚刚竣工并顺利完成移交的赞比亚利维·姆瓦纳瓦萨医院临危受命，被赞比亚政府紧急征用为新冠肺炎定点诊疗医院，极大地缓解了当地防疫压力。

利维·姆瓦纳瓦萨医

▲ 黄锡璆在非洲当地医院考察（中国中元提供）

院位于赞比亚首都卢萨卡。2016年，中国中元中标后，在黄锡璆博士的主持设计下，很快通过了方案，进入施工阶段。这座医院是赞比亚最大的综合医院，总建筑面积约5万平方米，总床位850张。主要包括门诊部、急诊部、医技部、住院部、办公科研区和后勤服务区等。

在中国驻赞比亚使馆及商务部国际经济合作局的指导下，中国中元团队不惧疫情，奋力拼搏，确保了项目如期竣工。还积极配合两国政府顺利完成对外技术移交，为项目紧急投入使用创造了有利条件，为赞比亚疫情防治工作做出了应有的贡献。

赞比亚利维·姆瓦纳瓦萨医院院长佩尼亚斯·滕博对该项目给予了高度评价。他在中赞两国卫生专家视频会议中提到，希望学习和借鉴中国防控新冠疫情的成功经验，并将其运用到赞比亚抗击疫情的工作中。

援赞比亚利维·姆瓦纳瓦萨医院不仅扛起当时的抗疫重任，后期也将成为中国在非洲援建的首个集医疗教育于一体的区域医疗中心，为当地民众提供优质的医疗服务，成为中赞友好关系的一张名片。

"援外事业就是让我们的产业走出去，深度融入'一带一路'，分享中国发展的果实，助力当地的发展。"许多参加援外项目的同志感慨地说，"中国的援助，是梦想、是未来。我们也更加了解自己参与援外事业的意义，让中国中元在援外工程领域发挥行业优势。无论在国内国外，都可以为人类医疗、民生的福祉做出切实的贡献。为此，我们感到自豪！"

老挝阿公：这座医院太好了！

苯米老人年过六十，家住老挝万象省蓬洪县的一个边远乡村，村里只有一间很小的卫生所。几年前，他的眼睛患了白内障，找不到合适的医院，病情逐渐恶化。

听说中国在万象正帮他们建一座大医院，苯米老人高兴地说："我的眼睛终于有希望了。"

老挝玛霍索综合医院项目是中国为老挝援建民生领域的标志性项目，也是中国对外援助中规模最大、投资最大、床位最多的医院项目之一。医院建成后，可全天候为老挝人民提供完善的医疗卫生服务，同时将成为老挝重要的医学教学基地，帮助老挝改善医疗条件，助力当地经济和社会的发展。

2017年8月，应中国经济合作局邀请，老挝卫生部派出工作组来华选定援老挝玛霍索综合医院项目设计方案。中方专家评委推荐了国内三家设计院，中国中元是其中之一。

国内三家竞标单位述标之后，还要接受老挝政府卫生部门、商务官员的提问，相当于现场答辩。中国中元安排总设计师黄锡璆博士领衔述标。

对一般人来讲，援外工作是一个陌生的领域。通常情况下，我国商务部一旦确定援助项目后，受援国会派一个专家团队到中国来选择设计施工单位，相当于到我们国家来招标。我国商务部有关方面的专家会向他们推荐具有对外承担项目资质的企业参与竞标。

受援国的专家们听取竞标方的陈述，称为述标，并一个一个面试，提出一些问题，然后从中挑选出他们认为最合适的单位。述标者不仅精通业务、了解对方需求，还要有较高的外语水平。

中国对外援建项目，由谁来设计施工，为什么要受援国说了算？因为这是市场经济基本规则，这样做公平公正，也是对受援国的尊重。

我国对外援助一贯坚持尊重受援国需求的原则，确定援外项目，从规划设计建设到最后验收，都要经过受援国的评审确认。

老挝首都玛霍索医院建于1910年，是老挝最早的医院之一。近年来，随着当地经济社会的不断发展，医院原有医疗设施规模设备都难以满足当地的医疗需求，需要升级改造。

黄锡璆提出的改扩建设计方案，充分尊重医院的原格局，并考虑了建设期间不停诊以及外科楼与病房中心继续使用的需求；对水电管线进行先期改造，总体布局呈C字形。后期老建筑拆除后，中心形成景观公园。黄锡璆清晰、明确地表述了设计思路，并圆满回答了对方的提问，赢得了老挝专家的赞赏，中国中元无可争议地被选中。老挝专家表示，他们更相信以黄锡璆博士为代表的中国中元设计团队的整体实力。

2010年6月，国机集团所属中国中元国际工程公司（中国中元）顺利通过了商务部考察，成为对外援助成套项目勘察设计的骨干企业。

经过几十年的摸爬滚打，中国中元已经成长为援外项目的主力军，累计完成了100余项援外项目，涵盖50多个国家。2015年，中国中元获得商务部"对外援助成套项目管理企业、成套项目科研单位、顾问咨询单位、房建、市政"5项援外资质；2021年再次取得对外援助项目可行性研究单位（工程类）、项目咨询单位、经济技术咨询单位3项资格。这在行业里是屈指可数的。

党的十八大以后，我国开启了对外援助工作的新时代。根据以习近平总书记为核心的党中央的部署，我国加强了对周边国家的援助。

医院建设关系到民生福祉，是赢得民心、最易让对方接受的援助项目。中国中元紧跟党中央的战略部署，在对外援助战线上从未缺席。近年来中国中元相继承接了老挝、柬埔寨的医院以及蒙古国残疾儿童医院的设计建设任务。其中，老挝玛霍索医院、柬埔寨友谊医院都属国家重点医院，建筑面积分别为5.4万平方米和3.3万平方米，床位分别为600床和400床。对外援助的整体水平提高了一个档次。

老挝玛霍索综合医院相当于我国三级甲等医院的水平，在老挝的地位相当于我国的北京协和医院。

2017年11月14日，对老挝人民来说是个难忘的日子。习近平在越南出席亚太经合组织（APEC）第二十五次领导人非正式会议后，对老挝进行了为期两天的国事访问。这是中国国家元首11年来首次访问老挝。

"14日上午，中共中央总书记、国家主席习近平同老挝人民革命党中央委员会总书记、国家主席本扬·沃拉吉在万象一道出席玛霍索综合医院奠基仪式。我代表公司向总书记做了汇报。"时任中国中元党委书记、董事长、总经理丁建回忆向总书记汇报的情景，心中依然充满了喜悦和自豪。

他说："我们在现场摆放了一些图板，把医院规模、功能、特色等一幅一幅展示出来。之前，集团领导让我汇报，我的压力还挺大，总怕汇报时有什么疏漏。汇报的时候，总书记看得很仔细，询问了医院的规模、业务。我在展板前边汇报边往后退。总书记提醒我小心点，怕我磕着后面的东西。总书记那么亲切，我心里也就放松了。总书记对项目比较关心，特别是对医院的医疗条件、功能设置和环境的结合比较关注。他肯定我们的设计跟当地的气候条件结合得很好，整个过程还挺圆满的。"

"习近平总书记为什么这么重视这个项目？"丁建说，"我认为，这和总书记'以人民为中心'的发展思想有关。过去我们大部分援建的是道路、桥梁，总书记关注当地老百姓的疾苦，把看病放在心上。这几年援助医疗方面的项目比较多。老挝的高楼大厦、商场越来越多了，但是医疗条件相对较差。我们的援助是全方位的，不仅是建设，还有医疗设备，对于改善当地医疗条件，增进民生福祉意义重大，影响深远。由此可见，我们的援外项目已经是时代发展、人类命运共同体的见证；同时展现了我们公司的实力和对外援助的工作成就。"

出席奠基仪式后，习近平总书记还慰问了老挝白内障患者；这些患者通过援老项目接受了中国医生的免费手术。"习近平总书记对老挝和中国的眼科医生团队表示，双方可以继续加强合作，更好地造福当地人民。"

作为这个项目的总设计师，黄锡璆带领团队二次赴现场对医院的基础状况进行了深入勘察和分析研究，有针对性地进行了整体设计。

值得一提的是，黄锡璆在设计中，尊重这座医院原有建筑形式的民族风格，充分考虑了当地的历史文化，将现代医疗建筑与老挝的传统建筑风格进行有机融合，用现代的建筑手法体现老挝建筑的特色。同时，项目还充分考虑了老挝的气候特点，采取减小建筑进深、置入绿色中庭、设置半室外通风走廊等措施，创造良好的自然通风、采光条件，以适应当地的生活习惯，为医患人员提供优美的环境；大大缩减了建筑空调负荷面积，实现节能降耗，充分体现了黄锡璆一贯坚持的节能环保、打造花园式"绿色"医院的设计理念。

2018年12月，玛霍索综合医院项目一期工程开工。

经过三年的奋战，中国中元的援外队伍与北京住总集团的建设者勠力同心，密切协作，共同克服施工场地狭小、新冠疫情等不利因素影响，坚持与国内一样的体系、一样的标准，建设一流工程、样板工程，用心雕琢这份"特殊礼物"，圆满完成玛霍索综合医院项目一期工程。

老挝人民终于迎来翘首以盼的日子。

2021年11月，中国援老挝玛霍索综合医院项目一期工程正式移交并投入使用，成为两国在卫生健康领域友好合作的又一丰硕成果。

在老挝万象市中心,一幢橘红色屋顶、雪白墙壁的崭新建筑,矗立于湄公河畔——玛霍索医院坐落在一片郁郁葱葱的热带绿丛中。

"中国不仅帮助老挝建设了一流的医院,还带来了先进的医疗技术和设备,帮助老挝医生提升了专业水平,也让民众得到了更高质量的医疗服务。"玛霍索医院医生猜差纳感慨道,"这座医院将成为老中友谊的又一历史见证,我们对中国充满感激!"

▲ 老挝玛霍索综合医院全景(中国中元供图)

一直等待治疗白内障的苯米老人,听到医院建成的消息,立即赶来医院做手术。经过中国医生的精心治疗,他终于看见了眼前的一切。"医院的设备很先进,全天 24 小时都能看病。这真是太好了!"苯米老人激动地说,他要将这个好消息告诉其他村民。

医院的病房里,一位刚做完眼科手术的老阿婆双手合十,向医生深深鞠躬。"我的右眼三年前开始看不见东西,别说农活儿,就连做饭都磕磕碰碰的。没想到我的病还能治好,感谢医生!感谢医院!"老阿婆不停念叨着。

完成全部改造后，玛霍索综合医院将成为老挝乃至周边地区规模最大、设施最先进、科室功能最完善的综合性医院和最重要的医疗教学基地之一。中方还将为老方培训医生和护士。毫无疑问，这座医院将成为老挝乃至东南亚地区"低能耗、高品质"的现代化综合医院。

老挝副总理宋赛评价道，玛霍索综合医院项目是一个意义非凡的民生工程，对于改善老挝医疗条件、提高医护人员技术水平将发挥积极作用，并衷心感谢中国人民给予的无私援助。

第十二章 「一带一路」上送「福音」

金边立体"生命通道"

2022年3月，柬埔寨首都金边市中心，一座11层高的中柬友谊医疗大楼顺利竣工。6个月前，柬埔寨特本克蒙省医院项目顺利通过竣工验收。两座中柬友谊医院相继投入使用，惠及当地民众。

几年来，我国"一带一路"海外民生援助工程接连上马，在东南亚、非洲及世界多地开花结果。

中柬两国人民有着悠久的传统友谊。1958年7月19日，中柬两国正式建交。长期以来，中国与柬埔寨几代领导人建立了深厚的友谊，为两国关系的长期稳定发展奠定了坚实的基础。2010年12月，两国建立全面战略合作伙伴关系，双边关系进入新的发展阶段。2019年4月，两国签署《构建中柬命运共同体行动计划》，双边关系进入新的发展阶段。

特本克蒙中柬友谊医院是中国政府无偿援建的，2019年3月开工。中国中元援外团队与施工单位中铁建设集团有限公司密切合作，克服疫情的不利影响，确保施工质量，项目人员始终坚守岗位。经过三年的艰苦努力，特本克蒙中柬友谊医院如期交付使用。

2022年3月7日，驻柬埔寨大使王文天同柬埔寨首相洪森共同出席特本克蒙中柬友谊医院启用仪式。当地百姓高兴地说："我们看病就医更方便了。"

这座医院占地面积5.5公顷，建筑面积2.4万平方米，有300个床位。

设有内科、儿科、传染病科等近 20 个科室，是特本克蒙省领先的现代化综合医院，将为柬埔寨北部地区广大民众提供生命健康保障。这一项目的顺利竣工，将为深化中柬两国医疗合作、促进中柬两国人民友谊做出巨大贡献。

3 月中旬，特本克蒙医院开始正式接收患者。在妇产科，28 岁的值班医师金·拉塔娜为一名孕妇做了产前检查。"许多附近的患者都会首选来这里看病。"拉塔娜原本就职于省内另一家医院。听说特本克蒙中柬友谊医院竣工了，她立刻递交了求职申请，最终如愿以偿。"我很幸运，许多年轻医生都争着来这里上班。"

中国和柬埔寨是全面战略合作伙伴，双方积极合作投入"一带一路"中。特本克蒙中柬友谊医院外形优美、设施齐全。医院启用后，将为柬北部五省民众提供优质医疗卫生服务，为保障广大民众的生命健康发挥应有作用。

柬埔寨首相洪森评价称，特本克蒙中柬医院是柬中友好合作的重要见证，也是两国老一辈领导人共同缔结的友谊绵延至今结下的果实。

特本克蒙中柬医院被当地人称为"生命港湾"；在柬埔寨首都金边，人们把柬埔寨中柬友谊医院（考斯玛医院）誉为"立体生命通道"。

金边考斯玛医院项目是中国政府无偿援建柬埔寨的民生工程。大楼项目位于柬埔寨首都金边市中心，主体是一座以外科为主，包括门诊、急诊、医技、住院、后勤等功能在内有 400 床位的综合教学医院医疗大楼。项目于 2018 年 10 月开工，建设用地面积约 1.5 万平方米，总建筑面积 3.3 万平方米。

充分尊重当地文化，建造注重节能减排，是中国中元一贯坚持的设计理念。总设计师黄锡璆带领设计团队，对柬埔寨丰富的民族元素与传统文化进行了深入研究解读，以"双手合十手势"作为立意出发点，从整体国际化现代风格上切入，适当地融入了中柬传统友谊和人文特色。将柬埔寨"合十礼"这一元素与中国建筑语言相结合，融入医疗大楼主入口处。项目外幕墙金色穿孔板透出柬埔寨国花隆都花样式。在现代建筑风格框架下，医院外观不失地域特色，同时象征着中国人民对柬埔寨人民的美好祝愿。

▲ 柬埔寨金边考斯玛中柬友谊医院全景（中国中元提供）

黄锡璆沿用先进的医疗主街理念，将功能分为医生办公、医疗功能和医疗主街三大模块；其流线设计充分考虑了各功能医患流线分流和洁污流线分区，并强化了急诊与影像科的"生命通道"价值功能；实现ICU、中心供应与手术部的直接联系，缩短住院部与医技手术部的流线。从患者的角度打造高效、安全的现代化医院。

低能耗是这栋医疗大楼的又一特色。黄锡璆说："当地存在用电困难问题，大楼安装了太阳能发电系统和太阳能热水器，缓解了用电紧张，也降低了医院运营的电费负担。"

金边市属于热带季风性气候，夏季高温多雨。为适应当地气候与地域环境，在楼内设置了中庭、通廊、通风防雨百叶和开敞式交通，以保证整个医院自然通风、节能减排，打造低能耗、高品质的绿色医院。黄锡璆说："我们采用各层半开敞区、室内与室外以花池分界的设计方案，在美化环境的同时也能起到安全防护作用，为患者带来更舒适的医疗体验。"

中国中元与施工方通力合作，经过三年多的紧张施工，医院大楼项目于2022年3月21日举行启用仪式。

在医疗大楼的主入口，人们看到，建筑外立面的造型如同合十的双手；金银色相映的外幕墙上，点缀着柬埔寨的国花隆都花。将符号性的设计元素用于简洁的现代设计，是柬埔寨民族传统文化的形象表达。

"在疫情下，看到大楼里的工人们坚守在建设岗位上，非常感恩。"新医疗大楼施工时，在大楼南边老院区工作的一名急诊室护士说。

望着医院大楼，医护人员兴奋不已。他们说，以前在柬埔寨，由于缺少具有高水平医疗条件的医院，不少患者不得不出国接受治疗。如今，中柬友谊医院建成，可以让更多的患者在本国治疗了。

"建成这所现代化大型医院，我们特别开心。感谢中国政府和中国人民对柬埔寨的支持。"中柬友谊医院慢病科科长双手合十，"中国又为我们当地民众做了一件实实在在的好事！"

当地人之所以把这座中柬友谊医院大楼称为"立体生命通道"，是因为中国中元特地在住院楼顶层中心位置设置了直升机停机坪，使它能够在应急情况下实施立体救护。毫无疑问，这是一座特点鲜明的国际化现代医院。

共同的理念、风雨的考验、真诚的互助，使中柬友谊如酒醇香。沿着这条友谊之路，中国"一带一路"倡议的医疗卫生援助，不仅将使柬埔寨的医疗水平得到提高，也会让柬埔寨人民切实感受到来自中国的人文关怀。

"我是柬中友谊的受益者，将来也要做好柬中友谊的推动者！"柬埔寨项目翻译索兴说，"中国还援助柬埔寨建设国家体育场、水电站、道路以及各类公共设施，不仅提升了柬埔寨的基础设施水平，也为当地创造了更多就业岗位。这座医院见证了中国人民的真诚帮助。柬中友好已扎根于两国人民心中。"

在美丽的柬埔寨首都金边，中国中元留下了一座中柬友谊的丰碑！

医疗卫生是中国对外援助的重点领域之一。2013年以来，中国援建了60多个医疗设施项目。其中包括综合性医院、保健中心等，帮助受援国缓解了医疗卫生设施不足的问题。同时，中国向受援国提供了80多批医疗设备和药品物资，包括多普勒彩超仪、CT扫描仪等高端医疗设备，以及防治疟疾等疾病的药品，极大地改善了当地人民的就医条件，提升了受援国人民的健康水平。

"几十年来，中国中元已经逐渐从援外项目的考察、设计总承包项目、设计咨询项目拓展到EPC总承包。不断超越自我，实现质的跨越。"现任中国中元党委书记、董事长李海欣说："今年我们又中标了乌兹别克斯坦体育中心以及圭亚那医疗中心项目，为我们拓展海外业务实现新的突破。""中国中元的援建项目不仅仅是医院，项目类型涉及公共建筑、医疗建筑、体育场馆、居住建筑、学校、工业工程等各个领域。服务地区覆盖非洲、亚洲、东欧、拉美和南太平洋地区的50多个国家，赢得受援国的广泛认可，产生了良好的国际影响和品牌价值。"

他说："在建筑设计及工程实施过程中，我们充分尊重当地的历史文化，实地调研，与受援国分享中国经验、贡献中国智慧，让我们设计、建设的项目跨越山川阻隔、消融语言障碍、弥合文化鸿沟，成为文化交融的载体、友谊的桥梁，成为亲诚惠容、民心相通的美好见证。"

目前，中国中元援外项目已成为一张走向世界的亮丽名片，为中国中元建立海外办事处、子公司等海外根据地，实现市场开发及服务本土化，推进国际化步伐奠定了坚实基础。

中国中元的援外人带着中国人民的真诚与温暖，在"一带一路"上，谱写了中外友谊的新篇章。

第十三章

"火神山"背后的78分钟

新冠病毒袭击武汉,他第一时间写下了请战书:"随时听从组织召唤……"

从"小汤山"到"火神山",背后是科学严谨的设计,更是一次精神火炬的接力传递。

他带领团队迅速整理好小汤山"非典"医院的全部图纸,"火速"发给武汉的设计团队,为建设火神山医院赢得了宝贵时间。

他彻夜未眠,牵挂武汉,写下一条条指导意见,让火神山医院建设得更加科学严谨、更加可靠安全。

他说:"碰到这样的大事,就应该贡献自己的力量。"

一份"请战书"

武汉急电

中国中元 78 分钟

大师的不眠之夜

再现世界奇迹

年轻人热捧的"网红"

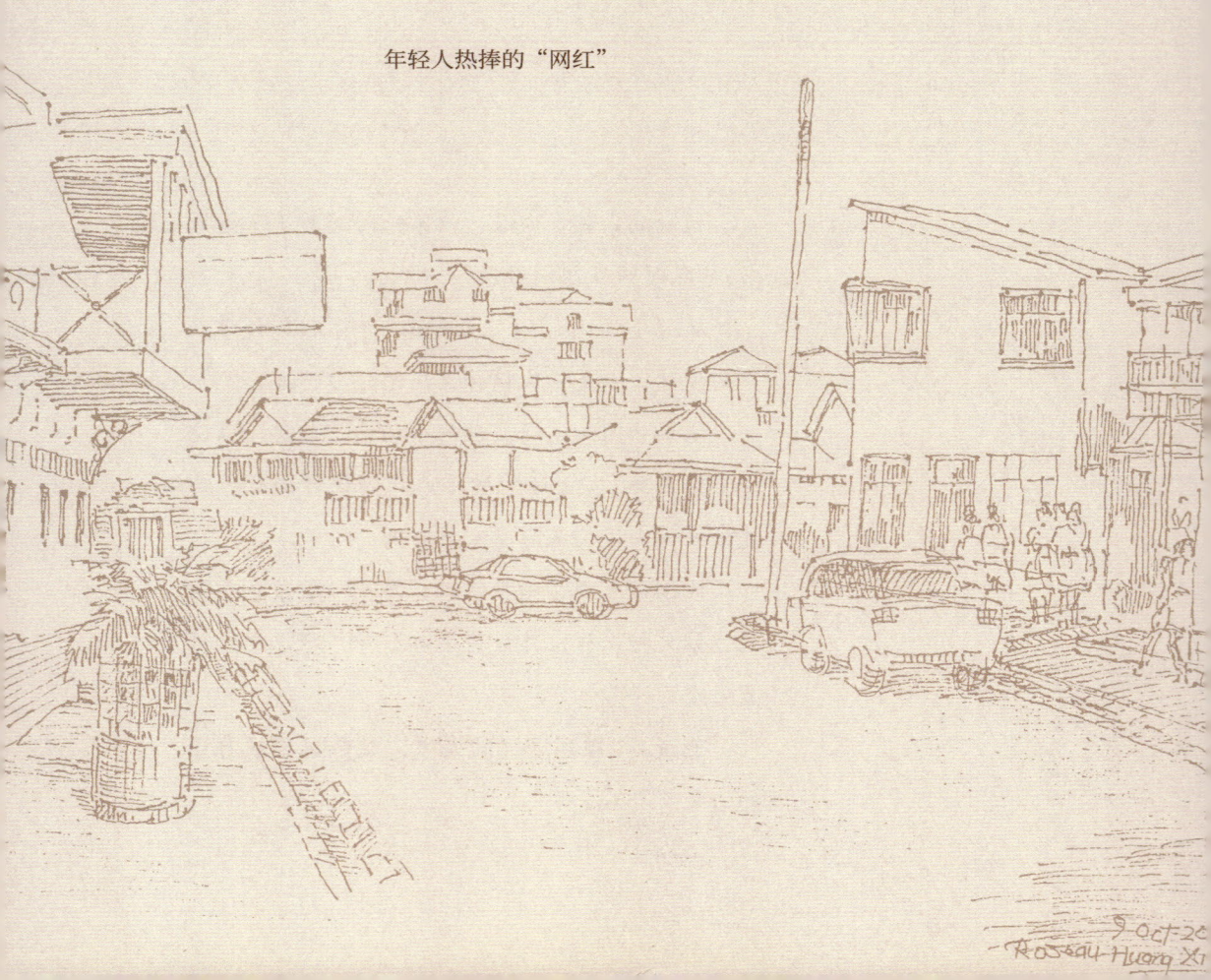

第十三章 "火神山"背后的78分钟

一份"请战书"

2020年1月23日一早,黄锡璆像往常一样走进办公大楼。温暖的阳光透过玻璃窗照进来,明亮宜人。与往日不同的是,办公楼内少了匆匆的人影,显得格外冷清。明天就是除夕,每年这个时候,家在外地的员工都陆续回家过年了,但各院所的负责同志和一部分员工仍然坚守到最后一天,完成手头的工作。

"博士早!""早上好!"同事们与黄锡璆打着招呼。一切一如往常的平静。

这时,一种病毒正悄然袭击千里之外的武汉。

早在2019年12月底,武汉就发现不明原因肺炎病例;2020年1月8日,国家卫健委初步确认"新冠病毒"为病原。

截至1月20日24时,全国累计报告确诊病例291例,其中武汉258例。从武汉传出的各种消息牵动着亿万国人的心,也重重地压在黄锡璆和同事们的心头。

黄锡璆缓缓走进办公室,温暖的气息夹裹着纸香扑鼻而来,略显杂乱的书籍和图纸堆积一旁。他坐在办公桌前翻阅着几份待审的图纸和每天送来的报刊,心里难以平静。

近几天来,武汉发布的疫情新闻引发全国关注。"武汉""抗疫"一时成为14亿中国人的"热搜"和心头之忧。

医疗建筑大师 黄锡璆

黄锡璆从不时传来的信息中得知，武汉感染新冠病毒的人越来越多，负责救治"新冠"患者的金银潭医院已经"爆满"，有的医疗机构的医护人员也被感染。反击病毒的最后一道防线被击穿，他心里怎能不焦急呢？

作为一名医疗建筑设计师，面对疫病的进攻，应该担当怎样的社会责任？

小汤山的七天七夜又浮现在他的眼前。难道又会上演17年前"非典"疫情会战的一幕？那一幕因为小汤山定点医院的"绝杀"，已定格为北京抗击传染病毒的记忆。

眼下，一场突如其来的新冠疫情再一次把中国推到了抗疫的波峰浪尖上。

作为资深的医疗建筑学专家，凭着高度的职业敏感性，黄锡璆意识到，武汉很可能跟17年前的北京一样遭遇了"非典"般的疫情灾难，很可能要兴建小汤山那样的应急医院。"如果是那样，我不能眼睁睁地在北京做一名旁观者。一旦需要，我一定要去为武汉做点儿事情。"

于是，他拿出一张白纸，将前日拟好的初稿抄录下来，郑重地写下：

党组织：

……

彼时的武汉市，疫情防控指挥部发布一号通告"封城令"：自当日上午10时起，全市城市公交、地铁、轮渡、长途客运暂停运营；机场、火车站离汉通道暂时关闭。这座900多万人口的城市被迫按下"暂停键"。

"黄博士，您好！"

与往年同样，放长假的前一天，公司领导都会到各院所科室逐个部门走访慰问员工。他们来到七楼黄锡璆的办公室门口，向黄锡璆问候。

黄锡璆回应大家，并把一份决心书递交给公司领导。

就在黄锡璆向党组织递交请战书的这一刻，武汉下达了封城令。一场武汉保卫战拉开了序幕。

面对新型冠状病毒肺炎疫情，79岁的黄锡璆主动请缨，再度披挂上阵。大家为他的义举所感动。请战书上写道：

党组织：

　　近期武汉发生了新型冠状病毒疫情，党中央高度重视，习主席、李总理相继做出批示，全国积极行动，防控应急，上级组织、公司领导也做出出战准备。

　　鉴于以下三点：

　　1. 本人是共产党员。

　　2. 与其他年轻同事相比，家中牵挂少。

　　3. 具有"非典"小汤山实战经验。

　　本人向组织表示，随时听从组织召唤，随时准备出击参加抗疫工程。

黄锡璆
2020年1月

望着这份朴实无华的请战书，大家心里充满了敬佩之情。其实，这种情况不是第一次。领导和同事们都知道，每逢大战，黄锡璆博士都会向组织表决心，以党员的姿态，总是第一个站在前面。

2008年汶川地震发生后的第二天，黄锡璆就向党组织递交了决心书："祖国遭遇危难，我要贡献自己的一份力量，为灾区灾后医疗设施重建做点儿事情。"他还交了6000元的特殊党费支援灾区。随后，他作为专家参加世界银行灾后重建项目，多次赶赴灾区实地考察，参与项目评估，提供建议和咨询服务。受北京市政府的委托，承担北京对口支援灾区什邡医院建设项目的设计。

2010年4月，青海省玉树发生地震，他一次次前往参加医疗设施恢复重建工作。多年以来，他通过深入研究唐山、邢台地震以及美国旧金山、日本阪神等地重大灾害灾后医院建设的经验教训和资料案例，不遗余力地积极投入国家"生命线工程"规划建设中。

他说："在大灾大疫面前，要有团结协作精神，一方有难，八方支援。面对兄弟单位的请求，我们要提供力所能及的帮助。只要祖国需要，随时准备出发。"

武汉疫情趋紧，一场抗疫大战即将来临，他率先写下了"请战书"。想不到，这张极其普通的"请战书"，在单位以及社会上快速传播，引起积极的反响。

看着他的"请战书"，大家无不充满崇敬之情。一字一句发自内心，是对党对人民真挚情感的自然流露，是一名共产党员的责任担当。他又一次用行动诠释了在党旗下的誓言。

"苟利国家生死以，岂因祸福避趋之。"业界有人赞叹，"一个国家最幸运的事情之一，莫过于有一群像黄锡璆这样的最美奋斗者，总能在灾难之际挺身而出，守护一个民族的现在和将来。"

黄锡璆总是那个在"危难之时显身手"的担当者。

此时，武汉发往中国中元的一封急件，正在路上。

武汉急电

浩浩长江水，巍巍黄鹤楼。2020，岁在庚子，一场新冠疫情突袭荆楚大地，蔓延全国。

就在黄锡璆向党组织递交请战书的时候，千里之外的武汉市决定在10天之内，迅速建设一所应急疫情集中医疗点，阻击来势凶猛的新冠疫情。

"根据2003年抗击'非典'时的成功经验，新建集中收治新冠患者的医院，能够在很大程度上缓解现有医院的压力，减少交叉感染。"一位参与抗击"非典"的医疗专家给出建设应急医院的理由。还有一个重要的作用，就是临时医院启用后，可以减少社会恐慌情绪，让民众心里踏实。

武汉市规划、环保等有关部门紧急会商，应急医院的地址确定在武汉市西郊的蔡甸区。这里的知音湖畔有一座武汉市职工疗养院，远离人口稠密的汉口主城区，交通、管道等配套基础齐备。

为何取名"火神山"医院？

知音湖畔是楚文化的发祥地之一，北有汉水逶迤西来，南有长江浩浩东去；东荆河自西向东横切全境，构成三面环水之势。

湖北乃古楚之地。在中国的传统文化中，楚国人被认为是火神祝融的后代。人们希望"火神山"能成为战胜疫魔的利器，表达了英雄的中华儿女决心以"火神"战胜"瘟神"的坚定信念，寄托了武汉人民美好的心愿。铺开武汉地图，可以看到，位于武汉西南的知音湖犹如一匹奔驰的骏

医疗建筑大师 黄锡璆

马。火神山医院就建在这匹骏马的鼻尖之处。它能昂首腾空吗？

"火神山"10天建成！这在很多人眼里是一项"不可能完成的任务"。

10天建成，这是个什么概念？

一位从事土木建筑行业多年的项目经理说："按照常规流程，3万多平方米建筑量的项目，至少要两年。紧急状态搭建临时性建筑都需要两三个月，更何况是一座传染病医院？"

"不可能完成的任务"的背后，是异常严峻的疫情形势。

定点医院不断增加的床位数量，远远跟不上疫情蔓延的速度。疫情不等人，与死神竞速，情势紧迫，间不容发。各方面迅速动员，进入战时状态。

建筑工程，设计先行。承担火神山医院设计任务的中信建筑设计院等设计机构，迅速组成了60多人的设计团队。武汉抗疫指挥部要求24小时拿出设计方案。究竟怎么设计？对他们来说，这是前所未有的巨大挑战。

那么，这项工作的难度和工作量大在哪里？

这座拥有1000张床位的传染病应急救治医院，总建筑面积超过3万平方米，相当于半个北京的"水立方"。架设箱式板房近两千间，接诊区病房楼ICU俱全……不仅工程量大，结构复杂，更为重要的是，它在确保新冠肺炎患者得到有效治疗的同时，必须保证医护人员的安全，不被感染。

一天之内，要拿出设计方案，普通人难以想象，对专业人士来说也是非常困难的事情。

武汉方面承担设计任务的团队想起了17年前小汤山的"非典"应急医院。"对！就按小汤山的'鱼骨状'设计。"中信建筑设计院的一位设计专家说，"中国中元在2003年抗击'非典'时，设计了小汤山医院。两个月时间，集中收治了全国七分之一的'非典'患者，治愈率超过98.8%，1383名医护人员无一感染，被世界卫生组织誉为'世界奇迹'。就按小汤山医院的思路设计。"

于是，一封急电由武汉城乡建设局火速发往北京中国中元国际工程有限公司：

中国中元国际工程有限公司：

  据悉贵公司设计了2003年北京抗击"非典"的小汤山医疗点，有着丰富的传染病控制区设计经验。我局恳请贵公司提供小汤山医疗点的全套图纸，帮助武汉以备急用。同时，对贵公司所提供的无私帮助表示衷心感谢！

武汉市城乡建设局
2020 年 1 月 23 日

武汉市城乡建设局
关于支持武汉建设医疗救治区的函

中国中元国际工程有限公司：

  据悉贵公司设计了 2003 年北京抗击非典的小汤山医疗点，有着丰富的传染病控制区设计经验。我局恳请贵公司提供小汤山医疗点的全套图纸，帮助武汉以备急用。同时，对贵公司所提供的无私帮助表示衷心感谢！

（武汉市城乡建设局印章）
2020 年 1 月 23 日

▲ 2020 年 1 月 23 日 13 点 06 分，中国中元收到一封武汉市城乡建设局的加急求助函（中国中元提供）

看到这封信函，黄锡璆的内心是不平静的。17年前的小汤山医院是北京遭遇"非典"疫情的产物。

人类社会的进步是伴随人类与疾病包括传染病的长期斗争走过来的。新冠病毒对人类的袭击，再一次证明，人类命运共同体必须通力合作，打响保卫生命、保护人类的组合战、遭遇战。

如果小汤山的图纸能够发挥作用，为武汉抗疫前线提供战胜病魔的阵地，也是一种荣幸。

"没想到小汤山医院的图纸还能再用一次，虽然我们不希望它再次被使用。"黄锡璆不无感慨道，"既然需要，我和设计团队的同志们会全力提供全程技术支持。针对武汉火神山医院的实际情况，我们在原来图纸的基础上进一步改进。希望火神山医院能够建得更完善，帮助武汉击退疫情，渡过难关。"

中国中元 78 分钟

武汉告急，刻不容缓！

收到武汉市城乡建设局请求支援火神山医院设计建设急电的那一刻，中国中元立即制订抗击新冠疫情行动方案，迅速成立指挥组和技术组，召集技术骨干，包括参加过小汤山"非典"医院工程设计的人员；委任黄锡璆为技术组组长。

黄锡璆第一时间组织召开了技术协调会议，负责建筑、结构、水、暖、电、医用气体等各专业的设计师全部到场。

分秒必争，会议开得简短紧凑。专业人员回顾当年小汤山的经验要点以及可完善提升的空间，并由专人整理了要点。经过讨论确定了设计思路，随即分头调档、出图。

黄锡璆嘱咐："我们一刻也不能等，抓紧整理，武汉那边十万火急啊！"

工作有条不紊地展开。此时的中国中元大楼，一改除夕之前的冷清，瞬间忙碌起来。

由于没在现场勘察，工程设计面临许多不确定因素。火神山医院是针对武汉疫情的，设计采用的具体技术方案、现场周边环境具体条件等，会有所差异。

为了与武汉负责火神山医院的设计团队实现无缝对接，中国中元与武汉方面及时建起了专家微信联络群。双方设计团队随时线上交流，合力推进火神山医院建设进程。

"小汤山医院建设已经过去17年了，物质条件、基础设施都有很多不同。"黄锡璆提示大家，"不仅南北方的气候、地理环境等有很大差异，建筑材料和方舱医院的结构、配置也与当时的小汤山不一样。这些都要考虑到。"

武汉，更是一座英雄之城。辛亥革命在这里打响了第一枪，无数革命先烈为了寻找中华民族的复兴之路，用鲜血染红了这片土地。

在武汉前线，多家建筑企业踊跃请战。指挥部最终确定由中建三局、武汉建工、武汉航发、汉阳市政四家企业参建。各参战单位受领施工任务，立下"军令状"。

集结号已经吹响，数千名工人放下年夜饭的碗筷奔向知音湖畔。建设武汉火神山医院的各路大军向江城汇聚。

危难之处显身手。中国中元设计团队全力以赴。大家心里清楚，图纸资料越快越好；留给武汉中信设计院的工作余地越大，设计思考就越充分，就能给对方多一分支持。

从卫星地图上清晰地看到，知音湖位于湖北省武汉市蔡甸区蔡甸街大集街境内，东邻汉阳区，东南与武汉经济技术开发区隔湖相望，京珠、沪蓉交会于此，318国道、汉沙公路通达东西；属武汉新区开发的范围，距武汉市中心城区20千米。

"医疗区与医务人员生活区必须严格隔离，避免交叉感染，最大限度地保护医护人员的健康安全。"

"北京干燥，武汉潮湿。用防渗膜覆盖整个院区地面，确保污染物不会渗漏。"

……

以小汤山医院的设计为雏形，黄锡璆因地制宜地提出了很多改进和优化的新建议。

在严峻的形势下，武汉方面，7500多名工人，800多台挖掘机、推土机等设备全速向知音湖畔开进。第一批赶到知音湖畔的施工人马开始平整场地。

建筑工程，设计先行。火神山医院的设计必须提前考虑如何接入公共供水、供电线路以及排出废水。这些要事先与相关部门对接，逐一制订设计方案。

为了争分夺秒，在这场被称为"极度压缩时间与空间的一场战役"中，中国中元与武汉方面通过热线联络平台，双方互动，技术组各专业人员与前线展开对口技术支援。

"小汤山医院是用标准板材及成品钢筋混凝土盒子结构组成的，而火神山、雷神山医院是由集装箱组合的。集装箱组合快，但有它的弊病，尺寸比较小，开间比较小。"黄锡璆对大家说，"我们要避免小汤山的短板和缺陷。结合武汉当地实际情况，加强研究，有所创新，力争建得更科学、更完善、更能应急。"

"仔细检查一遍。"黄锡璆提醒各小组。

▲ 黄锡璆与技术人员一起研究设计方案（中国中元提供）

一份份不同专业的"小汤山"应急医院图纸，相继从电脑资料库中调出。技术组的设计人员分别对当年的资料进行梳理，连同一条条建议，与整个方案整合到一起，然后排序、压缩、打包。大家目不转睛地盯着电脑屏幕，埋头工作。

嘀嗒，嘀嗒……墙上的时钟催促着，武汉前线不时发来信息询问。

一切就绪。点击"确认""发送"，马不停蹄地快速运转，一份修订完善的小汤山"非典"医院图纸，终于送达武汉抗疫前线。

大家长吁了一口气。一位年轻的设计师看了看墙上的时钟，说道："78分钟，全部搞定！"

第十三章 "火神山"背后的78分钟

大师的不眠之夜

78分钟之后,一份修订完善的整套小汤山医院图纸送达武汉抗疫前线。

"其实,小汤山医院的每张图纸,都印在黄博士心里。"医疗设计一院院长李辉说。

当晚,疲惫的黄锡璆像往常一样回到家中,准备过春节。他仍惦记着工程上有无缺陷,翻来覆去睡不踏实,牵挂建设中的武汉火神山医院。比如,坚持洁污分流、实施严格分区、减少交叉、最大限度地降低感染风险,等等。这些能否确保万无一失?黄锡璆一直放心不下。

"小汤山医院是一排病房经由中间走廊串接起来的,设计团队希望病房楼间距为18米,但因为用地很紧张,最终楼间距只有12米。"黄锡璆说,小汤山医院医疗影像设备布置安装在医院西南角落位置,本来按照诊断流程,放在进门处更合适,但在现场发现这里已架设配电箱,来不及再挪,于是只能放在不太理想的位置,后来医院配置电瓶车运送患者。"小汤山医院建设时,情况紧急,来不及建立一个钢筋混凝土污水处理设施……想到这些,我不放心,提前告诉武汉方面及早动手建立。"

黄锡璆起身伏案,写下一份备忘录,列出一条条补充意见。

考虑到新冠疫情比较特殊,他建议将病区与病区的间距再拉大些,室内通风要从清洁区向污染区单向流动,防止医务人员感染;武汉和北京气候条件不一样，患者通道设在外围露天，有条件最好加个遮雨棚。同时，院内垃圾要坚持定点焚烧的原则，集中收集消毒后，送到专门处理医疗废弃物的焚烧厂处理。他提出："要最大限度防止院内交叉感染，全力保障医务人员安全。"他还建议广泛使用IT技术。从院外转运患者时，首先利用网络传输患者数据资料，纸质病历有可能传播病原。这也是设计小汤山医院时的经验。

第二天是年三十，他早早赶到公司，把补充建议交给医疗一院李辉，发给武汉火神山医院建设前线……

通过微信群，中国中元技术组的同志们一直和火神山医院设计团队不断地探讨设计细节，完善设计方案。黄锡璆先后提供了三份具体建议书。他把小汤山"非典"医院设计中的经验，都毫无保留地分享给武汉方面。根据前线传回的资料，把尽可能设想到的不利情况，结合武汉实际提出建议。

▲ 黄锡璆博士在审阅应急医院设计方案（中国中元提供）

第十三章 "火神山"背后的78分钟

除夕夜，数百台挖掘机、推土机，上千名工人，在机器轰鸣声中，迎来庚子年的第一个清晨。

远在北京的黄锡璆和中国中元设计团队也一直坚守在岗位，时刻关注着前方的施工进展，"24小时待命"。

在火神山医院之前，恐怕从未有过一座医院的建设，如此牵动着中国人民的心。一个建筑工地，成为数千万人瞩目的焦点。火神山医院建设现场被网络"云直播"后，数千万网民在屏幕前自愿当起了"云监工"。人们无时无刻不被国人那种一方有难、八方支援的精神所感动。

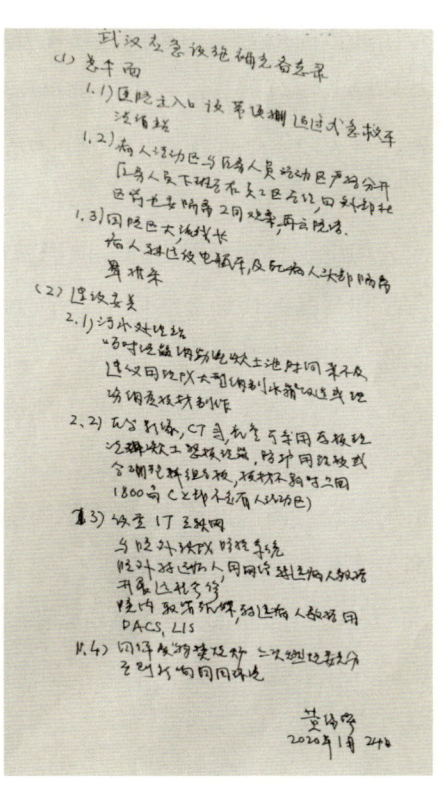

▲ 黄锡璆给武汉火神山医院设计团队手写补充建议（中国中元提供）

"这不是一场单纯的工地直播，大家都希望能够快点，更快点。"类似的网络评论天天、时时可见。

黄锡璆说："小汤山医院情况紧急，来不及建立一个钢筋混凝土污水处理设施……想到这些，我不放心，提前告诉他们及早动手建立。"

正是这一项项建议，使武汉火神山医院的建设更科学、更安全、更完善。

"我们在设计时充分听取这些宝贵的意见和建议，才有了现在的火神山。"担负火神山医院设计的中信建筑设计研究总院负责人汤群称赞说，我们按照中国中元的建议，采取了如下措施：

——分区严格隔离。通过设置清洁区、半污染区、污染区及医护人员专用通道和患者专用通道的布置方式，严格避免交叉感染。医疗区与生活区同样严格隔离。医护人员进出病区设置包括风淋在内的专用卫生通过设施，最大限度地保护医护人员的健康安全。

——病房戴上"口罩"。离地面架空 30 厘米的每间病房，放置两张病床，均设有独立的卫生间。两扇窗户和通道组成的专用隔离防护窗，用于药品和食品的传递。医院绝大部分房间都是负压房间，房间内的压力比外面低，如同给病房戴上"口罩"，避免病毒随着气流产生交叉感染。

——污染集中处理。医院铺设了 5 万平方米的防渗膜，覆盖整个院区，确保污染物不会渗透到土壤水体中。同时医院安装了雨水、污水处理系统，经过两次氯气消毒处理，达标后才可排放。所有房间排风均经过消毒杀菌及高效过滤达标后，才高空排放……

入夜，灯光如昼、焊花闪闪。所谓"基建狂魔"，不过是一群善良勇敢的人穿上盔甲，在人们的祝福中默默地负重前行。不远处，武汉三镇万家灯火。

再现世界奇迹

以小汤山医院的设计为雏形，有了中国中元的技术支持，武汉应急项目团队不到24小时就将火神山医院的设计图绘制了出来。

数千名建设者逆行出征，上亿网民24小时"云监工"加油鼓劲，火神山医院10天即拔地而起！四面八方汇聚的澎湃力量，团结互助，和衷共济，筑起抗疫力量坚强的盾牌。

"火神山项目是在极度压缩的时间、空间内展开的一场战役。"火神山建设指挥部一位负责人说，"自从我们拿到设计图纸，没别的，就是豁出去，干！"

高峰时，火神山医院建设工地上有7500多名工人，800多台挖掘机、推土机等设备同时作业。上一个单位刚完成场地平整，下一个单位马上进场铺防渗膜，这是设计大师黄锡璆的建议；铺设活动板房基脚的单位紧跟在后。就这样，高密度的人群、机械一轮接一轮地密集作业，让现场施工空间极为有限。

27日，施工单位开始大面积铺设基础钢筋及混凝土，首批箱式集装箱板房吊装搭建，火神山医院雏形已现。

火神山医院设计单位中信设计研究总院给中国中元发来一封感谢信。信中说，贵公司以央企的使命担当大力支援了火神山的规划建设。以黄锡璆大师为组长的技术专家组，在医院的选址、布局、施工、排污等方面，

医疗建筑大师 黄锡璆

提供了许多具有建设性的意见和建议，帮助我们迅速解决了许多棘手的问题，为医院设计建设工作的顺利进行发挥了极为重要的作用。为我们完美诠释了郢匠挥斤的大师风范和精益求精的工匠精神，充分展现了贵公司作为央企的使命担当和为民情怀。我们向以黄锡璆为代表的各位专家深表感谢和学习……

"总体非常好，很多设计标准、设备配备，都要优于当年的小汤山'非典'医院。"原北京小汤山"非典"医院院长张雁灵专程到武汉，考察后认为，"火神山医院的建成并投入使用，将对防控疫情产生重大意义。"

毫无疑问，这是小汤山"非典"医院的"升级版"。

2020年2月19日，武汉雷神山医院设计单位、中南建筑设计院党委副书记、总经理杨建华给黄锡璆博士发来感谢信：

尊敬的黄大师：

您好！特别感谢您对我们武汉的支持！对我们中南建筑设计院的指导，特别感谢！我们中南院党委书记、董事长李霆和桂学文总建筑师都托我向您表示衷心感谢！恭祝您健康长寿！

中南建筑设计院杨建华
2020年2月19日，星期三

"我觉得，碰到这样的大事，就应该贡献自己的力量。"面对来自各方面的赞扬，黄锡璆说，"每当国家面临灾难的时候，大家要齐心，互相配合，共同努力，最重要的就是要有这种精神。"

十天十夜，火神山医院飞快地"拔节生长"，块头更大的雷神山医院也将很快交付使用；建筑面积7.5万平方米，能够提供超过1500张病床。

从空中俯瞰，火神山两组住院楼，整体结构为"鱼骨状"布局。"主鱼骨"是中间的长走道，功能为医护人员通道和办公区域。南北角连接4

幢二层病房单元，各单元隔离清晰，互不交叉。整体呈现与小汤山"非典"应急医院类似的"鱼骨状"布局。走道另一端连接"鱼骨"的9个病房区，在走道里可至任何一间病房。

作为一所传染病医院，火神山医院配备多台高端CT，大幅提升ICU重症病房数量，组建专家委员会为患者制订了个性化诊疗方案。大到房间的结构布局，小到一个下水管道，在各项防护措施方面，近乎苛刻。充分借鉴小汤山医院，让火神山医院的设计与建设"站在巨人的肩膀上"。

在这场疫情面前，中国在与时间赛跑。世人惊叹的"中国速度"背后，除了有数千名建筑工人夜以继日地赶工外，还有来自全国各地、各行各业无声的支持。

有国外网友评价，昼夜不停的挖掘机大军及建筑工人，源源不断输送至武汉的物资，"整个国家都为这场战斗做准备，速度不可思议"。

"我一生中从未见过这种动员。"世界卫生组织总干事谭德塞1月31日在日内瓦举行的发布会上说，"也许你正在关注的是中国将在10天之内建成的一家大医院，但这不是他们正在采取的措施的唯一目标，我相信这些措施将扭转（疫情）趋势。"

从小汤山到火神山，奇迹的背后，是科学严谨的设计。这家应急医院的设计与建设，又一次向世界证明：一个"不可能的事件"成为"中国奇迹"。

打造中国奇迹的，是7000多名鏖战的一线建设者和八方支援的强大体系。

2月3日，经中央军委主席习近平批准，中国人民解放军抽调1400名医护人员，进驻火神山医院，承担新型冠状病毒感染者的医疗救治任务。

2月6日，火神山医院验收移交！

2月10日下午1点到晚上10点，火神山医院"火力全开"，创下10小时收治421名患者的最高日纪录。

医疗建筑大师 黄锡璆

2月10日，习近平主席考察火神山医院。

4月8日，武汉解封。上午10点，火神山医院办公楼举行最后一场学术交流活动。窗外不远处的小区传来一阵噼里啪啦的鞭炮声，一度压过了专家们的声音……

4月14日10时许，武汉火神山医院最后一批新冠肺炎治愈人员举着国旗，迈出了医院大门。

在一阵掌声中，火神山医院医务人员进出通道最外侧的那道门轻轻闭合，火神山医院关闭。时间定格在4月14日傍晚6点。

这所"战地医院"最初以小汤山医院为雏形进行设计、建设，到迎来第一批患者，再到最后一批康复患者在春日暖阳中走出火神山，人们见证了数万名施工者的奋力拼搏和1400多名白衣战士与近3000名患者同舟共济的日日夜夜。

这段艰苦卓绝的抗疫时光，和武汉知音湖畔这座临时开设的医院一起，凝固在一个伟大民族的集体记忆中，成为中国军民以强大的自信和力量战胜一切灾难的象征。

火神山，雷神山，没有山，没有神。从小汤山到火神山、雷神山，从抗击"非典"到狙击"新冠"，许许多多平凡英雄的身影，一双双在危难之际熠熠发光的眼睛，一张张满是汗水和泪水而依然充满希望的脸庞，是无数中华儿女迎难而上、敢于胜利，用抗击疫病的强大合力，构筑的中华民族精神的丰碑。

正如中国工程院院士钟南山所言："一个民族关键是要有一股气，这股气要是一直在，有这种精神的话，这个民族就不可能被打倒。"

在全面建成小康社会的伟大征程中，勤劳勇敢的中国人民奋斗创造了一个又一个彪炳史册的人间奇迹，谱写了气吞山河、感天动地的壮丽史诗。

年轻人热捧的"网红"

随着疫情的蔓延，国内多地启动重大突发公共卫生事件一级响应。一时间，求助函和委托书从祖国的四面八方向中国中元纷涌而来。此时，小汤山医院的设计方案已经"刷新"，中国中元有求必应，无偿提供。

中国中元总部及各分支机构承担的应急医院也相继开工，并随着疫情的控制需要，迫切要求加快建设进度。

在接下来的几个月里，黄锡璆和团队成员更加忙碌起来。中国中元有一张表格，记录着公司为全国各地提供小汤山医院设计图纸的情况：

1月25日15点29分，广州市卫健委；

1月25日15点29分，军委后勤保障部卫生局；

1月26日13点05分，福清市卫健局；

1月27日12点57分，上海申康医院发展中心；

1月28日9点57分，河北省卫健委；

……

中国中元又一次以17年前的"小汤山医院"的工作方式，助力一座座抗击"新冠"的小汤山"升级"版应急院区拔地而起。中国中元各项目团队也因此收到了佛山市第四人民医院、北京市怀柔区委建委、海口市应急医院建设联合指挥部等多地发来的感谢信和锦旗。

这时，有专家说，中国每一座超大城市，都应该建一所"小汤山医院",作为永久性的城市传染病危机处理的备用系统,哪怕疫病是20年、30年一遇,常备无患。

2月6日,外交部举行网上记者会。有印尼记者向外交部发言人华春莹提问:"听闻火神山医院设计师黄锡璆79年前出生于印尼,印尼人为他感到自豪,你有何回应?"

华春莹说:"感谢你对中国抗击疫情的关心和关注。黄锡璆老先生出生在印尼,成长在中国,在建筑业特别是医疗建筑方面享有崇高声誉,为中国抗击'非典'和此次疫情做出了重要贡献。感谢印尼朋友对黄老的关注,相信黄老对出生地也会留有深刻印象。我们希望中国—印尼友好不断加深,结出更多硕果。"

黄锡璆博士的事迹立刻引起国内外更多的关注。小汤山、火神山医院背后的故事走进公众视野。这时人们发现,黄锡璆就像掩映在密林深处的一棵苍松,是一位了不起的"大国顶梁柱"。

黄锡璆,印尼归国华侨,"全国工程勘察设计大师""央企楷模",国机集团中国中元顾问、首席总建筑师,被誉为中国现代医院奠基人。这位抗疫的幕后英雄立刻成为各大权威媒体和公众关注的人物。

从年前忙到年后,黄锡璆并不知道自己的请战书在微博上"火"了。

《人民日报》等大V积极推送,并成为90后、00后"后浪"崇敬、学习的榜样。网友们纷纷留言。

有人说:"天选之人,国士无双!老爷子辛苦了。"

有人说:"感谢老人家毫无保留的奉献。""第一次觉得设计师这个职业,达到了一定程度和水平时,真的是非常有意义、有价值的工作。"有人感慨,表示"做人,就做黄锡璆"。"祖国有这么一群最最可爱的人,怎么可能战胜不了肺炎,怎么能不强盛?我爱你中国。"许多人发出如此深情的感叹。

……

此时，黄锡璆的那份简短有力的请战书刷屏了各大媒体平台，成为"网红"，受到无数网友的追捧、点赞。

"1月22日，我就写好了请战书，23日一早交给了领导。看到医务工作者冲锋陷阵，面对面与病毒做斗争，甚至不惜献出自己宝贵的生命，他们对患者的关爱，对生命的尊重令我对他们充满敬意。我想，我们作为后方支援力量，应该主动申请去前线，尽自己所能为医务工作者创造更好的工作条件。"谈及提交请战书的初心，黄锡璆如是说。

▲ 黄锡璆亲笔写的"请战书"，被中国华侨历史博物馆收藏（中国中元提供）

人们纷纷表达对黄锡璆的敬佩之情。他的请战书还被征集在中国华侨历史博物馆"侨心向党"，以及2022年北京展览馆举办的"奋进新时代"主题展中陈列展示。

然而这一切，在黄锡璆眼中，又是多么自然而然的事情啊！

面对赞誉，黄锡璆十分淡然地回答媒体提问："我们这个年纪的人，是跟新中国一起成长起来的。碰到这样的大事，就应该贡献自己的力量。"

他还带头捐款1万元，以实际行动表达对武汉抗疫的坚定支持。

他说："这是很普通的一件事。我们还在后方，人家都到前线了，比我们更辛苦。医务人员是很伟大的，都不容易。"

在全国抗击新冠病毒最艰难的日子里，鉴于新冠疫情对我国应急医疗设施提出的更高要求，黄锡璆作为技术总负责人，急国家之所急，率领技术专家组夜以继日地工作，编制《中国中元传染病收治应急医疗设施改造及新建技术导则》《新型冠状病毒肺炎传染病应急医疗设施设计标准》（T/CECS 661-2020）等一系列设计指导性技术文件。连续奋战3个多月，论证、审核项目设计方案，先后完成了全国20余项应急院区的设计工作。参与编制完成了系列病房、病区、医技区、医护工作区等标准图以及专业设计要点等10余份公司技术标准文件，及时向社会公开发布，为全国各地应急医疗设施快速建设提供了技术路线和技术规定，确保了应急医疗设施工程的建设质量。

黄锡璆把数十年的经验积累和心血倾注在每一张图纸上、每一行文字中。他用设计师的生命之热，温暖了一座座医疗建筑，把医疗建筑设计师的"初心和使命"书写在疫情防控的"第一线"。

▲ 2021年1月25日，黄锡璆（右四）与专业团队召开讨论会，研究编制《新型冠状病毒肺炎传染病应急医疗设施设计标准》《中国中元传染病收治应急医疗设施改造及新建技术导则》等一系列技术文件（中国中元提供）

人们称赞："战胜疫情，黄博士功不可没。"

"我确实没想到自己身为一线设计人员可以成为'网红'。面对疫情，我想每个设计人员都会选择这么做。"黄锡璆笑着表示,"我们国家的快速发展经过了几代人的努力。当代青年机会太多、条件太好。"他勉励当代青年,"应该把握当下、珍惜机会,在校生要努力学习,不断夯实学科基础;走向工作岗位的青年要脚踏实地把每一项工作做好,同时密切关注学科的发展和进步。新时代的青年必将大有作为,建设祖国需要我们一代代人接续奋斗!"

为中国人的健康谋福祉,建造自己的现代化医院,改善中国人的就医环境,是黄锡璆毕生的追求。

英雄源自平凡。和平时期的英雄,往往是有智识、有勇气、有担当的普通人,是轰轰烈烈背后的平常,是点点滴滴的付出和关键时刻的挺身而出。

设计大师黄锡璆把一名党员的初心,用赤子热血书写在祖国大地疫情防控的第一线。

在 2020 年这个特殊的春节假期,包括此后的一个多月里,中国中元的广大党员、员工群情激昂、奋勇争先。中国中元北京总部的医疗院、医疗一院、医疗二院、民用院,以及海南、厦门等分支机构,承担了多达 20 多项应急设施的规划设计建设任务。他们主动放弃休息,加班加点,不分昼夜地与时间赛跑。他们深知应急设施的重要,早一日建成,早一日投入使用,就能为白衣天使们提供有效救治的场所,能为阻断新冠疫情、救治生命提供保障。

国机集团对中国中元承担支援武汉抗疫工程以及接踵而来的应急设施建设非常关心。

年初一一大早,国机集团党委书记、董事长张晓仑便赶到中国中元看望正在加班的设计团队。他鼓励、赞扬大家勇于担当、勇于奉献的精神,也希望大家劳逸结合,注意身体,注意防疫。在各级领导的关怀和激励下,中国中元的员工们持续发力,完成了一项又一项抗疫工程。

在这场抗疫的战斗中，中国中元有多人受到国资委、国机集团的表彰。中国中元党委荣获国机集团抗击新冠疫情"先进集体"光荣称号。

2020年9月8日，在人民大会堂举行的全国抗击新冠肺炎疫情表彰大会上，黄锡璆博士被授予"全国抗击新冠疫情先进个人"和"全国优秀共产党员"称号。

▲ 在全国抗击新冠疫情表彰大会上，习近平总书记会见黄锡璆（前排右一）等受表彰代表（中国中元提供）

▲ 黄锡璆获奖证书（中国中元提供）

当天下午，国务院国资委党委召开学习贯彻全国抗击新冠疫情表彰大会精神座谈会，深入学习贯彻习近平总书记在全国抗击新冠疫情表彰大会上的重要讲话。

国务院国资委党委书记、主任郝鹏出席座谈会并讲话。国机集团总经理、党委副书记吴永杰、集团受表彰的先进个人、先进集体代表参加座谈会。黄锡璆作为中央企业受表彰的全国抗击新冠疫情先进个人代表，在会上发言，分享了学习习近平总书记重要讲话精神的心得体会。

国机集团宣传部门的一位同志说："黄锡璆博士几十年如一日，把自己的一生奉献给祖国医疗建筑事业。我们从他的事迹中感悟抗疫精神的伟力，并把这种精神转化为砥砺奋进的澎湃动能！"

第十四章

何人不起故园情

"这个项目,我要跟进到底。"一句轻声淡语表达了他热爱家乡的拳拳之心。

热爱故乡是一种崇高的感情,绵绵的乡愁是同爱国主义情感相通的。深长的乡思,对曾经漂泊在外的赤子来说,是家国情怀的自然生长。

他终于把心中的蓝图绘就在的故乡的热土上,用一颗赤子心温暖家乡的父老乡亲。

梅州人的"黄塘梦"

客家之子拳拳心

"都察院"的百年述说

故乡的情思与追忆

赤子心温暖父老乡亲

1st Dec 2011 Petronas Twin Tower

第十四章 何人不起故园情

梅州人的"黄塘梦"

已逾古稀之年的黄锡璆博士，自16岁那年从印尼回到祖国已有半个多世纪，脚步遍及祖国和世界各地，却从没有踏进他梦中的故乡——梅州市。难道在他浓浓的家国情怀中，就没有"老家"的一席之地吗？

当然不是。那么，他为什么没有走近故乡呢？

他参加工作后经常出差，有几次离故乡并不远，只是他工作繁忙，不易得闲，觉得故乡的情太长，不能轻率造访。

几年前，就在他设计广州市第三人民医院、惠州市人民医院的时候，当地医院的负责人听说他是梅州客家人，高兴地说："咱们是老乡，我也是客家人。我带你去老家看看吧！"黄锡璆摇摇头说："这次不行，工期这么紧张，以后有机会再说吧！"他何尝不想探访儿时父辈经常念叨的"唐山"老家黄泥墩呢？但他一直脱不开身，一次又一次把对故乡的深情深深地埋在心底。

"江南几度梅花发，人在天涯鬓已斑。"那么，他在等待什么机会呢？

终于在2013年的岁末，黄锡璆回到了梦中向往已久的故乡。这是命运的安排，也是故乡的呼唤。

为了进一步改善当地人民群众医疗条件，地处偏僻山区的梅州市酝酿黄塘医院的改扩建项目。

梅州市，这座被誉为"世界客都"的山城，位于广东省东北部的闽、粤、赣三省交界处。由于交通闭塞，资源匮乏，长期处于贫困落后状态。梅州市人民医院拥有 120 多年的历史，是粤东北地区最早的医院。医院老院区被梅州人称为"黄塘医院"。由于受制于当地经济等因素，黄塘医院的设施、学科、技术和人才都存在短板问题，医院救治能力相对较低，与老百姓的医疗服务需求差距越来越大。老百姓患有急病、重病或疑难病症往往不得不长途跋涉，到近 400 千米外的广州求医。人民群众对改善当地医疗条件的呼声也越来越高。

2013 年 5 月，梅州市人民医院党委书记、院长钟志雄上任伊始，面对医院基础设施老旧、技术人才和管理方式落后的问题，苦苦寻求破解的良方。"梅州人不能等着天上掉馅饼。"在医院党委会上，他对大家说，"我们不能满足于现状。光做'乘凉人'不行，要做'栽树人'。要主动作为，推动医院快速发展，让梅州的百姓看得上病、看得好病。"钟志雄心中有一个梦想："按照全国顶级医院的标准推动梅州人民医院提档升级。把小医院变成多学科、多专业的大型综合医院，并通过深化与国际国内一流医学院的战略合作，把梅州市人民医院的黄塘院区打造成高水平临床科研型医院、省级区域性医疗中心，向现代医疗服务全面转型。"

这一宏伟目标就是梅州人的"黄塘梦"。钟志雄鼓励全院干部职工要发扬锲而不舍的"老黄牛"精神。为了实现这个梦想，他为自己的微信号取名"黄塘牛"。

问题是，巧妇难为无米之炊。医院的基础建设跟不上，没有医疗平台，再好的"黄塘梦"也只能是"黄粱梦"。

梅州人终于迎来了机会。

2015 年 11 月 25 日，中共中央、国务院发布了《健康中国 2030 规划纲要》。提出各级党委和政府要增强责任感和紧迫感，把人民健康放在优先发展的战略地位，抓紧研究制定配套政策，坚持问题导向，抓紧补齐短板，为实现"两个一百年"奋斗目标、实现中华民族伟大复兴的中国梦打下坚实的健康基础。这是今后15年推进"健康中国"建设的行动纲领。习近平总书记指出，健康是促进人的全面发展的必然要求，是经济社会发展的基础条件，是民族昌盛和国家富强的重要标志，也是广大人民的共同追求。

正是在这样的背景下，梅州市把人民医院的改扩建列入市政发展的重要规划中，让梅州人的"黄塘梦"落地成真。

钟志雄找到梅州市领导表达了自己的设想，得到了市委、市政府的积极回应。

梅州市委、市政府决定，概算总投资8.65亿元，总建筑面积10.6万平方米，对黄塘医院进行改扩建升级，并作为"脱贫攻坚、实现老百姓看病有保障"的民生工程。

如何将这一宏伟蓝图变为现实？

钟志雄带领医院领导班子，到各地考察学习。

作为医学专家，钟志雄出于职业的兴趣和敏感，对医疗建筑似乎情有独钟。上大学时，他就喜欢收集研究一些医疗建筑资料，他对医疗建筑有自己的看法。

钟志雄去北京、上海、天津、河南等地调研，参观了解大型的综合医院。"总感觉整个中国的医疗建筑跟国外比还有一定的差距，主要体现在整个医疗流程布局的设计相对滞后。说白了，我们看到的国内一些医疗建筑，绝大部分是以民用建筑流程去做，缺少专业性。"

钟志雄对佛山市第一人民医院、301医院、上海仁济医院等国内一流医院的建筑或改扩建比较欣赏，认为做得比较到位，给他留下了深刻的印象。钟志雄说："我们不知道哪些设计院是国内一流的，在考察中，常听到不少医院提到中国中元。我们回来一查，发现在国内医疗建筑方面是顶级的设计院。"但他不知道这些"作品"出自黄锡璆博士之手。

"我们想请国内顶尖的设计师做规划。"钟志雄谈到最初与中国中元的接触时说，"基于这个愿望，我们就主动跟中国中元联系。"

中国中元承接了这项任务后，组织设计团队前往现场。他们来到梅州，看到门诊、医技、住院病房不仅老旧，而且整个院区凌乱不堪，没有章法，不单是改建的问题，还有整体布局的问题。

看到梅州医院的复杂状况，感到设计的难度比较大。他们对钟志雄说："看来，你们医院只能请大师出山了。"

钟志雄这时还不知道大师指谁，听了不免心中疑惑：中国中元还有位"大师"？

客家之子拳拳心

第十四章　何人不起故园情

2013年的冬天，黄锡璆终于有机会回到梅州。

"第一次回老家是为梅州市人民医院新建综合楼做设计，能有机会为家乡做工程、做贡献感到很高兴。之前，单位安排我做广东的一些医院项目。那时，已经有回老家看看的心思了。在做广州市第三人民医院惠州市人民医院时，他们院长基建处有几位是客家人，非常热情，提出要陪我回老家看看。但工作没干完，我没同意。这次到梅州做项目终于有了机会。"黄锡璆回忆起第一次回老家的情景。

设计团队的刘颖和王文正等人陪着黄锡璆乘车由厦门沿着高速公路一路北行，穿隧道、跨河流，绿水迤逦，青山葳蕤。看着窗外美丽如画的风景，黄锡璆心情难以平静，想着与家乡的距离正在缩短，心中那份久违的游子之情油然而生。

黄锡璆对故乡的印象来自父亲的描述。想起父亲当年回国观光，行程匆匆，也一定要回老家看看。他知道，父辈千山万水背井离乡，是为了生活；千里迢迢地返乡，是为了亲情。那时候从广州乘长途汽车要翻山越岭坐摆渡，早上出发，夜晚抵达汕头。第二天接着北上，路上辗转两天才能到达梅县，交通实在不易。如今的梅州已今非昔比，有高速、有高铁、有机场，开车四五小时便可抵达。祖国家乡变化巨大，他多么希望能在自己的专业领域为家乡多做贡献！

到达梅州后，黄锡璆博士并没有急着去老家看祖屋，而是和刘颖、王文正等立即与医院对接，开展工作。

期盼着黄锡璆博士到来的医院党委书记、院长钟志雄，热情地接待了黄博士一行。初次相见，眼前的黄博士和自己很相像，个子不高，头光光的，戴着眼镜。"那种学者风范给我留下很深的印象。"通过深入交流，钟志雄发现，他遇到了一位真正的"大师"。他说："黄博士对医疗建筑的研究和造诣不是一般设计师所能达到的境界。"敬佩之情油然而生。

"为什么我们选择中国中元？就是看中了他们在医疗建筑方面的专业。现在我们认识到他们的专业性就体现在黄博士和他带领的团队高超的设计水平上。"钟志雄说。

他心里产生了一个疑问，黄锡璆博士怎么还会说一口地道的客家话？便问："黄博士，您在印尼出生，也曾出国留学，还能讲一口地道的客家话，是受家人影响吗？"

"是的。我在印尼出生、长大，在印尼的华侨学校读书，上课讲的是国语，小学六年级开始学习英语，学校还开了印尼文课。"黄锡璆说，"我会讲客家话，是受父母的影响，在家里我们都讲客家话，潜移默化中学会了，这么多年倒是没有忘。"

钟志雄问黄锡璆是客家哪里的。黄锡璆告诉他，姓黄的祖屋在梅州城下的黄泥墩，那里黄屋是大姓。他还简要讲述了父辈闯南洋经历。

"我的第一印象，黄博士是非常热爱家乡的，非常有家国情怀。"钟志雄说，"他从来没有回过老家，只是小时候从父亲口中听到过一些。为了建设家乡，这么大年纪了，还亲自来到家乡。他腰部因车祸受伤做过手术，身上一直留有钛合金支架与钉子。我们很受感动。"

"您要不要去老家看一下？"钟志雄问。

"是要去的，但先把手头工作做好。"黄锡璆说。

钟志雄说："黄博士是为家乡服务而来，他没有专程寻根的意思。他把工作放在第一位。他带着设计团队亲力亲为。好像他不为家乡做好这件事，无颜见江东父老。当时，我们都很感动。"

钟志雄是心血管疾病的专家，也是梅州市人民医院心血管病中心的开创者和心血管内科学术带头人。他陪着黄锡璆勘察了医院的整个情况。

1987年，钟志雄从湛江医学院（现广东医科大学）毕业后，怀着"为家乡人民治病解难"的淳朴想法，回到黄塘医院成为一名医生。当时医院救治能力非常有限，他暗下决心，一定要改变这种落后的状况，让梅州山区百姓看得上病、看得好病。

在20世纪90年代，心血管病多发，国内心血管介入技术开始兴起。进修回来的钟志雄想在医院开展心脏介入手术，但由于医院没有导管室，相应设施也非常简陋，条件不具备。当时的主任怕出问题，没同意。钟志雄不甘心就这样放弃，他"借船下海"——利用相邻的蕉岭县医院设备为患者做了心脏介入手术。"其实蕉岭的条件比我们医院还差，心脏起搏器植入手术是在胃肠机底下完成的。"回忆起这段往事，钟志雄感慨颇多。

"那个时候，年轻气盛，没有什么顾虑。"钟志雄说完，眯起眼睛笑起来。

正是凭着一腔热情，1997年，钟志雄终于在梅州完成了首例心脏起搏器植入手术。这场手术整整持续了6小时。在他的努力下，梅州市开创了心脏介入手术治疗专业。

"尽管后来医院的条件有了改善，但远远不能满足当地的医疗需求。"钟志雄收住笑容，说，"黄博士不怕您笑话。泌尿外科的医生做完手术，还可以做乳腺病手术；心内科病区竟然住进了先兆流产的患者。您看我们医院的现状，不彻底改变，怎么行呀！"

"救死扶伤，护佑生命。我们做设计的，和医生的心是相通的，目标是一致的。搭建科学严谨的医疗平台，为老百姓带来福祉，也为医务人员提供更好的医疗条件，能更好地治病救人。"黄锡璆扫视了一眼周围参与

第十四章 何人不起故园情

讨论的人，若有所思地说，"这个医院布局比较零乱，各种流线混杂交叉，需要梳理整合。拿出科学合理的总体规划，还是要下一番功夫的。"

钟志雄用期待的目光望着黄锡璆博士说："我们医院的发展受到严重制约，如何才能跨上一个新台阶，我们就要拜托您这位大师了。"

不久，黄锡璆不辞辛苦，和医疗设计一院院长李辉、副院长刘颖等设计团队的成员，带着梅州市医院改扩建的总体规划和医疗综合楼具体设计方案，又一次来到梅州市。医院院长钟志雄等相关人员协商研究，确定方案，上报梅州市分管副市长。

这个方案，按照黄锡璆博士确定的总体布局，建设新楼，翻新旧楼，整合资源，统一规划。具体是在黄塘老院区的西南侧临时停车广场的空地上，新建一座综合医疗楼。下面是医技部、手术部，形成裙房；上面是两幢病房楼。把旧楼功能用房腾出来进行改造，提升利用率，作为一期工程。一期工程完成后，二期建一座门诊医技大楼，并把院区各楼用连廊连在一起。老院区的住院楼和门诊腾空后，作为行政管理、教学、后勤楼。这样就彻底改变了原来管理无序、杂乱不堪的问题，实现功能整合、管理一体的合理布局。

但是，梅州市政府的领导同志对这个分步走的方案并不满意，而是想借助脱贫攻坚顺势而为，一步到位。年轻的副市长指着医院旁边的一片民宅说："这里要全部拆迁，政府征过来用于医院扩建，力争一、二期同时启动，一次性投建。"表现出迫不及待的样子。

多年在医院设计建设中与地方政府打交道的黄锡璆深知，动员老百姓搬迁是地方政府面临的最大难题之一。因为拆迁引发矛盾，导致老百姓上访的事屡见不鲜，而且往往是地方政府的工作痛点。黄锡璆没有随声附和，说："老百姓祖祖辈辈在这里生活，建个房子也不容易，你让他说搬就搬，恐怕也不是个简单的事。还是一步步来。"

"黄博士，你不用担心。这个由我们政府来做。"

按说，政府领导已经把话说到这份上，黄锡璆没有必要为搬迁的事再去担心了，他只管按照市政府的意图做好设计就已足够。但是，黄锡璆是一个有着浓厚百姓情结和强烈责任心的人，也是一个敢于坚持真理的人。他转换思路，以具体技术方案来说服对方。他主张将很快能实施的功能用房尽量安排在可控用地之内，这样实施起来不会因征地工作带来干扰。

"其实，政府对民宅的保护是很重视的。有些百年的祖屋老宅，政府还将它列入保护的范围。为了医院发展，政府也尽力按政策征用民宅土地。凡事不能急于求成。如果一次性启动整个建设，大规模拆迁，老百姓也很难一下子接受。这对各方面来说，压力都比较大。能不能这样呢？我们尽量少占土地，只征用少部分群众宅基地。等把一期做好了，老百姓看到了医院带来的实惠和好处，后续的搬迁和建设就会得到老百姓的支持和拥护，我们做起来也会得心应手。"黄锡璆指着图纸说，"另外，西边这块尽量少征些地，我们把建筑设计得更加紧凑一点儿，既有合理的空间，又有整体的一致。是不是这样更稳妥？"

▲ 梅州市人民医院鸟瞰图（梅州医院提供）

市政府的领导同志深为黄锡璆的考虑周到所感动，欣然同意了整体规划和设计方案。

"黄博士热爱家乡、热爱祖国。他的家国情怀、敬业精神和专业水平，都值得我们敬佩。"钟志雄动情地感慨道，"能有这样的顶级专家为我们医院建设把脉、开方，这是多么幸运啊！而且他又是梅州人，这真是天意啊！"

黄锡璆对设计团队的同志们说："这个项目，我要跟进到底。"表达了他热爱家乡的拳拳之心。

也许对黄锡璆来说，这次回到故乡，不仅是为了寻根，而是为了报答这片先祖生活过的故土。

归家的心情难以言表，他只想用一个久违的拥抱来诠释内心的情感。

"都察院"的百年述说

第十四章 何人不起故园情

有一种思念叫思乡，有一种情感叫亲情，有一种回归叫回家。2013年的冬天，黄锡璆在工作间隙终于有机会回到梅江区西郊红杏坊街道黄泥墩社区，拥抱他渴望已久的祖居"都察院"。

得知黄锡璆回来的消息，黄锡璆三伯家儿子、堂兄黄锡璜夫妇特地从深圳赶回梅州，与外甥媳妇李凤婵早早在黄泥墩老宅大门前等候。当他们看到远道而来的黄锡璆，迎上去高兴地说："我们早就盼着你回老家来看看呢！"亲人相见有说不完的话、叙不完的情。

"舅舅后来多次因梅州市人民医院的设计建设回到梅州，但每次都因时间仓促没能和我们见面。"李凤婵说。

那天，他们领着黄锡璆来到祖屋"都察院"。从一侧的蓝色门牌上可以看到，这是"黄泥墩居委山川亭20号"。

斑驳的门楣上方镶嵌着"都察院"三个赤底金字匾额，让这座风烛残年的老院依旧彰显着当年主人的地位与威严。大门两侧那幅"前溪世泽，江夏家声"的对联，表达了黄氏名门望族的历史与文化传承。

门上悬挂的红丝缎随风轻扬，是在讲述老屋的故事还是在遥望远方？此刻，它是为归来的赤子祝福平安吉祥，是为迎接亲人兴奋地起舞。

"回国至今60多年了，这是我第一次回老家。"望着门前那棵苍翠的桂圆树和盛开的梅花，黄锡璆的心情难以言说。

医疗建筑大师 黄锡璆

德容天地，情系桑梓。走进父亲曾经住过的房间，抚摸着院内的老物件和墙上悬挂的曾祖父的墨宝，仿佛历史就在昨天。

故乡，是父亲生前永远讲不完的一个故事，虽然黄锡璆不曾亲近过。

"此夜曲中闻折柳，何人不起故园情。"他感慨道，"以前，一天到晚闷头忙工作，总觉得以后有机会，一次次放弃了。先祖、父辈生长在这里，怎么能不想回来看看呢！"

▲ 黄锡璆曾祖父故居都察院（王鸿鹏拍摄）

这是一座传统的长方形客家围屋，为三进二层两合杠式布局，建筑面积约1000平方米，距今约有180年的历史。睹物思人，留下的历史印记让黄锡璆难以平静。他走走停停，触摸石墙，抚摸门框，感慨地说："都察院是曾祖父黄仲蓉建造的，我是黄仲蓉的第四代。听父亲讲，曾祖父号雪蕉，别字纫兰，为黄氏十七世。清代道光三年（1823）癸未科进士，授翰林院编修，写一手好字，人称'黄小楷'。曾任广西道监察御史，晚年回乡隐居。"

据当地史料记载，道光年间，黄仲蓉在京城为官，深得大学士穆彰阿所倚重，前程可期。后发现穆把持朝政，建立"穆"党，黄仲蓉不愿与之同流合污，便借父亲病故回乡奔丧之机，遂不复出。咸丰元年，穆终因劣迹昭著被革职查办。黄仲蓉高风亮节，为人所称赞。他晚年曾在各地讲学，培养书法人才，著有《诗文集》等作品。在"都察院"，至今还可以看到黄仲容留下的一幅小楷手迹。

故乡遍地梅花尽芳菲，有热情的父老乡亲。乡情亲情如同悠久绵长的梅江水，早在父亲的描述中走进他的记忆，融进了他的血脉。

回访祖上老屋，黄锡璆进一步了解到，祖居黄泥墩是由多组围屋形成的黄氏聚居地。在"都察院"的不远处有一处老院——黄泥墩居委22号"太史第"，已修缮并列为当地历史保护建筑。

2020年，这座"太史第"黄氏故居被政府修复后作为历史文物保护起来。中共梅州市梅江区政府悬挂的门牌上写道：

▲ 黄氏家族"太史第"故居（王鸿鹏拍摄）

太史第

太史第位于梅江区西郊街道黄泥墩社区，兴建于清康熙年间，距今约有290年历史，二堂二横结构布局，为黄泥墩黄氏祖屋。太史第外大门坐西北向东南，正大门坐西南向东北，门坪为"河子形"（客家人的一种捕鱼工具），门坪中部"大肚"宽，向里面逐渐收小并设有一闸门在尾部，为有容乃大之意，意是所得收获不致流失尽收囊中，诚匠心独具设计也。

走进院内，右侧悬挂着"进士"烫金匾额，上有"一等五名黄仲容"字样。另一方"翰林"烫金匾额，有"钦点翰林院编修"字样，均有"大清光绪癸未"字样。

进入二道院内，两方烫金匾额"文魁"和"武魁"分别悬挂在两侧墙上。"文魁"为"嘉庆丁卯岁举人授职花县教谕黄琮璧"，黄氏十五世，良思公，讳琮玉；"武魁"为"大清光绪年武魁黄维振"，黄氏十八世，维振公，字甫卿。

黄锡璆还记得黄家到祖父黄兰荪一辈时家道中落，不复以往。

黄锡璆来到祖屋，看到老屋虽已残破，但黄氏当年兴旺发达、崇尚文化的底蕴犹在。他深受触动，在老屋内驻足良久，内心充满了对先贤的深深敬仰。

"这次是我第一次见舅舅。他穿着朴素，和蔼可亲，嘱咐我们要保持好的家风，好好做事，珍惜现在的生活。虽然只是匆匆的半天时间，却给亲人们留下了深刻的记忆。"李凤婵说，"那天，我们带着舅舅回到祖居时，他脸上那种牵挂家乡的神情让人动容。"

"少年乐新知，衰暮思故友。"黄锡璆来到梅州养老院看望在这里安享晚年的大姑家的表哥钟振麟。钟振麟比他大7岁，小时候跟着父亲到印度尼西亚，曾住在他家里帮着料理店铺。表哥不愿意留在印尼，比他早几年回国。屈指算来，他们一别70年了。几年前，表哥给他写信，回忆儿时的经历，希望他回来看看。当时工作千头万绪，黄锡璆心有所想，却无暇顾及。

"你还好啊！"黄锡璆拉着表哥的手。"好，好。想不到我们表兄弟还能在这里见面。"钟振麟颤抖着嘴唇说。两人紧握双手，久久不愿松开。亲人碰面的这一刻，没有多少言语，无声的思念在这一刻定格了所有的过往。

黄锡璆来到外祖父、外祖母家。这也是一座围屋，称为"张屋"。母亲常讲起这座围屋的故事。梅州的人文历史底蕴深厚，历来有重视文化教育的传统，母亲念到了初中。他记得，母亲说过，碧玉年华还想读书，不想结婚。外公说，女大当嫁，读么多书有何用？母亲就这样嫁给了父亲，后来跟着父亲去了印尼的爪哇岛。在黄锡璆的记忆里，母亲勤劳隐忍，操持一家人的生活，比较辛苦。母亲喜欢读报、看小说，一有时间就看书。在母亲的影响下，孩子们都喜欢读书学习。后来母亲在印尼担任华人妇女会的职务，就更忙了。

勤劳智慧的客家妇女堪称中国劳动妇女的优秀代表。事翁姑、教儿女、理家政，一身兼之，井井有条，其聪明才力直胜过男子。传统的梅州客家妇女胸怀宽广。客家男子纷纷外出经商、读书、求官，而操持家事和教育子女的重担便落在她们肩上。"名人出客家"，是因为有了千千万万客家妇女做坚强后盾。

望着外祖父母及母亲曾经住过的围屋，还有回廊沿下磨豆腐的石磨，黄锡璆喃喃自语："客家的女人无论走到哪里都是任劳任怨、默默付出的。"睹物思人，他略带伤感地说道，"至今，老辈人一个个都过世了。只有堂叔及舅舅的几个孩子至今还在印尼生活。"

如果说远方的游子是一叶帆船，那么故乡就是那暖暖的港湾，无论帆船走得多远，他的心都与港湾紧紧相连。如果说游子是一片树叶，那么故乡就是深深的情感扎根的那片沃土，是他生命中永远的眷恋。

离开张家围屋，他心生感慨："梅州离海边那么远，一代代人当年沿梅江顺流而下，背井离乡，漂洋过海，到异国他乡去闯荡。这是生存需要，也是客家人开放的胸怀、开拓意识和奋斗精神的体现。"

吃一顿家乡饭吧！在围龙屋星园酒家的餐厅里，黄锡璆和亲友包括三伯的孩子黄锡璜一家一起聚餐。遗憾的是，表哥钟振麟因年事已高，行动不便，未能参加。此后每次出差到梅州，他都要看望表哥。

餐桌上，黄锡璆用地道的客家话跟大家交流，大家感觉非常亲切。热腾腾的"酿豆腐"是梅州的特色，也是客家的一道名菜。黄锡璆触景生情："小时在印尼，逢年过节，母亲也会做家乡菜。'酿豆腐'是将一块方豆腐对角切成两个三角形，中间划一道，用剁碎的猪肉拌上佐料，然后酿进去，可煎可蒸。出锅了，香脆可口。就是这样的。"

他说，母亲还会酿米酒。把蒸了的糯米用酒曲拌好，碗一扣，放在缸里。上面用布缠起来密封住，发酵后酒就渗到碗底下。喝起来香喷喷、甜丝丝、黏糊糊的，口感非常好。

吃一口热腾腾的"酿豆腐"，夹一块"梅菜"扣肉，这是故乡的味道；尝一口酿米酒，喝一杯冻绿豆汤，这是绵绵悠长的亲情与血脉。其实，人这一生都在回家的路上。一家人生火做饭，用食物凝聚家庭，慰藉亲情。锅碗瓢勺交响曲里，演奏着中国式的人生，更折射出中国式的伦理。人们长成相爱，别离团聚。家常美味，也是人生百味。

大家都给黄锡璆夹菜，他吃得那么尽情，那么开心。每道菜的味道中都飘散着一缕缕淡淡的乡思……

故乡的情思与追忆

如今，梅江区西郊红杏坊街道黄泥墩居委会有 4 个居民小组，在册户数 800 多户，2400 多口人。黄泥墩居委会曾获得广东省"六好平安和谐社区"和西郊街道办"先进党支部"称号。

这里有"大夫第""司马第""儒林第""进士第"等许多老屋古居，究竟出了多少仁人志士？历数足够让人惊讶。

黄泥墩社区附近建起了梅州客天下、中国客家博物馆、梅州千佛塔、樱花谷爱丽丝庄园、新联大夫第（牛角屋）等旅游景点。这里是梅州历史文化的聚集区。

值得一提的是，近年来，市委、市政府多方筹集资金，用于全市的文物保护和维修。2021 年 3 月，为传承弘扬优秀传统文化，梅江区正式启动了"望杏坊"历史文化街区提升改造项目。

古老的望杏坊读书风气向来浓厚，梅州人在此兴建望杏坊，希望当地读书人奋发进取，在科举考试中脱颖而出，荣登金榜。后来望杏坊在一场大火中毁损。梅江区政府在推进望杏坊历史街区提升改造项目中，重修"望杏坊"。牌坊就是坊名"望杏坊"，由广东省书法家协会会员彭大海题写；背面的"钟灵毓秀"，署名中国著名建筑学家、设计大师黄锡璆，由他人代笔题写。

这座采用三檐牌楼设计的牌坊，构成古朴风格的独特景观，成为走出

第十四章　何人不起故园情

历史、迈进人文社区的一个亮丽景致。

在梅州市"中国客家博物馆"里，黄锡璆穿越时空，回望先祖千年历史沧桑。

说到客家人，会有人产生这样的疑问："客家人是少数民族吗？"不是。客家人是汉族人，祖上因为战乱等原因，从中原一路迁徙至南方，之后定居在广东的梅州、河源、韶关以及福建龙岩、江西赣州等地；湖南、四川、广西、台湾等省份也不少。为了区别于当地的原住民，他们自称"客家人"，即有客居异乡之意。

客家先祖，多为中原望族，为避战乱，迁徙地多选择战火不及、交通相对闭塞的山区。以传统农耕文化为基础，自耕自足、耕读传家，开枝散叶。

为什么有大量客家人迁徙南洋，客居海外？

第一个记载出海客家人的是南宋末年广东梅县松口一个名叫卓谋的人。1277年元兵攻打南宋，进入江西、广东一带。南宋丞相文天祥等率兵抗元。松口卓氏家族由卓谋带领800人参战，终因敌众我寡，宋军败走潮州，舟沉崖山（今广东新会崖门）。船经零丁洋时，文天祥留下了那首悲壮的著名诗篇《过零丁洋》，其中写道：

惶恐滩头说惶恐，零丁洋里叹零丁。
人生自古谁无死？留取丹心照汗青。

抗元失败后，卓谋幸免于难，召集幸存者，结队乘坐木船，漂泊南洋，至婆罗洲（今印尼加里曼丹）定居，开垦荒地，创立家园。不到20年，把一片荒地变成了富庶的宝地。现在婆罗洲北岸有一座中国式城堡的遗址，相传即卓谋等人当年留下的遗迹。自宋代开始，一代代客家先民因战乱、生计等原因，继续向海外发展。

第十四章　何人不起故园情

客家先民在颠沛流离的迁徙中，逐渐扬弃其安分守常、重农轻商的保守观念，树立起四海为家、开拓进取、大力发展商贸的新观念，并形成独特的迁移文化。清代中叶以后，客家人向海外移民达到高峰。海外客家人以吃苦耐劳与开拓精神，在异域他乡生根发芽，抱团发展，形成海外客家族群。

黄锡璆的父亲和叔叔就是在20世纪30年代为生活所迫，漂洋过海闯南洋的。

如今，地处偏僻山区的梅州，不过是一个普通的四线城市，面积只有1.5万平方千米，辖2区1市5县，人口大约500万。但是，客家历史，源远流长。在这漫长的历史长河中，客家人形成了丰富多彩、特色鲜明的人文习俗以及特定气质，滋养出一大批名人志士。

日本作家山口县造在《客家与中国革命》一书中这样评价："没有客家便没有中国革命，换言之，客家精神是中国的革命精神。"的确，甲午中日战争、保台抗倭战争、太平天国运动、辛亥革命、二万五千里长征、抗日战争中，都涌现出赫赫有名的梅州客家籍将领。如丁日昌、何子渊、丘逢甲、朱德、叶剑英、叶挺、范汉杰、薛岳等英杰。

梅州客家人不但在国内的各个行业中人才辈出，走出国门，漂洋过海，他们的子孙后裔，也是成就斐然。旅外成功的客家人更是不胜枚举。

梅州籍客家人后裔在海外的有七八百万人，港台地区也有四五百万之众。他们都有着浓浓的家国情怀，有能力就回报家乡。

梅州为什么能够屡出人才？当地史学者认为，一个重要的原因，就是客家人祖上大都来自中原名门望族，对教育非常重视。

在客家人博物馆里，收藏有光绪癸未年间的一副木刻烫金楹联：祖宗亿万年人家无非积德，天下第一等事业莫过读书。一位客家文化研究学者说，像这样的楹联家训，在梅州的望族故居比比皆是。当地还流传着一句俗语："宁可打工讨苦，不误子女读书。"足见客家人对诗书传家的重视。

当年，黄锡璆的父亲在爪哇岛任抹市与当地华人在条件困难的环境下兴办华侨学校，就是为了让中华民族的文化血脉在海外赓续传承。

在中国客家文化博物馆里，黄锡璆仔细地看着展示图片、展品，对客家人的人文历史有了更深刻的认识和理解；听取讲解员的介绍，驻足观展，对前辈先贤充满了敬意。参观结束后离开博物馆，他专门托人买了一本当时没有买到、博物馆展售部陈列的《梅州市华侨志》。他说要好好阅读，要学习先人的智慧和精神，"尽所能报答祖国和家乡"。

热爱故乡是一种崇高的感情，绵绵的乡愁是同爱国主义相通的。触发深长的乡思与家国情怀，对曾经漂泊在外的赤子来说，是再自然不过的了。

"在我们眼里，他就是一个平凡的人，对国家、家乡都满怀热爱的梅州人。"谈起舅舅黄锡璆，李凤婵说，"舅舅虽然出生于印尼，但一直挂念着家乡，还能说一口地道的客家话。他嘱咐我们要让孩子好好读书。他常常挂在嘴边的一句话，就是'要尽所能报答祖国和家乡'。"

第十四章 何人不起故园情

赤子心温暖父老乡亲

在一次梅县医院规划设计讨论会上，黄锡璆博士动情地说："梅县是我的故乡，过去是一个贫穷的地方，现在刚刚脱贫，条件有限，希望大家能够体谅那个地方，费费心，把医院建好。"

项目负责人李辉说："很少见博士这样，我们大家也都受到感染。"

经过设计团队的努力，梅州市人民医院的设计方案拟定了初稿。黄锡璆又一次来到梅州，与医院方面协商设计方案，讨论确定每个细节。

在设计方案讨论定稿这天，黄锡璆和设计团队与医院的领导班子成员、机关科室的负责人、临床科室主任分别讨论，对每个科室的平面布局和设置都要一一审查定稿。这是黄锡璆最紧张、最辛苦的工作阶段。从早上 8 点一直工作到晚上 10 点。大家担心他身体吃不消，劝他休息，第二天再审图纸。但他不肯休息，说趁着大家都在，一定要今天做完。

"就这样，医院的每个领导和临床科室的主任一批一批进来，商定方案，一直工作到下半夜两点。我们年轻人都快坚持不住了，他一个 70 多岁的老人仍然思路清晰，对每一个具体的问题，都要做出具体的解答，有时还要进行调整。"回想起当时的情景，刘颖感慨道，"博士的那种敬业精神让我们十分感动，至今历历在目。"

2018 年 1 月 13 日，梅州市人民医院举行了新住院大楼奠基仪式。这不仅是梅州市建设花园医院的新起点，也是当地政府"把梅州市人民医院建成粤闽赣边区区域性医疗中心"的战略部署。

梅州医院的总体规划对全院区做了系统梳理，进行整合，分步分期实施，采用了科学严谨的布局结构。新病房大楼设计为医护人员、住院患者分开的竖向通道，医生的办公区域与患者住院区域采取分设布局。

黄锡璆还对民居围屋进行了深入了解，把当地客家人民居风格融入医院建筑设计中。客家民居是中国传统民居之一，它将中国传统礼制、建筑艺术及风水意识等融为一体，体现了客家人的美学追求，在中国民居建筑中独具特色。

他认为，客家人由中原不断南迁，客家人住宅形成的最大特点是围拢屋，但也注重通风、采光，并不是简单围起来。围拢屋是受当时社会条件的影响。客家人从中原迁徙至此，为了防御外侵，保护自己的家园，做成围拢的布局。历经百年，现在条件发生了变化，闽粤赣山区客家农村也不建围拢屋了，但客家民居讲究通风、采光、对称和谐是值得学习的。

黄锡璆主张，把其中的文化元素融入医疗建筑中。这种融合不是简单的外形相似，而是内涵的注入和心里的感受。比如，客家人勤劳、内敛、含蓄，崇尚耕读传家。表现在医疗建筑的造型上，要有大气、圆融、通透的风格，而内部结构要给人淳朴、温馨、自然和宽厚的感觉。所以，要用更多的文化内涵去融合。

走进梅州市人民医院的手术室，人们会有异样的发现。这里手术室的墙面不再是古板的单色调，而是装饰了风景画墙面。一方清澈见底的水塘，四周种着几棵垂柳，长长柔软的柳枝，随风飘动着；远处青山逶迤，白云悠悠。很难使人想象到，原来自然界的美丽都能在手术室里停留。每个手术室都是一道风景。

"以前的墙面局限在天蓝、米白或者淡绿色，一间手术室也就是三四十平方米，大的50平方米左右。"医院党委书记、院长钟志雄自豪地说，"进到我们的手术室，看到这样的风景，患者是放松的，甚至血压都会降下来。医生和护士在这个环境中感觉没那么压抑，也是放松的。这样改善了医生的心情，抗疲劳能力增强，可以提高手术的安全性。"

这个创意来自医院方面的设想，得到黄锡璆的支持。他说，客家民居讲究"天人感应"，强调人与自然的和谐，建筑与环境相适应。医疗建筑不单纯是平面布局，也不单纯是医疗流程，要充分注意内部的装饰对患者心理的调整。只要不影响医疗功能，完全可以营造更加自然的宜人环境。

2020年2月，黄锡璆第四次来到故乡梅州。为了做好二期住院大楼的设计，他到现场反复勘察，仔细审查图纸。尤其对平面、布局、医疗流程，包括排水、通风、机电等设施存在的设计难点，他都会和设计师认真讨论，给出具体指导意见，或亲自进行修改。

在设计方案的讨论中，黄锡璆不仅能够坚持正确的观点，对错误的意见坚持说"不"，还善于听取不同的意见，对正确的东西说"好"！

施工设计最初选用的石膏吊顶板材，是北方建筑常用的材料。但这种板材在南方多雨季节容易受潮变形。医院方向黄锡璆反映了这种情况，提出更换材料。黄锡璆很重视对方的意见，马上找来设计师详细了解情况，然后与院方多方论证，并一起到外地考察调研，最终确定了生态环保、稳定性好的硅酸钙板材料。这种装饰材料不会因为梅州雨天季节带来的温度、湿度变化造成变形走样，而且没有异味，保证使用效果。

事后，黄锡璆对大家深有感触地说："人非圣贤，焉能无过？我们也要向客户学习，虚心听取对方的建议。只要同心用力，就能减少失误，避免损失，把事情办得更好。"

黄锡璆在设计中始终坚持"以患者为中心"的理念，两幢高层病房楼相互独立，把病房设计安排在南向通风、采光最好的位置上，病房没有压迫感，患者感觉像在家里一样舒服。

经过几年的紧张建设施工和安装调试，梅州市人民医院新大楼终于落成。

医疗建筑大师 黄锡璆

▲ 梅州市人民医院（黄塘医院）新建门诊病房大楼（王鸿鹏拍摄）

  2021年10月，黄塘医院一期大楼建成启用，二期大楼开工建设。梅州市人民医院举行了隆重的典礼。梅州市的五大班子领导悉数到场，看到如此壮美恢宏的建筑，由衷地敬佩黄锡璆博士，家乡人都为这位设计大师感到骄傲。

  "对新盖的病房大楼和综合楼，我们医院和患者都很满意。整个建筑水平在国内算是一流，主要体现在平面布局、医疗流程和内部装饰方面。外立面也很漂亮，不然外地的许多同人为什么总是来我们这里看？我们的突破有几个方面。"钟志雄如数家珍，他说，"一是外立面的造型、颜色搭配非常提神，给人通透、清新的感觉；二是考虑到人文关怀，这栋楼医护通道分开、洁污通道分开，医护人员的办公区是非常舒适的，这些方面都有创新和突破。"

  钟志雄还说："我是专门做心脏手术的医生，关注细节是一种习惯。黄博士在医院的设计中，从细微之处着想，对技术的精益求精让我敬佩。

他对设计、规划不仅有国际的宏观视野，又有国内实践经验，做到因势而变、因地制宜地配合我们整个医疗的流程，这是非常难得的。"

外地不少见多识广的专家来这里参观后，纷纷赞赏医疗建筑风格好，格调简约、温馨、舒适，给人轻松的感觉。有人问："你们这个大楼的风格是欧洲风是北美风？"钟志雄得意地回答说："这是中国现代风，是新时代风。"

"我们医院的大楼建起来很漂亮，医护人员都说特别棒！"医院基建科主任温凯兴奋地说，"老百姓觉得这个医院建得太好了，都问，建得这么好、这么高级的医院，看病住院会不会加钱呢？我们告诉他们不会的，还是跟以前一样的。老百姓非常高兴。"

如今，黄锡璆博士终于把心中美丽的图画画在故乡的土地上，用赤子之心——现代化的医院温暖父老乡亲。

梅州市人民医院犹如一扇明亮的窗口，打开了梅州医疗卫生事业发展的新局面。

近年来，医院每年完成心血管介入手术达6600多例，危重心血管疾病患者救治成功率达99%以上，专科规模及技术水平位列全省前3名。

在信息化建设中，梅州市人民医院力求标准化、集成化、智能化、移动化、区域化。已建成涵盖临床、科研、教学及人、财、物全流程的信息化管理体系，这为推进精细化管理提供了强大的支撑。

2022年7月7日，国家卫健委通报了全国三级公立医院绩效考核结果，梅州市人民医院排名第94位，这是第二次位居全国百强。

全国三级公立医院绩效考核排名，是国家卫健委对1342家三级综合医院多项指标监测的结果，被业界称为"国考"，也是最权威的官方考核。

"对地处三省交界、相对发展滞后的梅州市来说，获得如此殊荣实属不易。一方面来自医疗质量、技术创新、管理水平、可持续发展等方面的实力持续增强；另一方面得益于医院基础设施跨越式发展。这一点，我们要感谢黄锡璆博士。他为医院新楼的设计建设付出了心血，为家乡的发展做出了重要贡献。"这是梅州市一位分管医疗卫生工作的领导同志发自内心的赞叹。

蓝图已经绘就，奋进正当其时。展望未来，梅州人踌躇满志。梅州市主要领导同志表示，我们已经有了良好的硬件基础，下一步要设立梅州市人民医院医学科学院。这是全国首个地级市医学科学院，还要把医院建成国家药物临床试验机构、国家博士后科研工作站、院士专家工作站、省重点实验室、省工程技术研究中心等，最终实现梅州人的"黄塘梦"！

第十五章

大师的"人间烟火"

有人问,"大师"为什么没有成为院士?对此他心静如水。

在同事们眼里:他心地永远那么通透敞亮,没有丝毫杂念,纯净得像一泓湖水、一片蓝天。他以博学多识和独特的人格魅力深深地影响着身边的人。

其实,大师并非远离世尘的"神人",也有自己的喜怒哀乐、"人间烟火"。大师的与众不同又在何处?

衣食住行

喜欢写生

书是最爱

学而不厌，诲人不倦

"有情有义"

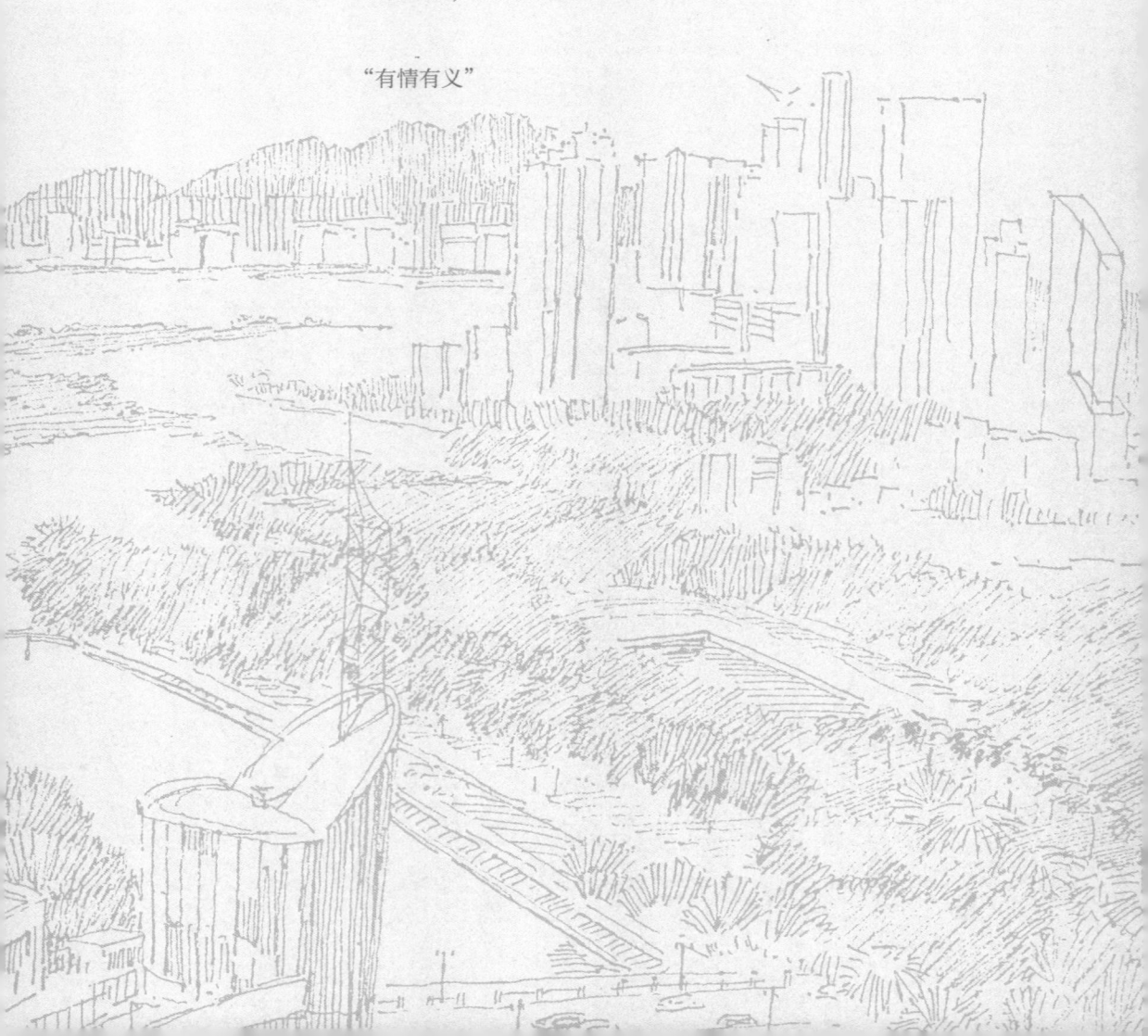

第十五章 大师的"人间烟火"

衣食住行

迄今为止，在黄锡璆博士主持和指导设计的200多个医疗建筑项目中，有56个获得省部级以上的设计奖项。他当之无愧地被誉为"中国现代医院开拓者""设计大师"，引领我国医疗建筑规划与设计跻身世界先进行列——这是工作中的黄锡璆、事业上的黄锡璆。

那么，生活中的黄锡璆又是一副啥模样？

"他在生活上俭朴而随意。就拿就餐来说。单位食堂里有9元自助餐，也有15元自助餐。我们经常看到黄博士踩着饭点的尾巴，端着餐盘出现在9元自助餐区。"中国中元的同志们说。

"我都不好意思和黄博士在一块吃饭。我有时觉得饭菜不可口就剩下了。他每次都吃得盘光碗净。一张抽纸他都舍不得多用。"医疗院院长李亮说，"外出就餐，为了节省时间，他最喜欢进路边小店来一碗牛肉面。"

妻子邢淑芬说："我们家老黄好伺候，做啥吃啥，从不挑剔，买菜做饭都是我干；穿什么也不讲究，他的衣服里外都是我买的。有两件平时不穿只有公务活动时才穿的衬衣，衣领磨破了也不让换。就连上中央电视台录制节目，他也是穿的那件公务活动时才穿的衬衣。"

援外医疗工程项目部的同志们说："我们年轻人跟着黄博士出国学了不少东西。他对我们传帮带，总是身体力行，以身示范。工作上是我们的老师，生活上也给我们做表率。我们出国都带着国内的饼干什么的，途中吃不了会丢的，黄博士从不浪费。"一位年轻的设计师说："记得在毛里求斯等一些非洲国家，我们生活不习惯，根本吃不下当地的餐饮。黄博士什么都能适应。他说，中国人不能到哪里都吃中餐，每个地方的东西都要尝。吃里面有文化历史，也有风土人情。吃，一是不浪费，二是一种体验、包容和尊重。大家看到黄博士吃得津津有味，甚至带着一种感情，还能说什么？他那种接地气、能包容的大家风范，使我们很受感染。"

住宿他更不讲究。所长梁建岚、王文正都是黄锡璆多年的助手，他们深有感触地说，出差住宿，酒店带不带星黄博士从不在乎。有时订不上酒店就住简陋的小旅馆，他也乐呵呵的。

他出国留学回来在海南创业，与大家一样搭乘改装的摩托车跑业务。即使后来他是公司顾问、首席总建筑师，有时还搭乘长途大巴去外地勘察项目。公司考虑他年纪大，出差乘机可坐商务舱，但他从不在意，为了赶时间，往往坐经济舱或"红眼航班"，为的是"不耽误事，机票还便宜"。出差时他总是自己拎包，不让别人帮忙。同事开玩笑说："想给黄博士拎包都不容易。"

黄锡璆对自己一向很"抠门"，抠门到连工资都不愿多拿。那是2002年秋，他因视网膜脱落手术后在家休养，多次向单位提出："我没有上班，工资是不是应该少一点儿？"同事们觉得他的要求天真可爱。他说："工资不降，我心不安啊！"

他对自己抠门，对客户却很大方。有一次公司与客户谈合同，黄博士说："这家客户困难，少收点儿设计费吧！"有人不理解。当时的经营部主任赵杰说："黄博士，你怎么胳膊肘往外拐？咱毕竟是经营单位，几百人要吃饭哪！"

他坦言："现在老百姓普遍反映'看病难、看病贵'。有些基层医院投资不足，又急需建设。只要我们承受得起，就少要些设计费。医院毕竟是为老百姓服务的。"

面对各种诱惑，他不为所动。曾有公司想以百万元年薪把他挖走，但他回绝了。他获得"梁思成建筑奖"的 10 万元奖金，全部捐赠给了母校东南大学。

多年来，家是他第二个办公室。原来住房小，他就趴在客厅里的小圆桌上看书，或写或画。直到 2008 年，才在北京郊区百望山附近购置了一套配有电梯、面积较为宽敞的住房。同事们风趣地说："黄博士是捡鸡毛扎掸子，一根根攒出来的。"

喜欢写生

那么，黄锡璆到底喜欢干什么？

单位的同事们说："他爱写生。"他出差带上速写本，一有空闲就会动笔，画那些具有特色的建筑物，而且画功不凡，寥寥几笔，就把建筑轮廓勾勒得惟妙惟肖。然后，再用浓淡相宜、疏密有度的线条，把建筑的明暗凸显出来，形成颇有立体感的视觉效果；就连奔跑的汽车、行人和一株株花草树木都画得活灵活现。

▲ 黄锡璆的美国得州学院站速写（中国中元提供）

第十五章 大师的"人间烟火"

"我喜欢建筑风景,爱好写生,对医院建筑有特殊感情。每到一地,我都要看看当地的医院,拍一些照片,收集一些资料,或者画画。"黄锡璆是在上大学时跟着老师学习素描、水彩和写生的。他说:"这是搞建筑设计必需的基本功训练,是工作需要,养成了习惯,成了爱好。"正是这一爱好,使他练就了徒手设计草图的功夫,线条横平竖直,斜不打弯。

如今,黄锡璆已积累了20多本速写,每幅速写都栩栩如生。有时他会制作成明信片、贺年卡寄给朋友,令人爱不释手,甚至被人收藏。

说来说去,黄锡璆所有的爱,都是"爱工作",都是为了工作。前些年,他办公室里放有一个随时"待命"的拉杆箱,里边装着一些简单的随身物品,可以拉着就走。即便2001年退休后也是如此。

黄锡璆爱工作,也爱家庭。"只是长年忙于工作,照顾老人、抚养教育孩子都顾不上,家里的一切只能交给妻子了。"他歉疚地说,"总觉得有些遗憾,最亏欠的就是自己的家庭。"他对儿子毕业后分配就业也不过问。亲戚朋友劝他:"凭你的影响力,找个好单位说句话,给孩子安排一下,不成问题。"但他不为所动。后来儿子黄昱自己打拼,拓开职业成长之路。"只有自己成就自己。"他对孩子的爱有他自己的方式。

"我年纪已大,主要工作靠年轻人。但我愿意发挥余热,继续帮扶他们。"他说,"我喜欢工作,只要国家需要,社会需要,公司需要,我会继续工作。"对他来说,"工作是一种担当,也是一种乐趣。"他把乐趣融入工作中,工作便成为一种"享受",便是其乐无穷的生活方式。他说:"能在有生之年,为国家、为大众尽一份心、出一份力,让这个世界变得更加美好,这是一件多么快乐的事情啊!"

书是最爱

"黄博士最爱书。帮黄博士买书,把我都买成网站的钻石级会员了。"单位的司机金师傅说。每年他要花上万元购书,除各种专业书籍外,还有社科、人文、医史学科的。他还托医疗院的郑雯君在网上订购外文原版专业书,有时托海外留学生、国外的朋友帮他购买国内买不到的外文专业书籍。办公室里图书、杂志等资料堆得小山一般。

他家客厅里是书,卧室里是书,沙发一端也堆满了书籍和剪贴的报刊。"我们家老黄就知道买书、看书。房间的飘窗原来能看山景,现在成了书墙。"来了客人,妻子邢淑芬总是不好意思地解释说,"家里显得乱,我也不敢动,怕动了找不着,他会跟我发脾气。"

早些年,不管白天工作多忙多累,黄锡璆晚上都要看书,常常熬到半夜。邢淑芬说:"经常是我一觉醒来,看见老黄还在看书。"黄锡璆说:"现在知识更新这么快,不读书怎么能行?"

医疗建筑设计研究院李亮以及跟随黄锡璆参加国际会议的同事们说:"黄博士外语水平很高,口语流利,大会发言和交流全程用英文。"即便如此,黄锡璆的办公桌上,总放着英汉词典、英汉科学技术词典。

不少同事都说,黄锡璆的学识不局限于建筑设计专业,对相关学科也了解很多。医院里采用的核磁、CT、直线加速器、高压氧舱等大型设备的性能和设计要求,他都非常清楚,甚至比一些医生了解得还详细。国际上医疗最新设备和技术的应用，如复合手术、介入治疗、手术机器人等，他都了解得很细，经常跟客户和同事们交流这些新技术，研究在医院设计中的应用。梁建岚担任黄锡璆的助理多年。她记得初到公司时，经常在资料室里遇到黄锡璆。同事们赞叹："黄博士活到老学到老。"

黄锡璆不仅爱书，还想写书。近几年，工作之余，他把精力用在学习最新的专业知识上，正在写一本专业方面的书——《现代医疗设施规划与设计》。这是他多年的研究成果和实践的系统总结，也是他凝聚了多年心血的一本专著。他说："踏踏实实把专业知识系统地梳理一下，尽早把计划中的这本书写好，供同行参考。"他对这部专著要求非常高，努力精心打磨，相信这是他留给中国医疗建筑设计界的宝贵财富。

学而不厌，诲人不倦

黄锡璆博士长年奔波在外，不仅承担着大量医疗建筑项目勘察设计任务，还要参加国内外的学术交流会议及各种研讨活动。他常说："学而不厌，诲人不倦。"每次出席学术交流会，黄锡璆都从头听到尾。

有人说："黄博士那么大的学问，开会出个场就很给面子了。"但是，在别人发言的时候，他总是认真地听，直到结束，从不中途离场。他认为，尺有所短，寸有所长，每个人的发言都有值得汲取的地方，这也是对别人的尊重。

虽然黄锡璆在业内有很高的声望和名誉，但他一贯谦逊低调，待人谦和。他经常收到各种来信，包括业务往来、工作咨询和同行的交流、问候，他都一一回复。即便是名不见经传的基层医院寄来建设图纸请他审查把关，或年轻人写信请教医疗建筑专用外语名词翻译问题，他都认真答复。

单位的年轻人遇到问题，常常向黄锡璆博士请教，他都会耐心地讲解。他还时常叮嘱晚辈："医院不是别的建筑，是要救人命的，千万不能出现问题。"他利用各种机会言传身教，影响带动和鼓励身边的年轻人加入医疗建筑事业的发展中。

他的助手梁建岚说："在同事们的心目中，黄博士是一位学识渊博、经验丰富的专家，是一位平易近人、谦恭随和的长者，是一位善良热心、慈祥仁爱的导师，是一位功成名就、简朴低调的大师。他心地通透敞亮，没有丝毫杂念，纯净得像一泓湖水、一片蓝天。许多和他相识的人，无不被他的学识和人格魅力所征服。"

前些年，黄锡璆被北京建筑大学、北京工业大学和东南大学聘为兼职研究生导师。他先后带出十几名研究生，并在本单位工程设计中培养了一批批专业人才，有的成为医疗建筑界的技术骨干。

"与黄博士的第一次交流，让我大开眼界。"宦洪桥说，"当时就想，这么好的老师，我认定了。"

宦洪桥2006年大学毕业后，决定在北京建筑工程学院（现北京建筑大学）攻读研究生学位。他听说中国中元有位黄博士在业界被称为"大师"，尽管觉得希望不大，还是抱着试试的心态登门造访。

正在伏案画图的黄博士见他进来，笑吟吟地起身和他握手。他清楚地记得："第一次见面没有一点儿距离感。黄博士非常亲切地询问我的情况，然后谦虚地介绍自己，交流医疗建筑领域里的现状、特点和发展前景。"

黄博士说，20世纪50年代至70年代，国家基本上建立了三级医疗网络。在农村是村卫生站、乡卫生院、县医院；在城市是街道卫生所、区医院、市医院。这个时期，医疗建筑的特点主要是：重视地域气候特点，普遍采用自然通风、采光；由多栋多层建筑组成，相互间通过室外或者室内连廊连接；建筑一般为砖混结构，由许多小房间组成。

改革开放40多年来，我国医院规模增大，医疗流程得到重视与优化，医疗环境得到改善，建筑形象也展现出新时期特点，设计理念日臻完善、多元。医疗建筑更加注重结构安全、建设发展与更新改造。尤其90年代以来，医院在确保及时救治的前提下，更加注重系统性规划，创造舒适、温馨的医疗环境，追求人性化的医疗服务环境。医疗建筑强调"以人为本"，关注医疗流程的合理性，打造良好的室内外环境；空间布局、外观形式百花齐放。

黄锡璆对行业的了解令宦洪桥惊讶。他对某所大学在医疗建筑教学中使用了什么教材、某大学学术带头人的研究成果，甚至最近某教授又出了什么专著，都十分清楚。

"跟他做北大医院等一些医院的改扩建项目的时候，他对远程医疗、人工智能、手术机器人等最前沿医疗设备的了解，令医生们佩服不已。后来发现，他购买了一些医学相关书籍，还会查阅有关资料，包括订阅医疗设备、医院管理等专业期刊。我不禁感叹：博士就是博士，大师就是大师！"宦洪桥回忆说。

宦洪桥还记得，黄锡璆博士在讲课中，特别强调医院空间布局合理的重要性。医院科室类别多，还要合理组织人流、车流、物流，这使得医疗建筑设计要考虑到十分复杂的因素，包括医院工作的特性，患者与医护人员的心理需求、空间、色彩等。因此，医疗建筑设计具有高度复杂性与专业性。新技术层出不穷，医疗服务模式也在不断变化，这些都对建筑设计提出了新的要求。高质量的医疗建筑设计不仅能提高医院效率，还要给予患者与医护人员更舒适的体验，让建筑传递对人的理解、关怀与尊重，等等。宦洪桥深受教益。

两年读研期间，宦洪桥参加了一些项目的设计，为他打开了理论应用于实际的一方天地。宦洪桥决定把"综合医院改扩建设计研究"作为毕业论文选题。

"这是个大选题，我担心写不深。黄博士鼓励我，这个针对性强，国内国际都很有需求。如果把一个综合医院的改扩建研究到位，将来不管做什么设计，你都能从战略上或者更宏观的视野去把握。"

如今，宦洪桥已是中国建筑设计研究院高级设计师、研究室主任。回想成长的经历，他感慨道："一个人遇到好老师是人生的幸运，我就是幸运者之一。"

"师者，人之模范也。"正如习近平总书记所说，"老师对学生的影响，离不开老师的学识和能力，更离不开老师为人处世、于国于民、于公于私的价值观。"

2022年中秋节，宦洪桥去看望导师黄锡璆博士，还讨论了如何开展以提升医疗环境为专题的科研设想。

▲ 黄锡璆博士带领学生到医院调研实习（中国中元提供）

黄锡璆博士带了一批批研究生和徒弟。他经常与学生讨论阅读问题。他认为，做医疗建筑设计，只关注专业本身还不够，还要关注整个医疗、医学行业的发展，包括医学的新技术应用、模式的变革、相关政策的变化。这叫"功夫在诗外"。只有多关注与医学相关的交叉学科，建立系统性、整体性思维模式，才能取得开创性的成果。随着医疗技术日新月异，数字技术广泛应用，医疗建筑与数字的结合成为突破方向——智慧医疗进入日常生活，远程医疗、大数据应用、互联网医院正在变为现实。

在学术上，黄锡璆有着包容的胸襟。业内有人不打招呼模仿他独创性的设计或引用他开先河的观点，他都不计较。他说："医疗建筑设计是大家共同的事业，新概念、新理论只要得到传播应用就好，至于谁得了名利，不必在意。"他还说："中国医疗建筑有这么大的市场，大家互相学习，共同进步，能够达到为社会造福的目的就很好。"

从国外留学回来，组织曾想安排他担任公司领导工作，他说："我适合做业务，还是让年轻人上吧！"

"中国中元不断发展壮大，我们这些曾经的学生或助手，逐步走上了团队的领导岗位。但是，在工作上，他从不居功自傲，对公司的年轻干部全力给予支持和尊重。"许多中国中元的领导成员如此感慨。

有人提出疑问，作为一个领域的开拓者和权威专家，黄锡璆为什么没有被评为院士？事实是，黄锡璆被评为"全国勘察设计大师"后也曾经申报过，但没批下来。医院建筑是现代社会不可或缺的公共建筑，但这个领域不像博物馆、剧场那样引人注目。在申报科研专题时，遇到建设部与卫生部的跨行业问题。而他在机械工业领域部门，申报时需要耐心沟通。加之当时中国中元的业务"爆表"，他整天忙于一线勘察设计，一忙起来就顾不上，超过了申报年龄，就这样耽搁了。

作者在中国中元采访期间，也曾谈起过这个问题。黄锡璆和声细语地说："当时不是没有考虑过，单位也很支持，也填过申请表，但没有通过。后来一直忙，年龄偏大了，就顾不上了。"他说，"我获过许多荣誉。一个人的能力有大小，但只要自己尽心尽力，能为百姓健康做出自己的贡献，不负韶华，也就知足了。"

几十年来，黄锡璆东奔西跑、走南闯北，从小项目到大项目，从边远地区到大城市，从一般工程到应急工程，长年在一线奔波。但他不忘"传帮带"，像一位辛勤的园丁用心血浇灌中国中元的人才梯队，培养出一批批优秀的学生和专业骨干。他们在各自领域和事业平台上成就了自己，也为国家建设做出了贡献。

师者如兰，香远益清。学生们送他的那盆兰花，在阳台上芬芳绽放，幽幽飘香。

第十五章 大师的「人间烟火」

"有情有义"

几年前，黄锡璆应邀回到印尼爪哇岛任抹市参加中华中小学的百年校庆。他对风光旖旎的第二故乡情深难忘。他来到当年生活的老屋前，百感交集，这是60年无法抹去的记忆。二层店铺内的木楼梯已拆除，在店后内院盖了房子。只有那座老店的门面依稀有着原来的模样，像一位宽厚的老者遥望着远方，等待着曾经的主人归来。

老屋，见证了百年历史，是一个家庭、两代华侨世家求生存的故乡；老屋，历经了几十年的风雨沧桑，仿佛在讲述一个爱国华侨家庭在异国他乡的奋斗故事；老屋，阅尽了人间的悲欢离合，也记录了他和兄弟姐妹童年的欢乐和少年的向往。

他清楚地记得，在回国前的几个月，母亲就张罗着请裁缝为他做衣服，托人打毛衣。当时海外的生活条件要比国内好得多，母亲担心孩子远行无人照顾。对母亲来说，孩子大一个走一个，不仅饱尝亲情别离之苦，内心的牵挂也是难以言喻的。

5月的一个周末，作者来到黄博士的住处采访。谈起少年回国的情景，他说："离家的那一刻，虽然有激情，也有难过和不舍。出发那天，我与母亲告别时，目光不敢相对，生怕眼泪掉下来。是父亲把我送到泗水码头，和堂姐、堂哥一起上船的。"讲到这儿，他转向窗外，眼睛湿润。

窗外不远处就是苍翠如濯的百望山。据说，那是佘太君想念远征的儿子杨六郎时常登高眺望的一座山峰。"百望山"由此得名。

爱国，是中华民族最深厚、最持久的情感，也是一个人立德之源、立功之本。父母先后把7个子女送回国内，他们奋斗在不同的地区和岗位上。

回忆起这些，黄锡璆意味深长地说："父辈在印尼创业生活，我们在那里出生，虽然回到了祖国，但那里是第二故乡，也是怀有感情的。"

2020年7月16日，黄锡璆在中央广播电视总台三套《我的艺术清单》节目中接受采访时，提及在印尼的生活、学习，以及新中国成立后，华侨青年受祖国感召，结伴北上归国的火热年代。

在国际台印尼语节目中，黄锡璆用印尼语讲述了童年与少年时期在印尼的生活与学习时光。还提及小学、初中及高中时教印尼语老师的姓名，向印尼朋友表达美好的祝福，被印尼媒体称赞为"有情有义的朋友"。

大师也是平凡的人、性情中人，也有自己的喜怒哀乐。大师的独特之处，大凡既在情理之中，也在常理之外。

第十六章

国家需要,随时出发

归来峥嵘60年,笑看山河多灿烂。

如今,人们每天都会看到,他依然坚持上班,埋头于厚厚的图书资料中,悉心描绘着心中一幅幅美好的蓝图。

他说:"'国之所需,吾之所向。'虽然年纪大了,但我就是想再做一些事情。只要国家需要,随时准备出发。"

国机精神楷模

老书记的赞美诗

国之所需,吾之所向

第十六章 国家需要,随时出发

国机精神楷模

几十年如一日,黄锡璆坚守在工作一线,勤勉进取,求实创新,甘于奉献,把报效祖国、对党忠诚、服务人民的崇高理想和信念融入为之奋斗终生的中国医疗建筑设计事业,为改善民生、服务社会、推动中国医院建筑的现代化进程做出了突出贡献。

黄锡璆用平凡的人生创造了不平凡的业绩,开拓了中国医疗建筑行业新领域。他把心中美丽的图画画在城市、乡村中,画在平原、山川上,也画在国内、国外,成为人间一幅幅温情、亮丽的"画卷"。他被誉为医疗建筑"设计大师"。

党的十八大以来,面对复杂多变的国内外经济形势,中国中元以习近平新时代中国特色社会主义思想为指导,全面贯彻落实党的十九大和十九届二中、三中、四中、五中全会精神。以党的建设为统领,团结带领广大党员、干部和职工,不忘初心、勇担使命、砥砺前行、开拓创新。

国机集团高度重视黄锡璆作为先进模范人物的培养和宣传。2013年,在党的群众路线教育实践活动中,广泛开展了向黄锡璆同志学习的活动,并授予黄锡璆同志"国机精神楷模"荣誉称号,分别在北京、洛阳、南京、重庆举办了四场"黄锡璆同志先进事迹报告会"。集团号召全体党员干部以黄锡璆同志为榜样,学习先进树正气,对照典型找差距,充分发挥先进模范的示范和引领作用,为践行央企初心使命贡献智慧和力量。

为配合党的群众路线教育实践活动的开展，使广大党员干部在教育实践活动中学有榜样、行有示范，中宣部、中央党的群众路线教育实践活动领导小组办公室共同组织了"以先锋模范为镜"的典型宣传报道活动。黄锡璆同志被确定为这次宣传报道的全国12位先进典型之一，也是央企唯一入选的代表。

近年《人民日报》、《新华社》、《光明日报》、《经济日报》、中央人民广播电台、中央电视台等媒体先后多次采访黄锡璆同志的先进事迹，陆续推出《一片冰心在玉壶——记中国中元国际工程公司医疗首席总建筑师黄锡璆》《想把事情做好就不觉得累——记中元国际工程公司医疗首席总建筑师黄锡璆》《黄锡璆："让病人走最短的路看完病"》等多篇报道，在社会上引起强烈反响。

国机集团党委认为，黄锡璆同志不仅是专业领域里的"大师"，在思想政治、道德修养、工作作风等多方面都是干部职工学习的榜样。在黄锡璆同志身上，集中体现了一位归国华侨、一位党员、一位基层科技工作者对事业的执着精神、科学的实践和创新精神、勤勉的学习精神以及爱国利民、淡泊名利、谦逊做人的高尚情操，也是为民奉公、务实清廉的典范。

国机集团领导这样解读黄锡璆的"大师"精神："大师的精神，就是不忘初心、对党忠诚的精神，就是学有所成、报效祖国的精神，就是使命担当、乐于奉献的精神，就是心怀匠心、矢志不渝的精神。"

2013年，中国中元由全民所有制企业改制为公司制企业。2016年，与北京起重运输机械设计研究院重组，2018年，与中工国际工程股份有限公司重组，成为国资委"双百行动"改革试点单位。在深化改革任务有序推进的过程中，中国中元生产经营业绩快速增长，市场区域布局成效显著，科技创新工作成果丰硕，社会行业地位保持领先，科学管理能力大幅提升，职工幸福感和获得感不断提高。

2020年新冠疫情发生后，国资委紧跟党中央的部署，把疫情防控作为最重要的工作，全面动员、部署、指导中央企业疫情防控工作。中央企业主动投身抗击疫情第一线，不计代价、不讲条件，充分发挥主力军、国家队的作用，全力支援保障疫情防控阻击战。

任洪斌在介绍央企参加全国抗疫情况时，特别提道："央企承担全国100多家专门医院的设计建设改造任务，国机集团所属中国中元第一时间修订完善小汤山医院图纸，及时提供技术支持，中国建筑调动组织2万多名管理和作业人员参与建设，昼夜不停工。电力、石油、通信等企业全力保障，按期建成了武汉火神山医院、雷神山医院。同时，13家央企先后从所属医院抽调500多名医护人员驰援湖北，近万名医护人员奋战在一线，央企在湖北的医疗机构全部被列为当地发热门诊定点医院和疑似病例收治医院。"

作为国家队的一员，中国中元坚决按照党中央、国机集团决策部署，团结拼搏，共克时艰，以国机所长服务国家所需，构筑国家队的钢铁长城，为打赢抗击"新冠"贡献自己的力量。

黄锡璆不顾年迈和腰椎动过手术，与同事们始终坚守岗位，随时待命，哪里需要就到哪里去，需要做什么工作就立即投入其中。积极参与各种应急设施方案设计规划、标准制定和国内外的学术研讨交流行动，始终没有停下忙碌的脚步，成为国机精神的一面旗帜。

老书记的赞美诗

2020年6月，中央各大媒体相继对黄锡璆积极投身于抗击新冠肺炎疫情的事迹进行了不同形式的宣传报道。

7月19日星期日，江苏省苏北人民医院副院长、党委书记杨荣林给黄锡璆发来信息，感谢他在医疗工程建设中的付出：

> 黄博士您好！从央视朱迅主持的"我的艺术清单"节目中看到了您和蔼可亲的容貌，您对事业的使命感和责任担当，让人佩服，让人敬重。您不愧为一代楷模、中国中元的形象，也是国人的骄傲。您为我院建设呕心沥血，更使我们难忘。祝您健康长寿！有空欢迎再来扬州。
>
> 苏北人民医院　杨荣林
> 2020年7月19日星期日

9月5日，江苏省苏北人民医院因现代化的设计建设荣获"2020全国智慧医院建设优秀案例"，并举行了授牌仪式。"我们苏北人民医院获此殊荣，黄博士功不可没。"杨荣林说，"尤其他那平易近人、爱岗敬业的大师风范，给我们留下了深刻的印象。"

2020年7月30日，中国中元已近鲐背之年的盛传红老书记在电视上看到黄锡璆的事迹报道，心情激动，欣然提笔写下了《赞黄锡璆博士》这首诗：

> 赤子之心责任重，医学建筑研究融。
> 两百医院师出名，关注功能医患用。
> 兼容中外与时进，抗疫奉献立大功。
> 诲人不倦传帮带，科技创新八秩翁。

老书记盛传红回忆说，黄锡璆是我们设计院的老典型了。40 年前，他就是单位的"先进工作者"。在比利时留学时，他被评为"全比优秀留学生"。1994 年 6 月 29 日，机械工业部召开七一表彰大会，黄锡璆被机械部评为"十佳优秀共产党员"，设计院被评为部机关文明单位。各级党委很关注黄锡璆这个典型。1995 年设计院被评为国家机关文明单位，党委专门做出了"学习黄锡璆的决定"。同年，黄锡璆被评为"全国先进工作者"。2001 年，中央企业开展"我身边的共产党员"征文活动。我专门写了一篇《我的楷模——医疗建筑设计大师黄锡璆》，回忆他多年来的感人故事，发表在央企媒体上。"黄锡璆获得了骄人的成就，来自他始终心怀党的宗旨和理想，并为此努力践行，不懈奋斗。他赢得如此崇高的荣誉当之无愧，实至名归。"

谈起分公司党组织及领导，黄锡璆动情地说："我的成长进步离不开历届领导的关心爱护与帮助。"刚回国开拓项目起步艰难，高康年书记准备提拔他担任科室副主任，找他谈话说，这样让他开展工作更方便。

在日常工作中高书记也不时予以关心。一次谈到同事间相处，对回国不久的黄锡璆，有个别人议论，言语刺耳。高书记劝导说："有些知识分子间，有文人相轻的陋习，不必太过计较。"鼓励他正确对待。

1995 年黄锡璆被选上全国劳动模范（先进工作者），之后机械工业部组织部属单位劳模到北戴河休假。黄锡璆担心影响工作放弃了。隔两年又组织乘航船过长江天险，黄锡璆也放弃了。高书记劝他说："工作总是做不完的，你不去别人也替不了。"对领导的关心，黄锡璆从心底里感激。如今长江三峡已建起宏伟的大坝，再也没有机会去游览当年长江天险的雄姿了，的确可惜。

在这次筹备公司70周年采访老领导的活动时，年高九旬的老书记还写下"与老黄心照不宣"的纸条。他还记得这位勤恳工作的老部下。黄锡璆听说后非常感动，人的一辈子会遇到许多相知，而在成长过程中能遇到好领导帮助又是多么的幸运！

黄锡璆还想起90年代退休后移居广州的清庆壁、陈洁虹夫妇。清庆壁曾任土建科党支部书记，多年来一直关心自己的成长与进步。他们离京前还带小女儿专程到后泥洼辞行，此后30多年时不时通话保持联系。同志情谊历久弥新，天长地久。

面对一座座拔地而起的现代化医院建筑以及各种纷至沓来的荣誉，黄锡璆从不居功自傲，始终不忘历届领导与周围同志对自己的关怀与帮助。也没有就此功成身退、颐养天年，而是继续奔波在建筑设计一线。他说："医疗设施建设大有可为，我这辈子能把这一件事做好，就知足了。"

国之所需，吾之所向

第十六章 国家需要，随时出发

几十年来，黄锡璆博士和同事们勠力同心，奋力拼搏，累计完成了北京大学第三医院、北京大学第一医院、解放军301医院、北京安贞医院、北京朝阳医院、北京医院、北京协和医院、湖南长沙中心医院、湖南长沙湘雅第二医院、江苏苏北人民医院、南京妇女儿童医院等200多家各类医院工程设计建设，包括我国在"一带一路"沿线老挝、柬埔寨、坦桑尼亚、卢旺达、多米尼克等国家的援外项目。

▲ 北京大学第三医院（中国中元提供）

医疗建筑大师 黄锡璆

黄锡璆终于以汗水与心血浇灌出他心中渴望的那片"绿洲"。

他在公司编辑的《医院建筑设计》中描述一路奋斗的风风雨雨，不无感慨地说：

"回想这几十年我们东奔西跑，走南闯北，一个项目接一个项目。在开拓阶段，我们曾受到用户怀疑，但我们不气馁不退缩，而是耐心交流与沟通，我们以实际行动拿出设计成果说服对方。我们从小项目到大项目，从偏远地区医院到大城市的重点医

▲ 北京协和医院（中国中元提供）

院，从经验不足到积累丰厚，从人才单薄到形成人才梯队，逐渐使公司成为国内有影响力的医疗设施设计单位。

"我们的设计成果一步步从图纸转化为建筑实体，一幢幢医疗大楼相继拔地而起，一家又一家医院陆续接诊收治病人，工程项目遍布全国，这是我最为之自豪和欣慰的。"

他还说："更可贵的是，我们还看到，从事医疗建筑设计的专业机构遍布全国各地，目前达到80多家；一些建筑学院也开设了相应的专业。这对加强'健康中国'、推动我们大健康体系的建设将起到至关重要的作用。

"习近平总书记讲，健康是促进人的全面发展的必然要求，是经济社会发展的基础条件，是民族昌盛和国家富强的重要标志，也是广大人民的共同追求。我国医疗建筑事业发展前景，令人充满信心。我要发挥余热，会继续和同人们一道继续努力，为人民群众的健康卫生事业添砖加瓦，为老百姓健康增加更多的福祉。"

2020年5月,根据PHG秘书处建议,黄锡璆组织团队编写应急医疗设施概念设计导则,提交到UIA-PHG交流平台,公开发布。这是中国中元向世界同行提供的应急医疗设施建设的"中国方案",引起一些国家和国际组织的关注。

9月24日下午,印尼建筑师协会组织举办大型在线学术交流活动,特别邀请黄锡璆参加。活动主题名为"适应未来发展的医院和学校设计"(Evolving Hospital & School Design For An Adaptable Future)。这次学术交流活动通过网络视频会议的形式举行,由雅加达印尼建筑师协会国际部主任Cosmas D. Gozali先生主持。包括印尼当地医疗和教育建筑设计工作者以及多地医院负责人在内的300余人在线参与了这次活动。

黄锡璆作为三位主讲嘉宾之一,进行了题为"针对新冠肺炎的医疗设施"(Healthcare Facility for Covid-19)的主题演讲。与参会人员分享了北京及武汉抗击疫情的经验,介绍了应急医疗设施概念设计和中国医院建设的实际案例,提出了"One world, One fight"(同一个世界,同一场战役)世界命运共同体的抗疫理念。希望各国同行能够合作抗疫,共同探讨战胜疫情的策略。他的演讲受到印尼在线观众的热烈欢迎。

黄锡璆在报告中列举了北京小汤山医院、深圳及佛山应急项目以及福建医科大学附属第二医院东海分院采用防疫抗疫结合、平战转换病区等成功案例,回答了与会人员提出的综合医院的改造、应急医疗设施在后疫情时代的利用等相关问题,给出了具体建议。

这次活动以科技手段跨越时空"零距离"同场交流,打造了后疫情时代学术交流的新态势。

会议最后,活动组织方感谢黄锡璆博士在医院建设方面分享的宝贵经验,并呼吁不同专业、不同国籍的专业人士联起手来,为全世界共同抗击疫情做出贡献。

这几年在践行指导具体医疗工程规划设计的同时,他也不忘推动国际合作，践行推动人类卫生健康共同体的理念。

走过春夏，越过秋冬，深受新冠肺炎疫情影响的生活逐渐恢复正常，黄锡璆依旧保持每天早上8点半上班的习惯，一如往常忙碌着。

他一边关注着国内外疫情的动态、医院建筑的发展与变化，一边审阅、修订在建医院项目设计图纸，配合有关部门编写技术导则。

2020年秋，在公司副总经理张同亿的带领下，经过一年的努力，黄锡璆与编写团队一起完成了国际标准化组织ISO应急医疗设施设计的工作文件。通过国际标准组织平台为进一步推动我国应急医疗设施设计建设走向世界，迈出坚实的一步。

即便工作繁忙，每日抽出时间读书依旧是他的必修课。近来，他阅读了《中国防疫史》《致命流感》《西医来华十记》《未来医疗》等相关专业书刊，打磨凝聚着他多年心血的专业书稿。他认为，"非典"、新冠疫情这类突发公共卫生事件不仅是对公共卫生体系的挑战，也是对医院建筑领域的挑战。所以，建筑设计师要多学习了解医学进展、医技进步、数字技术，包括大数据互联网、机器人等高技术应用，以及绿色节能、精益流程、人文关怀医疗服务模式；因为科技的进步已进入学科互涉、学科交叉的年代。

2022年11月22日，黄锡璆应国际建筑师联合会（UIA）邀请，作为4名主讲嘉宾之一，在健康设计活动中做了学术发言。他的学术报告题目是《适宜技术应对正在出现疾病的规划与设计策略》（ planning and design strategies for the emerging Disease Through technology ）。在短短的20分钟发言中，他与世界各国的同行们交流了在抗击疫情中如何快速建设应急设施的理念与设计经验。他认为，现在科技正进入学科交叉、学科互涉的新时代。各专业、各学科要团结合作，共同努力，充分挖掘现代科技潜力，我们就能不断创新，迎接新挑战。他的发言得到与会同行的积极呼应。

60多年前，黄锡璆离开亲人从印尼归国；30多年前，他留学获得博士学位后,放弃国外优渥的条件,又一次毅然回国;20年前,他克服视网膜脱落后尚在恢复期的病痛,一笔一画勾勒出小汤山医院的设计草图;3年前新冠病毒在武汉暴发,79岁的他在抗击疫情之时写下请战书,为火神山医院建设贡献力量,让人不禁感叹和敬佩。可以说,每一页图纸,都承载着黄锡璆的家国情怀和梦想,他设计建设的每一所医院,都体现着他的工匠精神、大师精神。

如今,新时代的每一个中元人,都在为实现企业的高质量发展同心协力、奋勇拼搏,在中国式现代化的强国建设新征程中做出新贡献。

在中国中元大楼七楼堆满图书资料的一间办公室里,人们每天都会看到,坐在书桌后的黄锡璆博士,有时候埋头阅读那一册册厚厚的书籍;有时候拿着一个放大镜悉心审阅铺满办公桌的图纸,仍然用手中的笔描绘着心中一幅幅美好的蓝图。

黄锡璆博士虽然取得了很多成就和荣誉,可谓功勋卓著,建树辉煌,但他认为,一个人不能被名誉所累,应当淡泊名利,与时俱进。他虽已退休多年,也没有因年龄大而躺在功劳簿上颐养天年,而是继续工作学习,坚持到公司办公室上班。

"不以物喜,不以己悲。"黄锡璆博士以平静的心境对待生活中的一切。他说:"我腰椎是粉碎性骨折,在腰椎上有4个螺丝钉及H型支架,现在腰椎可能长好了,但是螺丝钉支架都没拿掉。大夫说那么大年纪,也不做重体力劳动,就不取吧!现在没有什么不舒服的感觉,工作没问题,出差也不碍事。'国之所需,吾之所向。'我就是想再做一些事情。"

在办公室的一角,那个跟随他四处奔波了20多年的拉杆箱,依旧"随时待命"。他多次说:"只要国家需要,随时准备出发。"他用一生践行一句诺言。

心若年轻,时光不老。年逾八十的黄锡璆仍然精神抖擞、容光焕发,用18岁的脚步行走在为医疗建筑事业奋斗的征途上⋯⋯

附录1：黄锡璆金句

◆ 1957年回国前夕，黄锡璆响应祖国号召北上回国："回祖国去，学习本领，参加祖国建设！是我们华侨青年的共同心声。"

◆ 1959—1963年，回忆起大学时代的生活，黄锡璆说："西南联大那一批人对我影响很大。我回国前后就听到过他们的许多动人故事。抗战时那么艰苦，他们依然坚持学习、研究，掌握前沿知识，积淀深厚功底。后来有的人到国外留学深造，掌握世界一流的学问。他们在国外做出成绩，却放弃优渥的条件，毅然回到国内，为祖国服务。许多'两弹一星'元勋，历经困难，创造奇迹，为国家立下了汗马功劳。我内心里很敬佩他们。"

"1962年前后，尽管是困难时期，但学校的学术气氛很浓，老师教得认真，学生学习也很努力。通过学习了解到革命时期，许多爱国志士的家国情怀和奋斗精神对我影响很深，让我深受教育。在这种环境中受到熏陶和感染，立志像他们那样做人做事。通过政治学习，参加团支部活动，接受了党的基本理论教育，写下了第一份入党申请书，表达了自己树立正确人生观、世界观和选择价值观的取向。"

◆ 十年"文革"期间，因为有海外关系，加入党组织要接受更多的考验、更长的考察期。黄锡璆没有埋怨，而是正确对待。他说："想起回国前父亲的嘱咐：人生在世，做人要做正，要追求上进。人生一路不会一帆风顺，遇到挫折都是难免的，但不要灰心气馁。认定正确就要执着、坚持，才能成功。"

◆ 他在一份入党申请书里写道："永远跟党走，一生为国家做事。"

◆ 1964年大学毕业之际，南京高校应届毕业生集中在南京大学操场上席地而坐，聆听周恩来总理为北京市的应届高校毕业生做的报告录音。至今回想起来，他回忆说：

"周总理讲话平易近人，他以自身的经历勉励大家正确处理生活关、家庭关，树立正确的人生观、世界观。他还语重心长地鼓励同学们到艰苦的环境中磨炼意志，到祖国建设的一线锻炼成长。周总理的讲话鼓舞着我们走出校门，投入建设祖国的热潮中。总理亲切的教诲，让我受用一生。"

"祖国的需要，就是我们的第一志愿。""接受祖国挑选，服从组织分配"，"到祖国最需要的地方去"，是那个时代的一种风尚。

黄锡璆在毕业分配表格的志愿上郑重地写下了六个大字："服从组织分配。"

◆ 1965—1967年，黄锡璆参加四川泸州、自贡"三线工程"建设。回忆起那段在基层现场设计的特殊经历，他说：

"在社会基层经受磨炼，并非没有好处。在底层，了解了国情和民情，真正体味到老百姓对生活的需求与渴望。在后来做工程的时候，我会更多地关注实际，是否实用，包括从事医疗建筑设计。医疗建筑是受限制较多的建筑类型之一，医院首先解决的是病人看病是否方便、安全，是否环境友好等问题。"

◆ 2020—2022年在媒体的访谈中，谈起在"三线"建设和"文革"期间的经历，黄锡璆说：

"几十年来，在老同志的指导带领下，我下现场，到工厂车间、到农村田野，接触工农，劳动锻炼，经风雨见世面，不仅在专业知识上得到了充实与提高，逐渐掌握了设计技能，在人生观、世界观上，也得到党组织的关怀指导与帮助。"

"在那样的政治环境中,各种各样的人都有。有人对你公正,也有人对你偏颇。但这些都已成为过去,也没有必要纠结,心中早已释然。邓小平同志讲,团结一致向前看。谈谈这段曲折,是为了不忘历史,接受教训,不再犯这样的错误,为了向前看,更好地向前走。国家如此,个人更不用说。"

"想想那些年,自己没有心灰意冷,没有放弃信仰和初心。单位的领导和同事们给了许多关心,组织上给了许多教育和鼓励。正是这个大家庭的温暖,让我在后来的工作中,舍不得离开这个团队、这个集体。愿意在这个领域里,在中国中元干一辈子。"

◆ 1984—1988年在比利时鲁汶大学留学期间,他几乎把所有时间都放在学习上,甚至系办公室管理员给他自取资料室钥匙查询资料的"特权"。他说:

"其实,我也会羡慕同学们躺在草坪上晒太阳聊天,喜欢旅游观赏域外风光、美丽建筑。但是要读的书实在太多,不能浪费时间。国家花了这么大代价培养我们,应该尽早完成学业,回国做点儿事情。不然怎么给单位交代,给国家交代?"

◆ 1988年,黄锡璆获得比利时鲁汶大学医疗建筑学博士学位,有人劝他留下来在海外发展,他说:

"虽然这里都很先进,但这是别人的地盘,不是我的家。我是中国人,我愿意回国服务,对我来说,回国是天经地义的事。我们出来留学的费用相当于好几个农民几年的收入,国家花了这么大的代价培养我们,我们应该回去给国家做点儿事情。"

◆ 黄锡璆学成归来,面对我国医疗设施落后的状况,感慨地说:

"回国以后,我跑过很多基层。随卫生部、卫计委,也曾随世界银行和世卫组织专家到西北、西南等多地去考察乡村的医院医疗情况,对基层的感触比较深。有一次随卫计委考察麻风村访问几乎与世隔绝、住在破旧土房里的麻风病患者时，那情况让我受到强烈的震撼。一位孤苦伶仃的老婆婆，在小孙女照料下接受治疗，让人无法忘怀。要改善偏远落后地区的医疗设施，协助解决贫困地区群众看病之难，我们做设计这一行的责无旁贷，需要做、可以做的事情很多。"

◆ 1990年前后，单位研究拟提拔黄锡璆担任室领导，他真诚地说：

"我是搞专业技术的，搞行政管理不是我的长项，还是让我专心致志地做设计工作吧！让年轻人上，我会当好绿叶，全力支持他们的工作。"

◆ 20世纪90年代初，一家民营企业以高薪和优厚的待遇聘请黄锡璆加入他们新成立的医疗设计建筑机构，他坦然地说：

"谢谢你的好意。我没有离开单位的打算。我是国家拿钱培养出来的，首先要服从国家。如果你们需要帮忙，我会竭尽全力地为你们企业服务，支持你们的发展。"

◆ 1994年，设计佛山市第一人民医院时，当地一位媒体记者来到设计团队吃住办公的医院行政办公楼内，看到设计人员趴在图板上画图，深受感动，又难以理解。黄锡璆说：

"百年大计，精心设计。这么多年来，老同志就是这么把我们带出来的。我们这么干活不是很正常吗！外行人还觉得我们挺拼的，其实我们行业常年都这么干。"

◆ 面对佛山市第一人民医院的全新设计，许多人提出疑问。黄锡璆解释说：

"我们坚持创新不是为了标新立异，而是为了更好地实现医院的功能而创新，做到形式服务于内容。采用全新的结构布局，是基于人性的关怀。医院的每一寸空间，都是呵护生命的战场。空间设计必须科学合理，才能保证车流、人流、物流、信息流顺畅。要让患者走最短的路、用最短的时间，得到最好的诊疗；让医务人员工作时少做无用功。"

"医院是救命的地方，设计上决不能搞形式主义，让病人走最短的路看完病。现代化的医院除了解决医疗流程问题，还要做到空间合理、色彩丰富；让患者的治疗过程更舒心、更温馨。我国人口多，门诊大厅要有足够的空间才能保证前来就诊的患者有序分诊，不必排长队挂号、取药；包括设计地下停车场，都是为了充分利用空间，才能满足将来的需要……学术里有一个热词，就是'你对你的东西正确性的坚持'。"

◆ 谈起医疗设施设计原则，黄锡璆说：

"让病人看病不走冤枉路，医生、护士上班不做无用功。我想，这是设计好医院应该掌握的基本理念。"

"就是在医院里面病人要少走冤枉路，医务人员要少做无用功。作为医院，作为功能性很强的建筑，要创造比较科学合理和人性化的医疗环境。"

◆ 2003年春天，"非典"疫情暴发，黄锡璆临危受命，与大家紧急讨论小汤山应急医院设计方案。他对大家说：

"不管国内模式，还是国外模式，我们必须想清楚，急救中心与应急传染病医院是不同的。外国的经验也只能借鉴，不能照搬。这种传染病医院必须首先考虑对患者的隔离，对医护人员的保护，做到防交叉、防外溢。否则，前功尽弃，没有任何意义。"

"小汤山是一个应对突发卫生事件的设施，以前的传统医院没有涉及应急的特点。而这之前，我们做过收治肝炎患者为主的佑安医院和佛山传染科病房的设计，跟这种情况比较类似。考虑到各种可能出现的情况，我们必须按照最严格的要求和标准进行设计。"

◆ 2003年，小汤山医院建成。原计划三天三夜建成。黄锡璆从实际出发，带领团队，全力以赴，与参与各方拼搏，最后七天建成了。他反复强调：

"小汤山建设时间紧急，我们是边设计边施工。因为传染病医院要求医患通道分离，当时有一排病房系用现成的钢筋混凝土盒子房，在窗口旁要另打一个供病人进出的门洞。但凿混凝土很费时，当时施工队非常着急，希望将就。但我还是坚持。如果当时将就了，就达不到收治要求，通道混淆造成交叉感染，问题就大了。"

"在专业上如果不坚持，就是没尽到责任，就是添乱、浪费资源，不管从哪个角度讲，都不应该。"

"按照传染病医院最严格的要求设计，坚持卫生隔离、医患分区，一切设计从患者和医生角度考虑。"

"医院不是别的建筑，是救命的地方，安全不能失守。"

◆ 20世纪90年代后期，在河北省第四人民医院和河北省人民医院的改扩建过程中，黄锡璆在不停诊、不停床的条件下，创造了老旧医院华丽转身的典范。有人问："勘察设计大师"有什么神招奇功？黄锡璆淡淡一笑说：

"说起来也简单，一是理念，二是科学，三是用心、用情、用力。"

"建筑是实用性和审美性相结合的艺术。首先把实现功能放在首位。医疗流程是否合理，关乎患者的心理情绪。流程设计简单便捷，就能最大限度地方便群众，这一点至关重要！"

"我们的原则，就是让病人走最短的路，花最短的时间，得到最好的医疗。"

◆ 黄锡璆这样告诉他的学生和助手们：

"医院是公共建筑中能耗最高的一种类型。它不同于宾馆、戏院、体育场的一点，就是它关乎病人的人身安全，24小时都在运转。我们设计人员时刻要以对人民群众高度负责的态度，一丝不苟、精益求精，任何时候都不允许出现任何的差错和纰漏！这就要求我们设计之初要有前瞻性，编制建筑设计规划时，要综合考虑城市发展规划、人口结构疾病谱变化等因素，为体量增长、技术装备升级预留建设空间。"

"医疗建筑是很讲究的。比如，医院的门把手就有讲究——护士可能拿着一个托盘，放了药品血样。如果是普通的门把手，要腾出一只手开门，可能托盘就会打翻，所以要做一个长把，便于护士用肘开门，这里是有研究的。而且每个医院有每个医院的特殊要求，管理模式也不一样。你要了解理解体会它的要求，这样来做才能做得比较好。"

◆ 2012 年，黄锡璆荣获中国建筑学界的个人荣誉最高奖——第六届"梁思成建筑奖"。12 月 21 日，在人民大会堂隆重举行的颁奖典礼上，颁奖词予以高度评价。他在获奖感言中这样说：

"人的一生经历生老病死，社会的发展离不开医疗设施的建设。我虽年过七旬，但我愿意脚踏实地与广大同行一道继续前行，不断进取，为改善我国的医疗设施面貌而贡献自己的绵薄之力。"

◆ 黄锡璆常与学生们交流读书学习的体会，说：

"做医疗建筑设计，只关注专业本身还不够，还要关注整个医疗、医学行业的发展。包括医学的新技术应用、服务模式的变革、相关政策的变化。这叫'功夫在诗外'。只有多关注与医学相关的交叉学科，建立系统性、整体性思维模式，才能取得开创性的成果。近年来，随着医疗技术日新月异，数字技术广泛应用，医疗建筑与数字的结合成为突破方向——智慧医疗等进入日常生活，远程医疗、大数据应用、互联网医院正在成为现实。我们的目标就是要把医院设计建设成绿色医院、安全医院、智慧医院。"

◆ 总结多年的工作实践，黄锡璆说：

"近 30 年来，我们承接几百项医疗设施规划与设计工程，遵循系统工程方法，既注意采用先进理念，包括新技术装备的集成应用，又联系实际，注重因地制宜，采用适宜技术。从总体规划、空间布局、诊疗与服务流程、医疗环境、环境安全、节能环保等全方位实现医疗设施现代化。"

"这几十年我们东奔西跑、走南闯北，一个项目接一个项目。在开拓阶段，我们曾受到用户怀疑，但我们不气馁、不退缩，而是与业主耐心交流与沟通。我们以实际行动拿出设计成果证明自己，说服对方。"

"我们从小项目到大项目，从偏远地区医院到省市乃至首都北京的一批重点医院，渐渐地我们从经验不足到积累丰厚；从人才单薄到形成人才梯队，逐渐使公司成为国内有影响力的医疗设施设计单位。我们的设计成果一步步从图纸转化为实体，一幢幢医疗大楼相继拔地而起，一家又一家医院陆续接诊收治病人，工程项目遍布全国。"

"我国的医疗建筑体系经过几十年的发展，我亲身经历了从'建起来''大起来'到如今'强起来'不同阶段的新变化，看到我国公共医疗卫生体系逐渐完善起来。这是我最为之自豪和欣慰的。"

◆ 黄锡璆获得过很多荣誉，他说：

"给我的荣誉很多，但实际上我是得益于国家的发展。要不是建立了中华人民共和国，我不会北上回国上大学；要不是改革开放，我不可能出国深造；要不是国家卫生事业大发展，也不会有机会承接设计这么多医院。"

◆ 佛山市第一人民医院为感谢他的贡献，在医院内给他竖立了铭石。他说：

"我是不得已同意这样做的。我们的成绩来自团队的合力，来自集体的力量，我不过尽了自己应尽的一份力、一个人干不成事情。"

◆ 黄锡璆参与了大量援外医疗设施项目的设计建设。他常常嘱咐年轻的设计师们：

"我们要学习受援国的文化历史，对国情、民族风俗、宗教信仰都要研究和了解，要更多地为当地人着想。建医院不要只考虑外科、内科的各种功能，还要考虑当地的风土人情、民族宗教习惯。由于信仰不同，医院提供的服务方式也有差别，设计时都要有所考虑。"

"人家很谦虚，对我们很尊重。其实，国外一些官员、医生们许多都是有留学背景的，也是有墨水的。他们的知识水平不一定比我们差。我们要尊重他们，虚心听取对方的意见，有不同意见要平心静气互相讨论，对正确的也要耐心向他们解释，让他们接受。"

◆ 2020年春节前夕，面对新型冠状病毒肺炎疫情，黄锡璆向党组织递交请战书：

"鉴于以下三点：1. 本人是共产党员。2. 与其他年轻同事相比，家中牵挂少。3. 具有"非典"小汤山实战经验。

本人向组织表示，随时听从组织召唤，随时准备出击参加抗疫工程。"

他向党组织表示："在大灾大疫面前，要有团结协作精神，一方有难，八方支援。面对兄弟单位的请求，我们要提供力所能及的帮助。只要祖国需要，随时准备出发。"

◆ 黄锡璆先后向武汉火神山医院建设前线提供了三份建议书。他说：

"小汤山医院设计中有哪些难点，我得全部告诉他们，在武汉建设这样的医院与北京情况不同，地域气候也不一样。事隔17年，技术装备日新月异，有很大不同，何况因条件限制，情况紧急。小汤山存在一些不足和短板，得把这些情况告诉同行们。包括间距要拉大、污水处理等。把一些经验教训告诉他们，并希望他们少走弯路，建设得更快更好。"

"要最大限度防止院内交叉感染，全力保障医务人员安全。希望火神山医院能够设计得更科学、更人性化。"

"医院不是别的建筑，是救人命的地方，千万不能出现问题。"

◆ 2020年2月19日，中南建筑设计院党委副书记、总经理杨建华特地从湖北武汉雷神山医院给黄锡璆博士发来感谢信。黄锡璆说：

"我觉得，碰到这样的大事，就应该贡献自己的力量。"

"每当国家面临灾难的时候，大家要齐心，互相配合，共同努力，最重要的就是要有这种精神。"

◆ 谈及向党组织提交请战书的初心，黄锡璆说：

"1月22日，我就写好了请战书，23日一早交给了领导。看到医务工作者冲锋陷阵，面对面与病毒做斗争，甚至不惜献出自己宝贵的生命，他们对病人的关爱、对生命的尊重，令我对他们充满敬意。我想，我们作为后方支援力量，应该主动申请去前线，尽自己所能为医务工作者创造更好的工作条件。"

◆ 面对各界的赞誉，黄锡璆十分淡然地回答媒体提问：

"我确实没想到自己身为一线设计人员可以成为'网红'。面对疫情，我想每个设计人员都会选择这么做。"

"我们这个年纪的人，是跟新中国一起成长起来的。碰到这样的大事，就应该义不容辞，贡献自己的力量。"

◆ 他带头捐款1万元，以实际行动表达对武汉抗疫的坚定支持。他说：

"这就是很普通的一件事。我们还在后方，人家都到前线了，比我们更辛苦。医务人员是很伟大的，都不容易。"

"我是新中国发展的亲历者、参与者和受益者。在大灾大疫面前，要有民族团结精神。面对兄弟单位的请求，我们要无私提供帮助，这也是我们作为中央企业应有的使命担当和为民情怀。"

"作为归侨，祖国富强是我内心最大的愿望。归国之后，我赶上了国家大发展，成为国家建设的亲历者、参与者和受益者。"

"我将以此为新的起点，与广大同行一起努力，为我国医疗设施建设添砖加瓦。只要国家需要，随时出发！"

"我们国家的快速发展经过了几代人的努力，当代青年机会太多、条件太好。应该把握当下、珍惜机会。在校生要努力学习、不断夯实学科基础；走向工作岗位的青年要脚踏实地把每一项工作做好，同时密切关注学科的发展和进步。新时代的青年必将大有作为，建设祖国，需要我们一代代人接续奋斗！"

◆ 2020年7月16日，在央视《我的艺术清单》节目中，黄锡璆谈起自己的读书学习：

"读书是学习的方式，剪报也是一种学习方式。因为我越深入这个领域，越觉得自己要了解的东西太多了。你要做好一个事情，的确是永无止境，知识也不断地在发展，所以我们要随着时代的发展，不断地学习，不断地进步。我想，一个人应该学无止境、学海无边。一个人要不断地学习，不断地为社会、为国家做出自己的一份贡献。"

在节目最后，黄锡璆寄语年轻人：

"年轻人生活在新时代，更大有可为，我们应该更加勤奋，共同建设我们美丽的家园。希望大家继续努力。"

附录2：黄锡璆年表

◆ 1941年　1岁

5月19日，出生于印度尼西亚爪哇岛任抹县，父亲黄实华、母亲张碧英均为广东梅县人。父亲17岁下南洋谋生，回国成婚后于20世纪30年代移居印度尼西亚爪哇任抹县。父亲曾任任抹中华侨团联合会（前身为中华总会）文教部主任，任抹中华中小学董事；母亲曾当选为任抹华侨妇女会副主席。

◆ 1947年　6岁

就读于当地华侨创办的任抹中华学校，扩建后改为任抹中华中小学，各科采用中文教材，学校开设印尼语和英语课程。在家里保持说客家话的习惯。

◆ 1948年　7岁

转至泗水侨南学校上学。一年后，转回任抹中华中小学就读。

◆ 1949年　8岁

中华人民共和国成立，海外孤儿有了祖国靠山，华侨爱国热情高涨。

◆ 1955年　14岁

于任抹中华中小学初中毕业。

◆ 1956年　15岁

春季，考入印尼泗水进步华校新华中学，就读高中一年级至二年级上学期。

◆ 1957 年　16 岁

6月，响应"回祖国去，学习本领，参加祖国建设"的号召，北上归国，在广州石牌华侨补习辅校学习。其间，父亲黄实华回国返乡省亲，应邀作为爱国华侨代表参加回国观光团，参观访问并参加国庆观礼；路过广州，到石牌华侨补习学校了解儿子的学习情况。后转入南京第五中，插班高中二年级学习。

◆ 1958 年　17 岁

4月，由同学张刚、郑炳峰介绍加入共青团。在校学习期间，除中学课程外，还参加务农务工锻炼及接受军训。

◆ 1959 年　18 岁

9月，考入南京工学院（现东南大学建筑学院）建筑系学习。学校秉持"止于至善"的精神，坚守"以科学名世，以人才报国"的办学理念。就读期间深受老师家国情怀、严谨治学精神的影响。

◆ 1964 年　23 岁

8月，毕业于南京工学院建筑系，在毕业分配表"第一志愿"中写了"服从组织分配"。

9月，分配至第一机械工业部设计总局。次年，"第一机械工业部设计总院"成立。

主动要求前往四川泸州、自贡等地参加"三线"工程建设，接受艰苦的生活和实践锻炼。

◆ 1967 年　26 岁

1月，父亲黄实华将小女儿送回国内；2月23日，父亲病故，享年67岁。

7月，母亲张碧英带着父亲骨灰回到国内。

◆ 1969 年　28 岁

第一机械工业部设计总院由北京迁至安徽蚌埠。作为装卸队一员，参加搬迁劳动，包括物品搬运及押车任务。后参加京津唐设计工作队，负责三地的机械工厂车间设计与配合工作，包括北京第二通用机器厂、北京第一机床厂和天津重型机器厂等。

◆ 1971 年　30 岁

12 月 16 日，母亲张碧英病逝于北京，享年 59 岁。

◆ 1972 年　31 岁

4 月，与北京乐器厂职工邢淑芬结婚。

◆ 1973 年　32 岁

1 月，儿子出生，取名黄昱。

10 月，任第一机械工业部设计总院设计师。

◆ 1974 年　33 岁

承担院土建情报资料编辑工作，编辑技术情报资料，按月编印供内部及兄弟单位交流。在北京留守处工作，为期一年。

◆ 1976 年　35 岁

下放至安徽蚌华第一机械工业部设计总院附属工厂当车工，劳动锻炼一年。

◆ 1978 年　37 岁

9 月 6 日，经陈远椿、张守志介绍加入中国共产党。

◆ 1979 年　38 岁

1979—1980 年，与同事两人承担水泥木丝板试制任务，前往北京西郊窦店砖厂试验。前后跨两年完成中期试验报告。

其间，第一机械工业部设计总院回迁北京。

◆ 1980 年　39 岁

派赴深圳参加机械工业部联合设计公司工作一年。

◆ 1981 年　40 岁

参加安徽合肥工业大学出国人员外语培训，同年参加统考获取出国进修资格。

◆ 1982年　41岁

6月，第一机械工业部设计总院更名为"第一机械工业部设计研究总院"。

参加北京语言学院出国英语培训，并着手联系出国。在国家教委（现教育部）大院与蔡鹤年二人设计礼堂等待出国通知。

◆ 1983年　42岁

承接深圳蛇口招商局拆船厂炼钢车间设计。

◆ 1984年　43岁

2月，赴比利时鲁汶大学人居研究中心进修医院建筑规划与设计专业。留学4年期间曾任比利时留学同学会负责人、比利时留学生党支部组织委员。完成一年进修后，申请攻读博士学位，获批准。

◆ 1987年　46岁

11月，通过论文答辩，获比利时鲁汶大学建筑学博士学位，被全比利时中国留学生党支部评为优秀留学生。

同年，第一机械工业部设计研究总院，更名为"国家机械工业委员会设计研究总院"，开始改革转型，实行企业化管理，由事业性质逐步向企业性质过渡。

◆ 1988年　47岁

年初回国，由孟祥恩带队，共6人前往海南设计分院工作近7个月。10月，着手开展医疗设施规划设计与研究。此后，在市场竞争中，艰难地争取项目，开拓我国医疗建筑设计项目。同年，单位更名为"机械电子工业部设计研究院"；中元国际（海南）工程设计院有限公司成立。

◆ 1989年　48岁

10月被国家卫生部聘为专家顾问、世界银行中国医院项目评估专家组成员。

◆ 1990 年　49 岁

主持设计的金华中医医院获得机械部"优秀设计奖"。先后任设计师、总建筑师；被单位评为"先进工作者""优秀党员"。

◆ 1993 年　52 岁

3—6 月被卫生部派赴日本东京大学工学部建筑学科研修并考察东京、大阪、神户、奄美、大岛等地医院、康复中心、血库等医疗设施。

主要主持设计浙江金华、江西九江、陕西宝鸡等农村偏远地区医院，包括世界银行贷款医院项目。还主持设计了山东万杰医院等较大民营医院。

5 月 14 日，单位更名为"机械工业部设计研究院"；京兴国际管理有限公司、中元（厦门）工程设计院有限公司相继成立。

◆ 1994 年　53 岁

主持设计佛山市第一人民医院，将现代医院设计理念与我国实际相结合，被称为中国现代化医院的标志性建筑。后期佛山市第一人民医院在其绿化庭院内，竖立了总设计师黄锡璆博士纪念铭石，为国内首例。

◆ 1995 年　54 岁

被评为全国先进工作者。任机械工业部设计研究院总建筑师、国家一级注册建筑师、教授级高级工程师，医疗建筑工程研究所所长。

次年，中元国际（上海）工程设计院有限公司成立。

◆ 1997 年　56 岁

10 月，当选为中国共产党第十五次代表大会代表。

◆ 2000 年　59 岁

9 月，被评为"全国勘察设计大师"。机械部第一设计总院改革调整，"中国中元工程公司"成立，隶属国机集团。

在北京建筑工程学院、北京工业大学、东南大学任兼职教授和硕士生导师；同时任世界银行灾后恢复重建项目专家组成员，中国卫生经济学会医疗卫生建筑专业委员会委员，中国建筑师学会医院建筑专业委员会委员、副主任，国际建筑师协会（UIA）公共卫生建筑学组（PHG）中国成员，美国建筑师协会（AIA）联系会员，世界医疗保健设施建筑教育大学项目（GUPHA）成员。多次出国参加国际建筑师协会会员卫生建筑学会学术研讨会以及中日韩医院建筑研讨会。

◆ 2001年　60岁

主持设计北大第一医院、北大第三医院、武警总医院、301解放军总医院、北京协和医院等北京重点医院的改扩建工程，以及上海复旦大学肿瘤医院、北京武警总医院、南京军区总医院、广东惠州人民医院、广东韶关粤北人民医院以及江苏扬州苏北人民医院、湖南长沙中心医院等项目的新建工程。

8月2日，单位更名为"中元国际工程设计研究院"。

◆ 2003年　62岁

4月，临危受命主持设计北京小汤山医院。小汤山医院被世界卫生组织和香港医疗专家称为"世界奇迹"；回南京东南大学参加建筑学院建立80周年活动。

同年，中元国际工程设计研究院与中国机械电脑应用技术开发公司、机械工业规划研究院，重组"中国中元兴华工程公司"。2006年，更名为"中国中元国际工程公司"。

◆ 2007年　66岁

1月，与同事到济南商谈一个医院建设项目，返回北京途中不幸发生车祸，腰脊椎粉碎性骨折。住院手术，腰椎上打了4个钉子与H型支架。康复后坚持上班。

8月，承办UIA–PHG国际建筑师协会公共卫生学组年会，为期两天半。来自14个国家的近60名代表在北京友谊宾馆进行了学术交流和研讨。

◆ 2008 年　67 岁

荣获第五届"梁思成建筑提名奖"、北京市奥运工程规划勘察设计与测绘行业"突出顾问奖";被评为国机集团高层次科技专家。在医院建筑设计领域提出了"绿色节能医院""安全医院""智慧医院"的概念,并建立相应的理论体系和技术支撑,成功地运用到医院的规划设计建筑的实践中。

◆ 2010 年　69 岁

3 月,赴印度尼西亚爪哇任抹参加任华中小学建校百年活动。

◆ 2012 年　71 岁

获第六届"梁思成建筑奖",被誉为中国医疗建筑设计的开拓者。将 10 万元奖金全部捐赠母校——东南大学。

中国中元建立了完善的企业文化体系。在国机集团的领导下,提出了"扛起央企的使命与担当、积极履行社会责任与义务"的要求,确立了"厚德诚信、创新卓越、高效务实、和谐共赢"的精神追求和"奉献社会,回报国机,惠及员工"的企业核心价值观。

承接江苏常州中医医院、天津中医药大学附属第二医院以及福建泉州福建医科大学东海医院、福建厦门大学附属心血管医院、江苏南京妇幼医院等专科医院的项目规划与设计。

◆ 2013 年　72 岁

11 月 7 日,单位更名为"中国中元国际工程有限公司"。

◆ 2014 年　73 岁

8 月,赴印度尼西亚泗水参加新华中学建校 80 周年活动。

◆ 2015 年　74 岁

第一次回到梅州,主持设计建设梅州人民医院(黄塘医院)项目。在工作间隙到梅江区西郊红杏坊街道黄泥墩居委会拜谒祖屋——都察院。

◆ 2019 年　78 岁

12 月 12 日,被中共中央组织部授予"全国离退休干部先进个人"称号。

◆ 2020 年　79 岁

1月，出任中国中元支持武汉火神山医院建设技术专家组组长。在2003年"北京小汤山医院"设计图纸的基础上，仅用78分钟进行修改完善，即将图纸提供给前方，并建立沟通平台，全力支援武汉。随后，公司将图纸无偿提供给广州、上海、河北等地建设应急医院。

作为技术总负责人，编制《传染病收治应急医疗设施建造及技术导则》（IWA38:2021）、《新型冠状病毒感染的肺炎传染病应急医疗设施设计标准》（T/CECS 661-2020）等，先后完成了全国二十余项应急院区的设计；编制完成了相关标准图以及技术标准文件，及时向社会公开发布，为抗击疫情贡献智慧和力量。

9月8日，获"全国优秀共产党员"称号；被评为"全国抗击新冠肺炎疫情先进个人"，在人民大会堂受到表彰和国家领导人接见。

11月，获得第八届"中国侨界贡献奖"表彰，之前曾获第七届、第八届、第九届全国归侨、侨眷先进个人表彰。

12月，被国资委党委授予第五届"央企楷模"称号。主持设计120多所医院，指导设计130多所医院。项目遍布祖国各地，代表作品主要有金华中医医院、中国中医科学院眼科医院、佛山市第一人民医院、小汤山"非典"应急医院、北京大学第三医院、北京大学第一医院、解放军301医院、北京安贞医院、北京朝阳医院、北京医院、北京协和医院、湖南长沙中心医院、中南大学湘雅二医院、江苏苏北人民医院、南京军区总医院、南京妇女儿童医院以及福建省医学院附属东海医院、厦门大学心血管病中心等200多家各类医院，还包括我国在佛得角、桑给巴尔、老挝、柬埔寨、卢旺达以及多米尼克等国家的援外医院项目。

◆ 2022 年至今，依然忙碌在医疗建筑设计建设第一线。

后 记

与黄锡璆博士相识并走进他的世界是我创作行程的幸遇。

记得在国机集团下属中国中元国际工程有限公司（简称中国中元）第一次见到黄博士时，他那温文儒雅、学识渊博的人格魅力深深地吸引了我。

黄锡璆是一位医疗建筑大师，在国内外设计建造了200多座医院及应急医疗设施，在业内享有很高的声誉。其中，被称为"世界奇迹"的北京小汤山"非典"应急医院出自他的手笔，武汉"火神山""雷神山"医院也是他提供的图纸和技术支持，而他的故事却鲜为人知。采访中，他袒露心迹，讲述经历，我如实记录，并深入走访，构成书中一桩桩一件件令人难忘的故事。

《医疗建筑大师黄锡璆》即将面世。本书不仅讲述了黄锡璆卓而不群的人生经历，也展现了国机集团中国中元不平凡的发展历程，是留给国机人一份宝贵的精神财富。

感谢国机集团及下属中工国际给予的鼎力支持，感谢中国中元为采访创作提供全力保障，感谢接受采访的同志给予的信任。正是他们的热心相助，丰富了这部作品的广度与深度。

在此，向为本书付出心血、做出贡献的所有朋友深表感意！

王鸿鹏

2023 年 9 月 30 日

知识分子的精神家园

光明版
GUANGMING VERSION